芷兰斋

书店寻访三部曲

書坊尋蹤

私家古旧书店之旅

韦力 著

中华书局

图书在版编目（CIP）数据

书坊寻踪：私家古旧书店之旅/韦力著. —北京：中华书局，
2018.9
ISBN 978-7-101-13428-5

Ⅰ.书… Ⅱ.韦… Ⅲ.古旧图书-书店-介绍-中国
Ⅳ.G239.23

中国版本图书馆 CIP 数据核字（2018）第 211446 号

书　　　名	书坊寻踪：私家古旧书店之旅
著　　　者	韦　力
责任编辑	李碧玉
出版发行	中华书局
	（北京市丰台区太平桥西里 38 号　100073）
	http://www.zhbc.com.cn
	E-mail：zhbc@zhbc.com.cn
印　　　刷	北京市白帆印务有限公司
版　　　次	2018 年 9 月北京第 1 版
	2018 年 9 月北京第 1 次印刷
规　　　格	开本/920×1250 毫米　1/32
	印张 14⅝　字数 310 千字
印　　　数	1-15000 册
国际书号	ISBN 978-7-101-13428-5
定　　　价	88.00 元

目　录

序　言

　　谁是中国的第一位旧书商，历史资料未见记载，而关于中国最早的旧书店，褚树青在《民国杭州旧书业》一文中说过这样一句话："书肆业，古已有之。据文献记载，汉时就已萌芽，至宋元而备盛。"

　　可惜这样的记载没有点出第一家旧书店的名称，然后褚树青在文中跨过宋元直接讲到了明代，举出的例子则是明末的汲古阁主人毛晋，他认为正是毛晋张贴布告征集宋版书，由此而将中国的书业作出了两分法："高额的利润，使得以营利为目的的书贾队伍，旋即分化成两种经营方式：一为重营当代刻本者，一为专贩宋元旧椠者。后一种书贾经营即成为现代意义的古旧书业了。"

　　是否将中国新旧书业的分水岭定在明末，这样的说法值得商榷。但从明中期开始，古旧书业确实兴旺了起来，然而此行业的经营跟新书的区别较大，经营新书者无非就是低买高卖，在其他方面用不着费太多的心思，而经营古旧书业者则不同，从业者需具有丰富的目录版本学知识才能在此业中讨生活。正是这个行业的特殊性，使得一些旧书业店主成为了目录版本学界的行家。张祖翼在《海王村人物》一文中举出了这样的例子："至书肆主人，于目录之学，尤终身习之者也。光绪初，宝森堂之李雨亭，善成堂之饶某，其后又有李兰甫、谈笃生诸人，言及各朝书版、书式、著者、刻者，历历如数家珍，士大夫万不能及焉。"

经过多年的修炼，一些书商在目录版本学方面的水准超过了许多读书人，以至于清代著名学者章学诚在其名著《文史通义》中说过这样一段话："老贾善于贩书，旧家富于藏书，好事勇于刻书，皆博雅名流所与把臂入林者也。礼失求野，其闻见亦颇有可以补博雅名流所不及者，固君子之所必访也。然其人不过琴工碑匠，艺业之得接于文雅者耳。……横通之人可少乎？不可少也。用其所通之'横'，以佐君子之'纵'也，君子亦不没其所资之'横'也。……"

正是由于古旧书业的特殊性，产生了多位书商中的目录版本名家。北京的琉璃厂乃是中国古旧书业最著名的集散地，在民国年间，文禄堂主人王晋卿、通学斋主人孙耀卿及邃雅斋主人董会卿是这方面的佼佼者。因为这三位的字号中都带一个卿字，故被业界尊称为琉璃厂"三卿"。这其中的孙耀卿就是《贩书偶记》的作者孙殿起，而他所编纂的这部书直到今天都是业界研究清代出版物的必备书。对于旧书店主在这方面的勤奋好学，郭子升在《琉璃厂的古旧书店》一文中写道："古书店的主人多是学徒出身，尽管读书不多，但由于经常与书打交道，用心钻研，大都精于版本目录学。有的还博学多才，著书立说。不仅与专家、教授有共同语言，很多还是要好的朋友。书店的经营作风多数是规矩的，对待客人是诚恳的，利润也是合理的，这是琉璃厂的一种好风气。"

虽然古旧书业有如此的特殊性，但毕竟贩书也是一种商业经营，其经营的目的就是为了赚钱，而书是特殊的商品，购书之人大多是学者文人，书商赚取这些人的钱显然会令这些人不满。比如周越然在《余之购书经验》一文中称："余之老练，余之谨慎，终不能敌书估之刁顽，终不能防书估之虚伪也。"

"书估"即是书贾，将书商称为书估究竟是褒是贬，周越然在文中解释了他的观念："'书估'者，售书人也，恶名也，另有美名曰'书友'。黄荛圃题识中两名并用，但有辨别。得意时呼以美名，爱之也；失意之时，则以恶名称之，贱之也。本篇通用'书估'，以括全体，无尊之之意，亦无恨之之心。篇中有骗书、骗钱、打骂顾客、旧书'典当'等等故事，想阅众皆未之前闻也。"

在周越然的观念中，书估是句骂人话，但他也说，大藏书家黄丕烈遇到好的书商就会将其称为书友，遇到坏的书商就会将其称为书估。由此可以品出这样的概念：其实书商跟任何行业的经营者一样，都是有好人有坏人。正如黄丕烈，他既是藏书家又是一位书商，如果他把书商都视作坏人，那他将如何来"以子之矛攻子之盾"？所以，黄裳在《访书琐忆》中并不认为黄丕烈经营书就变成了坏人："黄荛圃先是买书、刻书，后来又卖书，还开设了滂喜园书店，商人当然要重视广告，在黄荛圃那个时代，还没有近代流行的种种广告手段，于是有人就说他的题跋也就是广告。这很丢了读书人的面子，遭到讥笑是当然的。"

黄丕烈给后世留下的最大遗产就是他写的那些书跋，他的书跋被后世搜集在一起编成了《荛圃藏书题识》一书。因为黄丕烈在生前并未将他所写之跋留底，故后世只能从各种书中将他的跋语摘录下来。黄丕烈的跋语书写方式别有生面，对于这些书跋的价值，傅增湘在《思适斋书跋序言》中给出了如下的高评价："荛圃当乾嘉极盛之时，居吴越图籍之府，收藏宏富，交友广远，于古书板刻先后异同及传授源流，靡不赅贯。其题识所及，闻见博而鉴别详，巍然为书林一大宗，举世推挹之，宜矣。"

看重黄跋者绝非傅增湘一位，黄跋的搜集也逐渐成为了一场运动。大约在光绪二年，潘祖荫就搜集到了80篇黄跋。到了光绪十年，缪荃孙继潘祖荫所辑之后，又从各处抄得黄跋两百余篇，刻为《士礼居藏书题跋记》，此即初刻352篇，署名为潘祖荫辑。此后缪荃孙继续搜集，将所得录为两册，江标借去其中一册，在湖南刻成《士礼居藏书题跋续记二卷》，其中收得黄跋70余篇。因为江标借书时并不知道缪荃孙还有一册，故缪荃孙又将江标未刊的那一册于民国元年以铅字排印方式刊于《古学汇刊》第一集目录类，收得黄跋50篇，命名为《士礼居藏书题跋再续记二卷》。到了民国八年，缪荃孙复从乌程张氏、刘氏、松江韩氏、海盐张氏抄得若干，章钰、吴昌绶又补辑若干，再加上之前三次刊刻，共录得黄跋622篇，编成《荛圃藏书题识》十卷，且附《荛圃刻书题识》。后来王大隆又辑刊《续录》四卷，收得黄跋117篇，以及《再续录》三卷，收74篇。而几乎同一时期，又有李文裿所辑《补录》28篇。可见，黄丕烈的跋语在书界极受重视。

然而有人却说，黄丕烈在书中写这些跋语，其目的乃是为卖书作准备，这不过是一种广告行为。在这个问题上，黄裳秉持相反的立场："不过我觉得这种指摘并不公平。黄荛圃在题跋中总是直白地记下了书价，书籍的抄刻先后，是否善本，是全本还是残帙这些细节，而这作为广告是不合适的。因此我怀疑他在买书的时候，是否就先已算计着出卖、获利。"

黄裳先生的所言甚有道理，因为黄跋中有不少记录了买书时的价格，以及他所得到的该书有如何的缺点等问题，这显然违反了广告业的规则。反过来说，如果黄丕烈写书跋是为了给卖书作准备，那当然要把该书写得全是亮点，即便该书有明显的缺憾，那也应当像鲁迅在《人生论》中的所言："红肿之处，艳若桃花；溃烂之时，美如乳酪。"既然并非如此，那么把黄跋视为广告的这种说法，显然有小人心和君子腹之辩。

既然黄跋不是售书广告，那么跋语是否能够兼顾这样的作用呢？至少黄裳认为这种猜测能够成立，他在《访书琐忆》中直言："真的把题跋、目录作为广告手段的是缪荃孙。"这句话指名道姓地点出恰恰是汇编黄跋的缪荃孙做过这样的事，对于其具体做法，黄裳在文中说："缪荃孙的办法是刻书目，每当他聚积到一批书以后就急急地刻《艺风堂藏书目》，在每种书后面附加的版本说明，就大有广告气味，夸张的语句是经常出现的。从许多实物看，这种说明常常有错误；但并不是缪荃孙的鉴别力特别低下，只是他千方百计地想把这些书说成不可多得的宝贝而已。他的藏书目录一刻再刻，以至三续，这就给书坊开了先例，纷纷印发书目，变木刻为石印，出版更为迅速，成为不折不扣的广告了。"

晚清民国间，有些旧书店开始印刷售书目录，而后寄给潜在的买家。黄裳认为，开此先河的人物是缪荃孙。这种说法是否属实暂且不论，但古旧书业原本就是一门生意，既然是商业行为，做广告不但不是错，反而是一种正常的营销手段。到如今，广告公司遍地，然绝无人指责做广告是不光彩的一件事。虽然中国一向有重文轻商的传统，但古人做广告似乎也并未受到社会的非议。而缪荃孙的这种行为受到非议的原因，依我的看法，并不是因为他给自己的书做广告，而是他在遮掩，这种不坦荡让人颇感不快。

在一般人眼中，古旧书业乃属暴利行业，正是因为这个缘由，使得很多爱书人对书商有不满之词。但陈乃乾在《上海书林梦忆录》中则说："或谓业旧书者以贱值收进而昂价出售，一转手间，获利十倍，远非他业所可企及；但事实则不然。"为什么给出这样的论断呢？陈乃乾在文中解释道："惟旧书业之进货，必从向有藏书之旧家；此种旧家，虽因中落或他故而售及藏书，而旧家之气焰依然仍在，故其态度常在可卖与不卖、似卖与非卖之间，若不运用手腕，便无成交之望；且旧家不常有，非若工厂之日夜造货也。此旧书业进货之难，不同于他业也。"

新书行业与旧书行业迥然不同，因为新书可以按市场需求来定产量，如果某书畅销则可以大印特印，但古旧书行业则不同，即使社会上对某一类书需求大增，旧书商却无法收到大量同类之书来迎合市场，这正是古旧书业的特殊性所在。在资讯不发达的时代，某位学者需要某一类书，只能靠书商代为搜集。虽然说这种做法会让古旧书商赚取一定的利润，但如果没有这些书商的存在，单凭学者本人，可能要花费成倍的气力都难以搜集到那么多相应的资料。从这个角度而言，某些学者在学术上的研究成果也有古旧书商作出的贡献。

正是因为这个原因，在书籍产生之后也就有了书业的经营，而这种经营就产生了书商。由于各种各样的因素，有些书在使用之后又进行了二次流通，因此又出现了旧书商。旧书商的存在则使得一部书籍能够被更多的读者传阅，因此说旧书商也是文化的传播者，而旧书店则是旧书商的经营场所。

对于书店的称呼，郭子升在《琉璃厂的古旧书店》一文中称："书店古称'书肆'、'书坊'、'书铺'、'经籍铺'等。叫'书店'、'书局'、'书馆'是以后的事。"从这些称呼可知，在历史长河中，旧书店虽有名称上的变化，但却能延续至今。虽然历史上有不少著名的旧书店，但能长盛不衰者却极其少。朱联保在《解放前上海书店、出版社印象记》一文中说："扫叶山房，是旧中国历史最长的一家书店，有四百多年历史，创于明朝万历年间。"

一家书店能够经营四百多年，真可谓是奇迹，可惜这家书店在民国年间歇业了。余生也晚，我不仅没能赶上扫叶山房，甚至琉璃厂在民国年间的辉煌时期也未能目睹。

上世纪五十年代，经过公私合营运动，北京的一百多家旧书店均合并进了中国书店中。在十年浩劫时期，中国书店跟其他城市的古旧书店一样业务全部停顿。周岩在《北京市中国书店建店五十年记》中写道："1966 年 6 月—1976 年 12 月。'文化大革命'使北京古旧书业遭到了严重破坏。中国书店曾被诬陷为'三家村'黑店，琉璃厂、隆福寺多处古旧书刊收售门市部被迫关门，收售业务全部停顿。企业大量亏损，职工人心涣散，等着'斗、批、散'。1966年至1971年共亏损一百四十一万元，等于中国书店'文革'前十三年全部上缴利润的总和。"直到"文革"后期，才有了有限的开放，古旧书的出售根据内容分为了六类，而每一类对应不同的购买群体。

改革开放后，中国古旧书业再次迎来了春天，在"文革"中抄家时被抄走的书大多数得以返还，而这些书因为各种原因又再次流入了市场。根据相应的政策，各地渐渐出现了一些旧书摊，若干年后，这些旧书摊有的变成了古旧书店。从1956年合营时消失的私人旧书店又再次出现在了大街小巷之中。

经过三十多年的发展，再次兴起的私人古旧书店，如其他行业一般有起有落，这样的起落除了受正常的商业规律影响外，同时与网络的冲击有关。有不少的人喜欢网上购物，而不愿意再到旧书店去费力淘书。此外，阅读习惯的改变，使得一些年轻人喜欢电子阅读，这也对纸本书市场造成一定的冲击。

虽然如此，还是有不少的爱书人士喜欢看得到摸得着的纸本，而对有着历史痕迹的古旧书则更多深情的偏爱。以我的感觉，这样的偏爱并非仅仅出于怀旧心结，更多是因为纸本书尤其是古旧书能给爱书人心理上的愉悦。尽管网上购书带来了一些便利，但到实体店翻阅那些纸本所伴随的意外之喜，这是网络购书所不能给予的，想来这也正是旧书店存在的必要性。

有人把古旧书行业视为夕阳产业，我不想展开这样的讨论，毕竟社会处在巨变期，科技的加速度发展，使得很多历史经验不再值得借鉴。因此我也不知道旧书业的未来究竟在哪里，但我觉得人们对快乐的追求决不会改变，而古旧书店的存在乃是爱书人最主要的快乐源泉之一。从这个角度来论，只要在这个世界上还有爱书人的存在，那就应当有古旧书店的一席之地。

近些年来，我陆续访问了一些既有特色又有影响力的古旧书店，而后我将所见所感写成了一篇篇的小文。如今，将这些文章汇为这本书。当然，我去过的旧书店毕竟是现实存在中的少数，因此我不能说这些旧书店代表了整个中国古旧书店业的整体状况，然而这些具有代表性的书店却足膺窥一斑而知全豹一说，它们至少代表了当下古旧书业的喜怒哀乐。而我的古旧书店之旅也并不会因本书的结集而止步，我还会继续地走下去，去探访更多有特色的私人书店，想以此来记录下社会转变时期的私人古旧书业实况。

韦力序于芷兰斋

2018 年 5 月 8 日

台区首大　天道酬勤
戴莉珍茉莉二手书店

　　2014 年 1 月，我第一次前往台湾，书展讲座之余，我拜访了旧香居书店。第二天晚上，承蒙店主美意，请了一帮爱书人一起聚会，在场者有傅月庵先生。我与傅先生已多年未见，前些年听说他已离开远流出版社。晚餐结束后，傅先生送我回酒店，在路上他告诉我说，他已经在茉莉二手书店工作了几年，就经营规模来论，此书店乃是台湾地区最大的一家，并且这家书店有着独特的经营理念。一家二手书店能有这么多的想法，这当然令我很新奇，然而当时我的行程安排已满，来不及参观这家有个性的书店。

　　四年过后，我又一次来到了台北，这次当然要目睹一下茉莉二手书店是怎样的情形。此次前往台北的原因与上次类似，也是要在书展上举办一场讲座。活动的邀请人乃是文自秀女史，她告诉我说，他们策划在书展中安排一场古籍珍本拍卖会，而此会之前则是请王强先生与我在会上搞一场对谈。

　　到达台北桃园机场时，文自秀与一位年轻人在那里等候，她介绍称，这是茉莉二手书店老板戴总的公子，于是我礼貌地称呼了一

茉莉二手书店招牌

句："戴先生好。"这位年轻人马上更正我说，他叫蔡维元。为什么父子不同姓？因为初次见面，我没好意思问及这个隐私。在前往酒店的车上，我跟这位蔡先生聊了一路。由此了解到，这位年轻人原本对二手书业也没太大兴趣，但后来家中将整个书店的经营渐渐地交棒于他，于是蔡先生也就将自己的主要精力都用在了书店的经营与创新方面。

蔡维元边开车边跟我聊天，其言谈举止有条不紊，能够看得出他不仅有着与时俱进的理念，在经营方面对买书人的心理也颇为谙熟，这跟传统的旧书店业主身上那种固有的经营理念有着较大的差异。

到达酒店时，蔡先生找停车位，文自秀带我去办入住手续。我马上问她，为什么戴总的儿子不姓戴。文自秀睁大眼睛说："戴总是他妈呀，他当然要随父姓。"到这一刻我才知道戴总是一位女士。

而文自秀告诉我，戴总考虑到我旅途劳顿，她今晚就安排在这间酒店的楼上吃饭。我此次住在了台北喜来登大饭店，此饭店位于台北市忠孝东路。其实原本文自秀给我订的酒店位于书展不远处，但几十年前童安格唱的那首《让生命等候》牢牢地印在了我的脑海中，歌词中的"走在忠孝东路，徘徊在茫然中，在我的人生路途，选择了多少错误"，最能让人有一种蓝调色彩的忧郁。

我此次来台北当然没有忧郁，而且我也坚信此次来台北没有选择的错误。虽然说我来到台北的前一天花莲地区发生了地震，抵埠的这一天也连续发生了多次余震，但我宿命论地认定，吉人自有天相，显然我把自己归为了吉人之列。不过我选择这家饭店其实也并不是为了避震。文自秀问过我为什么要住在这里，我告诉她自己在网上查到的信息，这家酒店的防震级别很高，但这不过是一句搪塞。我想住在这家酒店的唯一原因，就是暴露了年龄的那句忠孝东路。

放下行李来到了酒店楼上，原来这里有着台北著名的食肆，而戴总已经在此等候。她见到我的第一句话就是："原来你这么高。"而我也借用了她的话说了句："原来你这么年轻。"文自秀只好说："算了，算了，你们先别互夸了，可以坐下来慢慢谈。"

虽然是初次见面，聊天的时间也并不长，而我却感受到了戴总言谈举止间的真诚与直率。从名片上得知她叫戴莉珍，乃是茉莉二手书店的幕后老板。原本她是该店的总店长，同时管理着几家分店，在近些年她渐渐放手让儿子来介入经营，逐渐地在做交棒准备。因是初次见面，我不好意思问她，为什么在自己精力旺盛之时要退居二线。但想来作为一位经营者，她这样做必有其道理所在。

（戴案：我目前对外职位是茉莉创办人〔自己给的职位〕，主要是因为已将经营权交给孩子蔡维元处理了，他已经 32 岁，应该要让他承担责任了。孩子职位为执行总监，相当于总经理，董事长是我先生蔡谟利，因为他是我的后援支持者，所以他只是挂名不管事。）

戴莉珍告诉我，茉莉二手书店她不是创办人，而是由丈夫的家族所开办。她先生是从金门来到台湾，家族中已经有人在牯岭街开办过书摊，后来牯岭街的书摊被政府统一安置到了光华商场内。再后来家族内部分配财产，戴莉珍说当时家族内总的固定资产有两栋房和一个书摊，这个书摊分给了婆婆。戴莉珍跟先生觉得他们在台北想要站住脚，总得有一门长期的生意，所以很希望能将书摊接手过来独自经营。经过家族内的商议，这个书摊的转让价定为了 250 万台币，相当于当时台北一间 69 平方米五楼公寓的价钱。

而此时是 1991 年，一个书摊做价这么高，确实很贵，戴莉珍跟先生根本没有这么多的现钱。虽然如此，他们夫妇二人仔细地盘算一番，还是觉得应当将书摊拿下，于是他们将自家的住房抵押给银行贷出了这笔款项。那个时期银行贷款的利息很高，年息达到了百分之八，他们每月的还款额仅利息就有两万多块。即便如此，他们还是毅然决然地贷下了这笔款而后将书摊拿下。为什么要花这么高的代价买下一个书摊呢？戴莉珍谦虚地告诉我，因为他们没有什么特别的才能，所以只能接下书摊将其经营下去。

也许正是因为有这样的压力，使得他们夫妇二人动了很多脑筋来经营这个书摊。第一步就是改善书摊的环境。他们将书架重新改造，尽量能够放下更多的书籍，又让灯光更明亮。而当时的光华商场内没有冷气系统，他们夫妇接手后自行安装了冷气机，使他们的书摊成为了光华商场内第一个安装冷气的书摊。从接过书摊的第一天，蔡先生就努力地从外面收购书籍。当时的经营方式是：戴莉珍在店内守摊，先生出外收书，那时收书的渠道主要是废品回收站，同时也有些人会送书上门。

这样的经营当然颇为吃力，但有时也会有意外之喜。戴莉珍说他们从婆婆手中接过书摊的第一年就收进一批东西，这其中有两幅于右任的书法作品，当时的收购价很便宜，大概只花了几百块台币。有位客人到店里看到了这两幅书法作品，便问售价是多少。戴莉珍说她根本不知道怎么开价，只好让对方主动报价，对方一开口就是六万块。这个价格吓她一跳，她立即将这两幅书法作品拿给此人。没想到刚一开张就有了三个月的银行还款额，这让她大感开心。

这件事对戴莉珍影响较大，让她增强了经营二手书店的信心。而后她想了很多办法来搞书店的创新，这使得店内书的收购变得容易了许多。我问如今的货源，戴莉珍告诉我，现在出门收书跟客户的主动送书各占了百分之五十，这让她在货源上的压力基本得到释放。然而正当他们在光华商场经营得较有起色时，却听闻这个商场要被拆迁，此时的茉莉书店已经在此经营十年了。整体的拆迁是不可抗力，为此他们经过一番筹划，于 2002 年在台大附近租下了一间地下室，而此次的变化让茉莉二手书店有了华丽的转身。

（戴案：茉莉大约有三个重要的华丽转身点：第一个是草创期，舅舅介绍婆婆买光华商场书摊。刚开始每天营业额约1000元，我先生辞掉工作全心投入后，平均每天营业额在5000—7000元以上，最高曾经达到万元。第二个是婆婆将经营权转让给我们夫妻。我们夫妻经营以改善环境、努力收书、努力开源为主，当时眼睛睁开就是赚钱！赚钱！到了年底，为了多收书与赚钱，把小孩送回娘家让妈妈照顾，除夕夜在台北吃完年夜饭再坐飞机回屏东看孩子。回想起来真是心酸，想哭。好在先生努力，平均每天营业额约一万元。先生会把书都整理好，我去店里只要负责卖书、收钱、看书，另外把家庭照顾好即可。所谓男主外女主内应该就是如此吧！那时候我是一个幸福的家庭主妇而已。第三个转折点是台大分店的创立。因为光华商场一直有拆迁的传言，让我们有另起炉灶的想法，也靠先生细心，找到台大商圈一间地下室可以经营，从此我从一位家庭主妇转身成为一个经营者。也因为媒体不断报道台大店，我常对自己说既然上了舞台，就要努力把舞姿练好，努力鞭策自己今天要比昨天好，就这样成就了今天全省有六家分店的茉莉二手书店。）

台北的牯岭街原本是台湾地区最著名的旧书街，到上世纪七十年代中期，由于要对道路进行扩建，相关部门就利用光华桥下的剩余空间建起了一座光华商场，以安置牯岭街的旧书摊。黄振谊、刘中平在《连锁二手书店营销策略之研究：以茉莉为例》一文的序论中写到了这个转变过程："其实在台湾光复初期时可说是台北旧书店黄金岁月的开始，由于光复后台北牯岭街有许多的日式住宅内有许多被丢弃的书刊、艺品被拾荒的小贩接收后拿去路边贩卖，当时路边摊是不会被取缔的，所以就有许多的旧书摊在牯岭街摆摊贩售，公元1954年到1969年是牯岭街鼎盛的时期。一直到1973年因为牯岭街路面改建工程，市政府安排旧书摊移到光华桥下所辟建的光华商场，不过由于内部空间简陋，让旧书摊的经营意愿低落，而使旧书摊呈现迅速锐减的样态。"

因为属于安置性质，光华商场内的经营环境并不好。李志铭在《半世纪旧书回味：从牯岭街到光华商场》一书中也写到了光华商场经营环境的恶劣："早期光华商场并没有空调（加装中央空调系统是在1986年以后的事），也没有挂牌子，一到夏天就热的要命。地下室空气很差、通风设备不够，电灯数量也不足。每单位的灯光设施只有一二个电灯泡，整个商场空间感觉相当昏暗，再加上旧书的陈腐味。据陈姓老板说，每年夏天到这里逛书摊而晕倒的，总会有好几个人。"

如此恶劣的环境，这里的旧书店经营状况显然好不到哪里去。可是为什么光华商场的旧书店却在后来产生了那么大的名气呢？李志铭在其专著中谈到这样一个契机："落成之初，光华桥地区位于台北市边缘地带，周边重要交通干线仅有纵贯公路（今行经光华桥下的八德路）以及旧铁道干线交会，来此逛街购物的人潮稀少，生意相当清淡的情形持续七八年左右。1979 年以后，开始有中华商场的部分骨董店家、电子零件业陆续进驻光华商场。1981 年，袁集成先生开始在光华商场上层成立骨董、玉器、文物、字画之定期拍卖。自此便开始吸引大量买家前来，也集结了更多的骨董玉器摊商，人潮遂逐渐汇聚。当时在八德路上的商家几乎都是骨董店。"

看来是古董店的拍卖带火了光华商场，而后光华商场的旧书业渐入佳境，吸引来很多资本雄厚的商人的投入，而光华商场内的旧书摊位也变得炙手可热。如此想来，戴莉珍的婆婆将书摊做价 250 万台币，恐怕跟光华商场摊位大火有很大的关系。

但是，任何一个行业都有盛极必衰的规律在，而光华商场旧书店的情形也是如此。从上世纪八十年代开始，台湾诞生了大量的出版社，其数量之多、竞争之激烈，对二手书店必然产生较大的影响。李志铭在其专著中写道："这段期间出版社已突破三千家，每年出书量更超过了一万种。在市场竞争愈发激烈之下，无论在书籍装帧或印刷装订方面都有长足进步，文星时期盛行的四十开本逐渐隐退，三十二开本以至二十五开本成为新时代主流。新书大量生产的结果，不仅瓜分了原本有限的旧书消费人口，同时也因此制造出许多过剩的回头书。旧书业者虽然不必担心无书可收，却影响到整个旧书业层次，使之逐渐趋于大众化。讲究版本价值的古书店屈指可数，却陆续出现越来越多的二手书店。"

正是因为新书的产量过剩才渐渐诞生了二手书店，想来茉莉二手书店也是适应了这种大势，但这种大势会使得光华商场内百余家的旧书店产生经营品种上的匮乏。按照李志铭的所言："自八十年代中期至今，光华商场旧书摊一路'失据'，数量逐年减少。在现存的旧书摊位内，几乎将近一半以上都是教科书与考试用书，地上则杂乱堆满了各类流行杂志，而在剩下的摊位空间里头，言情小说、漫画、医学、数术类等书籍又占去了大约七八成左右，文史哲绝版书所占比例已不到全店十分之一，甚至更少。有些摊位经常缺乏'新货色'，久了之后便不再能吸引固定客人，有熟客甚至每次花不到半小时就可以逛完。"

（戴案：光华商场没落大致原因有：1.当时台北中华路西门町拆除，所有的厂商需要找个点继续经营，而光华商场为第一个选项，加上经济不景气，楼上骨董玉石生意不好，因此将摊位让给电子业者。2.当时经营旧书摊者第一代很努力地收书卖书，所得置产买房，但到了第二代因为收书辛苦，加上电子商品兴起，纷纷转向做相对轻松的电子商品买卖。）

如此说来，光华商场内的旧书店如果继续本持着原有的经营方式，显然会产生经营上的困难。为此，很多摊主将摊位出售，离开了旧书行业。但戴莉珍夫妇不想坐以待毙，于是决定转移他地继续经营，但在经营理念上，要有凤凰涅槃式的蜕变。对于这一点，李志铭也写入了他的专著之中："2002年4月，已在光华商场22号摊位苦心经营了二十载的'茉莉书店'蔡老板夫妇，在深觉'我们的下半辈子，难道还要固守旧书摊这一小块方寸之地？'的感叹下，决定另行创立'茉莉台大分店'。除了维持原光华商场生意外，也开始对外和城邦集团等大书商合作，积极经营特价书生意。"

（戴案：在光华商场的店名就是光华商场 22 号摊位，直到第二家店才正式命名"茉莉二手书店"。这名字的由来就是老板叫蔡谟利，老板娘叫戴莉珍，我们各取"谟"、"莉"谐音，因此命名"茉莉二手书店"。）

其实这场转变也让戴莉珍有着心理上的挣扎，她想改变传统旧书店给人的固陋印象，这就需要资金上很大的投入，而其先生显然比她的思路更为稳健，他不想冒如此大的险。在戴莉珍多次的说服下，他们终于在台大附近开起了一家全新的茉莉二手书店。但是他们将二手书店开成新书店的模式，显然让一些老的爱书人一时难以适应。台湾资深爱书人傅月庵先生写过一篇《茉莉二手书店》，该文的第一句话就是："茉莉小姐开店时，我有些担心。一年之后，茉莉书店成了我最常混迹流连的三家旧书店之一。"

傅月庵为什么有着这样的担心呢？他在该文中写道："茉莉开店条件并不好，店面在餐厅地下室，蚊子多多，书量有限，书源也岌岌可危，除了号称'媲美诚品书店的装潢'之外，似乎没多少可取之处。然而，也正因为这一新闻点，一犬吠形，众犬吠声，接连的新闻报导，带来人潮，也带来了烦恼。有人没书，诸法皆空。我甚至悲观认为，要不了多久，这家店或许就要被媒体所'消费'掉了。"

然而事实上傅月庵的担忧是多余的，后来的茉莉书店经营情况越来越好。为什么能有这样大的转变，这当然令傅月庵有所思索。但他何以对这家书店如此关心呢？这件事还要从光华商场时期谈起。傅月庵在文中写道："我很早就认得茉莉小姐。茉莉先生早早在光华商场开了第一家茉莉书店，我时常闲逛，总会在那里找到不少书，书都整理得很好，价钱也公道。茉莉夫妻，一个出外收书，一个在家看店，茉莉小姐笑容可掬的模样，常让我思想起我小学时代的一位老师。茉莉书店让人印象格外深刻，是他们会发贵宾卡，也举办周年摸彩赠奖等'现代化营销活动'，这在始终坚守'一律五折，爱买不买随你'信条，数十年如一日，相对传统保守的台湾旧书界，算得上是少见的创举。"

显然傅月庵在文中写的茉莉小姐应该就是戴莉珍，而戴小姐的经营姿态也很特别，她对顾客笑容可掬，这显然是对客人的诚心接待，同时她也会搞一些促销活动，可是在售价方面她并不去迎合买书人捡便宜的心理。她只按定价出售，而她的定价原则是新书价格的五折，更为奇特者，她拒绝还价。这跟古玩行业惯有的"漫天要价，就地还钱"的经营方式很不相同。但这些特点都使得茉莉书店在经营方面显出了自己的特色。

我好奇于戴莉珍为什么有这样的经营理念，其实我是想了解她为什么要坚持固有的售价。开书店显然是一门生意，而生意能够挣钱才是硬道理，让商品保持一定的利润，这是所有经营者首要考虑的问题。戴莉珍这样的定价方式显然有其道理在，但这样不担心会得罪客户吗？戴小姐明确地跟我说，她不担心这一点，首先在成本核算方面她做过考虑。她告诉我说自己在台湾的 7-11 便利店工作过四年，学会了核算成本。

在光华商场开店时期，只有这样的经营策划才能保持一定的利润，而她需要有这个利润来归还银行的贷款。她自称是光华商场内最幸福的女人，因为她用不着跟客户在价格方面斗智斗勇，她就打出一副爱买不买的姿态只在那里负责收钱，只要有人跟她还价，她就一律不搭理。而第二天，我与戴莉珍在此聚会时，傅月庵也特意前来见面，我们又聊到了这个话题，傅月庵立即向我形象地描绘了当年茉莉小姐开店时的特有姿态。看来不按常理出牌也成为了戴莉珍经营的独特风格。

（戴案："她就打出一副爱买不买的姿态只在那里负责收钱"，这是真的。因为我们对自己的标价很有自信，加上我们有八五折会员优惠，所以只要是客人还价，我都会说："请给这本书一次机会，如果卖不好我们再降价好不好？"通常我这样说了以后客人都会买单。还有一个现象需跟韦老师说明，早期光华商场不禁烟，因此常常会遇到书友在书摊内抽起烟，而我对烟呛味一直很反感，因此只要入我书摊抽烟者，我一律请他出去抽完再进来，这点原则也让我得罪了不少书友。）

对于茉莉二手书店的经营之道，傅月庵将其与本行业内固有的经营模式作了如下的比较："大体而言，旧书店老板常有几种毛病，一是划地自限，认为这行业卑微不足道，无非讨个生活而已，因此不求甚解，看天吃饭，绝无所谓'永续经营'的概念；一是刚愎自用，认为自己见多识广，摸过的书比你吃过的盐还多，因此执意创造市场供需，随兴定价，孤芳自赏。茉莉夫妻则是出格的一对，卖旧书卖了几十年，却愿意相信自己对'旧书'所知仍有限，乐于多问多听多看。尤其茉莉小姐，精力过人，几乎像孔夫子入太庙，'每事问'，问了不够，还真的就去做了。也因此，除了'环保回收'、'雇用残障'、'所得拨捐'几个理想原则不变之外，转益多师为我师，在多方狗头军师建议下，许多构想都改弦更张，多所修正，如今客源依旧，书源多有，总算站稳阵脚了。"

显然傅月庵的比较仅是从大概念上突显出茉莉夫妻在经营上既有着谦逊的态度又有着坚定的理念，而这些理念的论述是不具体的。我在第一次见到戴莉珍时，也直率地问过她，何以能够由一家小书摊发展成台湾最大的连锁二手书店。戴小姐回答我说："老大用'天道酬勤'四个字来形容我的经营，我觉得他的所言很贴切。"后来她又给我详细说到对于"天道酬勤"的认同感，她说自主经营茉莉十六年来，这期间也投资过股票、基金，却没有一次成功，最后才知道自己没有天外飞来横财的命运，唯有一步一脚印地耕耘才有财运，因此后来就只投资茉莉事业，其他一律不投资了。

我马上追问她谁是老大，她告诉我说就是傅月庵。这个绰号也是出自光华商场时期，某天有人到光华商场问戴小姐："老大来过没有？"她反问此人："谁是老大？"对方告诉她："老大就是傅月庵。"由此而让戴小姐了解到傅月庵在台湾旧书店的影响力，此后她有很多经营上的问题都向老大请教。她未曾料到的是，几年之后，也就是到了2008年，老大竟然来到了她的店中，成为了该店的营销总监。

（戴案：我和傅月庵相遇的确是在光华商场，那时老大认识我却从来不跟我打招呼，因此我在光华商场时期根本不知道有这号人物。是在开第二家店时，有人问我老大来过没，我还很天真地说谁是老大。老大当时任职于远流出版社，他的公司在我书店旁边，所以常来逛，我逮到机会就拿不懂的书问他。说一个笑话给您听，有一次我卖了一本书，书名叫《备忘录》，作者是夏宇，当时卖出价格是1500元，一本书卖1500元当然很开心。老大来店里时，我告诉他这本书卖了1500元，结果他老兄告诉我这本书再加一个零也卖得掉，也就是说这本书可以卖15000元，当下也只能傻笑了。

与傅月庵先生建立信任感后，茉莉只要收到不懂的书，都会请教他，他是书虫，对于没看过的书也很有兴趣，因此我们在书海中游玩得很开心。关于经营方面，他对我的影响在于从心出发的管理。他曾经说过人不需要管，只要给他有兴趣的事做即可，因此茉莉同仁离职率不高。但因为四年前我聘了一位专业经理人来帮忙管理，他用大企业管理方式管理茉莉，导致老大离开、老员工纷纷离职，还好在去年因为我与这位专业经理人意见不同，他自行请辞了。这一切是我的决策失败要付出的代价。目前茉莉最重要是再把人才培训出来，稳定人事是目前我最重要又紧急之事。）

显然天道酬勤也只是形容一种状态，难道仅靠勤字就能成为一家著名的连锁店吗？晚宴结束后，戴莉珍给我发了条微信，简明扼要地总结出五点茉莉的经营之道，以此来回答我的疑问：

1. 收书比别人快，业绩维持一定的增长：因为书源即是茉莉收入，只要书友电话来，在最短时间内安排把书载回店内。

2. 报价比别人快，赢得书友信任：今日事今日毕，只要业务或宅配把书载回，隔天一定报价，书友惊讶报价速度，取得书友信任。

3. 努力标价、上架：估完价后，将畅销书挑出清洁、标价、上架，让书友耳目一新，争取好业绩。

4. 明确了解二手书赚的就是"回转率"，这是不二法门。因此常常鞭策自己勤收书、估价、标价、上架、调柜。

5. 做出与同业差异化：挑战自己的极限，用不同的创新模式做出差异化。

由此可见，戴小姐善于总结，同时也善于创新。看来天道酬勤中的勤字也包括了她在经营理念方面的勤思勤考。

（戴案：关于做出与同业差异化这部分的补充说明：我们的经营理念是环保、公益、阅读、敬天、爱人、惜物，因此我们所有的经营模式都是以这十二个字为基础。年底大扫除募书捐款、年终二手物义卖、圣诞节帮穷苦孩子圆梦，这些都是与同业做出差异化之处。以上这些差异化最终目的是希望为书友提供服务。P.S. 我们定位自己除了是书店业外，也是服务业。）

第二天下午，傅月庵、文自秀带我来到了茉莉二手书店台大公馆店。这一带是台北的市中心同时又是著名的文化区，更为重要者，这一带已经形成了颇具规模的书店群。李志铭在其专著中写道："台大公馆地区本身的交通地理优势，加上邻近台大学府的文教特质，共同形塑出精致文化与草根文化彼此交融的混杂地带，使得这里成为目前台北县市境内唯一最具规模的新旧书店大杂圈。"

茉莉二手书店位于一条小巷之内，巷口不足二十米处就是地铁新店线公馆站，台湾当地将地铁站称为捷运站。这条巷口的正上方悬挂着书店的灯箱招牌，穿巷而入，街巷两侧满是游客。旧书店选在如此繁华之处，料想租金不会便宜。里面是一排排的宿舍楼，在一栋楼的底商看到了茉莉二手书店的招牌。我注意到书店的门牌号是"罗斯福路四段 40 巷 4 号"。从外面看，书店的两个大橱窗玻璃落地，颇具时尚味道，与四围的小商店模式迥然不同。书店门口则戳着一块告示牌，上面写着："二手物募集中，捐物资、助家扶。"显然这样的公益募捐活动已经超出了旧书的范畴，而这也正是戴小姐秉持的经营理念。

（戴案：书友带书来茉莉卖，茉莉会根据库存销售状况来

公益告示

评估价格，并不是每本书都会收。不收时，我们会询问书友
是否要取回，如果不取回，我们会将这些书放在爱心取书柜，
让来店书友选取。早期是让取书的书友自由捐款，但因为实
在有太多书友误认为是免费的，所以后来统一规定取书必须
捐赠 10 元。）

　　走进店堂，书店的格局呈 T 字形，收银台侧旁的方柱上挂着一
条木制匾额，上面刻着"环保、公益、阅读、敬天、爱人、惜物"。
戴小姐说，这就是茉莉书店的经营理念所在，而这个理念的总结乃
是出自傅月庵先生。闻听此言，我立即请傅先生站在此匾前拍了张
照片。

　　茉莉座右铭的右旁则是收银台，一位年轻有朝气的小伙子正忙
着收银，戴莉珍介绍说，这是她的小儿子。看来，茉莉书店的第三
代经营者已然崛起，渐渐接手这家颇具品牌价值的二手书店。收银

傅月庵起的本店座右铭

台的侧旁则有一排木架，戴小姐告诉我，这里都是捐赠之书，有人捐赠，他们做相应处理后，会将所得书款赠于公益事业。而此架旁边还有一个环保公告，同样显现着本店的理念。

戴小姐又拉开了两个大抽屉，里面放的全是一些各种商品的手提纸袋，她说这些手提纸袋也是顾客自愿捐的，以此来减少塑料袋的使用，这也是重要的环保理念。而我在书店的侧墙上还看到了拍卖会的招贴画，上面印着文自秀主持的王强先生与我对谈的活动信息。在此店看到这样的广告，令我颇感亲切。

在店内入口处还看到了爱心取书柜台，这个柜台上的书一律10元新台币一本，这个价格在台湾地区已便宜过白菜价。所取之书由店员清点数量后，则请买书人将书款投入捐款箱，而此箱所得款项将全部捐给"家扶基金会"。

去年，茉莉二手书店与文自秀共同举办了一场义卖会，义卖之款就是捐给这个基金会。当时文自秀告诉我，此会是为了帮助困难家庭的孩子实现自己一个小梦想，看来这样的活动乃是茉莉书店长期坚持的一项义务。而今在这里看到了现况，使我对该书店又增添了几分敬意。在我拍照过程中，始终有一位老人在慢慢翻阅爱心取书柜上的书，看得出他对这里的书有着一定的兴趣，我在等候老人取阅完毕之时又注意到，此架书的侧旁还有专门的紫外线杀菌机。这台机器的上方有着详细的说明，看来这也是一种好的卫生习惯。戴莉珍告诉我，这个紫外线杀菌机也是她的独特想法，因为她担心书放太久会滋生尘螨。

茉莉二手书店的经营环境确实改变了我固有的认识。这里窗明几净，一排排整洁的书，从外观看上去跟新书无异。随意抽出几本翻看，不但封面整洁，里面也新若未触手，这让我怀疑此处所售之书是否是从出版社买来的滞销之品。而傅月庵告诉我，茉莉书店绝不会干这样的经营，本店所售之书一律是使用过的二手书。戴莉珍则称，这里的书品相好，是因为上架之前先作了挑选，品相差的书已经处理给了废品收购者，品相好的书，本店会有专人进行清理。而后她带我走进了书店的工作台，果真在这里看到两位工作人员正在清理书的内外。我注意到，他们是在书的封面喷上一种溶剂，而后用刀片刮掉书上的不干胶残留，接着对书内进行清理。

（戴案：我们清洁方式如下：1.先在书上面喷干净水把灰尘清干净。因为台湾装帧书皮有一层"塑料膜"，因此喷少许水不碍事。2.台湾新书销售时会贴一个售价贴纸，我们会用一种叫"去胶水"的溶济将贴纸去除，再贴上我们自己的贴纸。）

我对自己的书作了两分法，一种是珍藏之本，这类书我当然从不在上面胡乱涂抹，另一类则是使用之书，我的恶习都发泄在了这些书上，因为我喜欢在书上划线作标记。我的那些使用之书要是处理给茉莉书店，显然会给这里的工作人员增添很大的工作量。面对此况，我道出了自己的恶习，傅月庵对我是一通安慰。戴莉珍告诉我，这两位负责清理的员工乃是母子，儿子在茉莉工作十六年了，四年前因为书店搬迁到目前地址，营业面积变大了，店里的工作量也相应地增加了，因此聘用了他母亲来协助他，而这位母亲如今也在这里工作四年了。

关于二手书的经营，我的确停留在固有的思维模式下。大陆有不少的书店专门经营出版社的下架书，其实这些书跟新书无异，根本称不上二手，茉莉却强调绝不经营此类书。为什么会有这样的想法呢？此后我读到了《东方早报》上郑依菁所写《全世界的小书店都面临困难——傅月庵、李长声对谈"文学阅读与独立书店的命运"》一文，该文的内容乃是傅月庵与旅日作家李长声在思南公馆举办的一场对谈。当时傅月庵的身份是茉莉二手书店的执行总监，这场对谈当然会涉及到茉莉的经营理念，傅月庵明确地谈到了茉莉绝不出售新书，对于这样的理念，郑依菁在文中将其提高到了"操守"的高度："作为茉莉二手书店的经营者，傅月庵对独立二手书店也有一套自己的节操守则，其中最重要的便是二手书店决不能接

如同新书店

受和出售新书。"

当然郑依菁的所言乃是本自傅月庵的谈话："如果是读者转卖的新书，我们可以接受，如果是出版社从仓库直接出来的新书，决不能接受。更不能看到《哈利·波特》好卖就偷偷去进新书，而应该等到半年后看完书的人卖出来才可以。"

看来二手书店也并非绝不经营新书，茉莉接受新书的条件乃是必须从读者手中回收而来，不能接受出自出版社仓库的新书，更不应当去进时令畅销书。为什么要有这样的操守呢？按照傅月庵的话则是："这是基本的伦理，这样独立二手书店才有尊严。"

在茉莉二手书店内还有一个区域，这个区域铺装的木地板擦得锃亮，这里的读者全部自觉地脱鞋入内。我在其他地方的新书店都没看到这样的要求，一家二手书店却能够做到这样，真的令我大感新奇。这里的读者有人临窗遐思，有人席地而坐翻阅书籍，安静程度超过了一些公共图书馆，这也正是茉莉书店的特色之一。

（戴案：木地板建置源自于茉莉高雄店，我们希望营造亲子共同阅读区域，因此在茉莉高雄店铺装了约 78 平方米的柚木地板。我们请了会说故事的妈妈，在每个月有一天来茉莉说故事给孩子听，以达到我们的"阅读理念"。后来台大店装修，也划了一个区域为木地板。因为台大店人潮太多了，无法请故事妈妈说故事，但也营造出亲子共读区块。）

席地而坐

　　我从各种报道中都读到了褒奖之语。2004 年 7 月上旬刊的《出版参考》中登载了特约记者丘谷雨所写《无心插柳的单纯：记二手书店奇葩——茉莉》，文中首先称："在台湾，许多人把诚品书店作为书店形象的指标，不仅从装潢陈列，到顾客服务，甚至书种的选定、卖场的气氛、读者的品位他们都以诚品为标榜。诚品书店成为某些地区的地标之一，甚至也引领了部分台湾图书业者的发展方向。在诚品书店迈向第 15 年之际，被视为荒漠甘泉的二手书店，在城市的发展和出版泛滥的狂潮中逐渐呈现新的生机。"

　　为什么会把二手书店的经营场所搞得如此洁净无比呢？丘谷雨在文中又写道："对于'茉莉'如何造就二手书店的新经营形态，戴莉珍谦称，当初的动机只是非常单纯的想要给二手书店一个较为宽敞的空间。另一方面，家里的库存书实在是堆不下了，所以才在无心插柳的情况下，选定了台大店的店址。进入台大商圈地段后，由于新的场地坪数较大，一时之间陈列的出版品又很难布满全部的营业空间，所以才有了经营咖啡、花茶等餐饮的复合式经营理念。"

《出版参考》中的港澳台之窗栏目主持人安琪在《茉莉二手书店：带动旧书店布置新风潮》一文中有同样的感叹："一踏进位于台大学区的茉莉书店，悠扬的古典乐，柔和的光线与温馨优雅的装潢，首先打破了一般人对二手书店的刻板印象。"

其实报道的题目就已经代表了观点，而这一点也正是戴莉珍引领二手书店风潮的地方。我夸赞她独特的理念，她谦逊地说，自己仍然在学习与思考之中。接下来，她又带我进入了估价区。戴小姐向我详细讲解了从收购到上架的全部流程，她的坦诚与直率，反而令我担心是不是太多地暴露了该店的商业秘密。戴莉珍却明确地说，她并不介意这一点，我可以将她的所言都直截了当地写出来，因为她认为经营二手书店并不是跟同业竞争，而是跟自己竞争。

茉莉书店在经营二手书的同时，也会收购一些线装书以及名家签名本，对于这些书当然要做特别的定价与处理。此前这件事就是由傅月庵来负责，如今傅月庵先生已经离开了茉莉，他与别人合伙办起了一家观念特别的出版社，但仍然关心着茉莉书店的未来成长。所以这些珍本书的定价，戴莉珍还会请教傅月庵。

（戴案：早期茉莉收购到的珍品书，由傅月庵写书评然后直接在网络义卖，义卖所得 50% 捐给慈善机构，这也是茉莉透过二手书平台做公益的方式。目前珍品线装书除了去年在国际书展义卖一部分，所得将扣除成本捐出，其他收在茉莉总部，至于未来会如何处理，由老天爷安排。）

我在书店内还看到了咖啡自助机，戴莉珍说这种自助机由客人投币即可自动出咖啡，所得的有些款项也捐给了某个慈善组织。对于在二手书店内开办咖啡厅之事，其实业界也有着不同的看法，李志铭曾如此评论：“关于‘书籍＋茶点’的复合式经营理念，一方面视为台北旧书业者当中的先例，另一方面其实也是整个台湾书店业在时代变迁下的主流趋势。赞誉者认为茶香伴随书香的优雅环境更能充当清点‘战利品’的休息场地。贬抑者则以为，旧书店应以书籍特色为主，无须费力在毫不相干的茶点上。此外亦有持平者认为，对于无法遽然接受杂乱的传统旧书店却习于上咖啡厅消费的年轻学子而言，‘茉莉’其实不失为一个让初学者得以体验旧书店‘挖宝’乐趣的入门场所。”

参观完书店，戴莉珍把我等带到了她的办公室。办公室位于黄金地段的一栋高档公寓之内。这套公寓面积颇大，戴莉珍说有三百多平米，而算她在内办公人员仅四名。她带我一一参观，这里房大人少显得空空荡荡。往窗外望，下面就是台北的文化区，她说自己感觉这里环境很好，所以就租了下来。我问她为什么要租这等豪华的办公室，戴小姐称以前所租的办公室仅是九十多平米的公寓，后来觉得狭小就迁到了这里。她说之前的办公室每月的租金是 2.5 万元台币，现在是 11.5 万元，但她觉得还是很划算，因为这套公寓的售价是 1.2 亿，所以租金跟房价比起来还是显得便宜。我从未见过一位二手书店的经营者花这么大的代价租如此豪华的公寓，文自秀和傅月庵也说这套公寓太漂亮了。戴莉珍则称，她的性格中有一种韧劲，她想做的事谁也挡不住。她当年开第一家分店时需要一大笔款项，先生认为扩张速度过快不愿意投这样的资，戴莉珍就一遍一遍地给先生做工作，并且多次向先生哭诉自己的心愿，最终先生同意了她的扩张计划。

戴莉珍告诉我，现在茉莉有五家分店，她从每一家分店抽出一部分利润来支付这套公寓的租金。但她也觉得花这五家店的钱有些不好意思，所以她在想办法让总店挣钱，而她的想法之一就是在此举办珍本书拍卖会。而后她带着我看了客厅内的一排书架，书架上有一些她买来的珍本书。

一同前来的袁芳荣先生也很好奇，他拿出一些书来翻看。其中一册乃是周梦蝶所著《还魂草》，扉页上有作者写的一篇题记，这勾起了戴莉珍的话题。她说这本书不知是何时收来的，最初她并不在意，所以去年举办的义卖会上就拿了出来。傅月庵定的价是8200 元，没想到竟然被争到了 14 万元。竞得此书者乃是她的表弟，因为她的表弟也做古玩生意，所以颇为喜欢该书。拍出这样高的价钱，令戴莉珍未曾想到，虽然拍得的款项全部捐给了家扶基金会，但是她对这本书又思念了起来，拍卖会结束后过了半年，她还是忍不住问表弟卖不卖这本书，她想将此书再买回来。当然戴莉珍也知道表弟喜欢此书，于是她问表弟加多少钱，但表弟一文未加的还是

1 | 2
3 | 4

1. 周梦蝶《还魂草》　2. 周梦蝶题记　3. 4.《印史拾遗》

以 14 万卖给了戴莉珍。戴称表弟不好意思加价，是因为他有一些货品占用了书店的仓库。

捐出之书被高价卖出，她又以同等价格买了回来，仅凭这一点就可以看出，戴莉珍是一位真正爱书之人。她不仅仅是经营二手书，对于一些版本也有着特别的感情在。而后她向我出示了一本《印史拾遗》，她说这本书是在书店搬家时偶然从旧书堆中翻出来的，傅月庵觉得这本书的函套有些特别，就拿到了去年的义卖会上，可惜没有人懂得该书的价值，未能拍出。那次义卖会茉莉送拍了 25 件拍品，仅有此件流标。当时戴莉珍听到这个消息后很是高兴，因为当傅月庵拿此书去义卖时她就有些舍不得，没想到的是，这本喜爱之书又回到了手中，由此她觉得这本印谱可以称为是镇店之宝。

（戴案：《印史拾遗》是师大店搬家时，同事准备丢弃的一本书，刚好老大去师大店，从一堆垃圾中捡了回来。当时老大说这本书你千万不要卖，当作镇店之宝。可是要义卖时，又必须要有厉害书籍才可以卖出高价，老大就问我可以拿出来卖吗，我实在很舍不得，因为我喜欢里面的印谱。在未送拍前，我一张一张拍下来做纪念，表示珍惜。我想，大概是老天爷知道我喜欢这本书，也感念我做善事，因此将此书还给我。）

看完书后，我坐下来采访戴莉珍，她告诉我说茉莉书店最初仅雇了四名员工，如今各店正式员工就有 46 名，另外还有几名打零工者，一共五家分店，除了台北的三家，另外两家分别在台中和高雄。她说即便如此，店里的库存量还是很大，她认为时机成熟的话还可以再开分店，但是她又不愿意各店之间品种重复。戴莉珍也承认，由于网络的冲击，纸本书市场在萎缩，未来市场如何变化，她认为还要冷静观察。对于网络店的开办，戴莉珍说并不容易，因为这需要很庞大的仓库来做周转，何时走出这一步她还在细斟酌。

（戴案：我对于网络二手书店想法：1.纸本书确实是在萎缩，因为年轻人现在习惯用"快餐"阅读方式获取简短知识，加上网络查询容易。纸本书会萎缩，但不会被取代，因为我们这一代还是喜欢阅读纸本书。2.我不投入网络书店，因为我喜欢自由自在的工作，有多少本事就做多少事情，网络很烧钱，而我资金有限，我不做自己能力范围外之事。）

戴莉珍自称，如果下定决心，她一定会勇往直前地往下做。她举例说，当年开台中店就是自己跟妹妹前往台中找店面，而后找到了一家九百平米的，感觉比较合适。当时傅月庵问她："莉珍，这么大会赚钱吗？"她回答说："老大怕什么？亏了，就用台北三家店来养这家店。"傅月庵只好让她任性地把这家店开起来，最后证明她是对的，因为目前台中店是茉莉营业额最高的一家。

当时的台中店并无货源，于是她们就在当地收购了一些其他书店的二手书，这种做法被很多业内人视为胡闹。台中店就这样开了起来，更让她没想到的是，开业的当天台中市市长也来到了现场，还问她需要提供哪些支持。市长的到达等于间接地给此店做了广告，所以此后有多家媒体来采访。戴莉珍笑称，她因此省了一大笔宣传费。她同时也说，自己就是这样乱闯而闯出了一片天地。傅月庵则称，戴莉珍的八字太好，真可谓强运之人。

对于茉莉二手书店的经营策略研究，我所看到的以黄振谊、刘中平所撰《连锁二手书店营销策略之研究：以茉莉为例》一文最为详尽，文中谈及了茉莉在产品上的分类："茉莉二手书店最主要的核心产品就是二手书，店内二手书籍以产品线的广度来划分的话可分为文学类、商业类、心理医治类、生活类、宗教类、大专用书类、信息类等，至于各书籍的产品线长度会依回收的情况有所调整。一般二手书店产品进货方式不像新书店产品，使用出版大中盘商进货，茉莉的书籍来源是使用逆物流方式回收二手书籍。"

但是，这样的经营方式其实在收书方面有着不确定性："对于回收之产品，在运送、储存、处理、管理方面亦无规律通路，较正向供应链增加许多的复杂性和不确定性，而回收得来的原物料透过再生处理可重复使用，降低环境污染。这正与茉莉的'环保'定位相符合，因此，茉莉二手书店早期贩卖的书籍大都以资源回收场及书贩回收为主。"

关于书籍的来源，该文中总结出了四点："（1）顾客送至店内回收，一方面可以做环保，二方面也可以在茉莉挑选二手书做书籍交流；（2）年底大扫除清出的旧书籍；（3）如果书籍超过一百本或CD、DVD超过五十件以上，茉莉就会到府进行旧书回收的动作；

(4) 专量现代人忙碌的生活与宅急便合作进行二手书籍回收工作。"

（戴案：书籍来源说明：1. 到府收购：书籍超过一百本或影音产品五十件以上，透过电话联络约好时间到府收购，目前每家店每周约出去两次，每次约五至八家，估价后直接付给书友现金。2. 店内回收：书友自行带书到茉莉各分店回收，目前这部分占总收购量的 50%，也是估价后直接付给书友现金。3. 货运回收：书友自行装箱打包，通过电话联络茉莉，由货运公司（宅急便）到书友家把一箱一箱书籍运回茉莉，所产生运费由茉莉支付，茉莉将书籍估价后，经书友同意，以每周一银行汇款的方式，将书款汇至书友账户。以上方式我最喜欢第二种，因为这样不仅减少了我们的工作量，而且书友也可以顺便再买一些书回去看，双赢。）

是否所有的书籍都收呢？依我对该店的观察，显然不是如此。黄振谊和刘中平在文中也明确地谈到了茉莉哪些书不收："茉莉虽以大众化经营，但还是必须顾及书籍质量水平，且并非每种书都会收回贩卖，以确保二手书销售质量，例如：计算机书、考试用书、法律相关用书出版超过一年以上，大专用书、字辞典、商业类用书五年以上，杂志三个月以上等书籍皆不贩卖，因此，此类书籍全以出版日期为标准，此外不贩卖色情书刊、写真集、国高中参考书或课本。"

从各种数据来看，茉莉对文学书似乎更感兴趣，丘谷雨在其专文中写道："在选择商品上架的问题上，戴小姐极为坚定地认为，文学类出版品一直是所有二手书店卖得最好的出版品，因为文学类出版品给读者的感受，不会随着时空的转移而有所差异。但同时，文学类出版品的货源奇缺，是当前所有二手书店共同面临的问题。因为没有时间的限制，很少有读者将文学类的书籍当作二手书来处理。至于时尚、政治、计算机、女性类等出版品的货源则根本不存在会缺货，甚至一些新书还在一般书店陈列贩卖时，就有二手书进入了二手书店。所以在二手书店的常销书并不一定是过去一般所谓的畅销书。反而过去所谓的畅销书有可能在二手书店却成了冷门书。"

但是文学类书也分畅销与不畅销，丘谷雨在文中又写道："现在一般所谓畅销作家的作品，在二手书店的销售状况也不一定乐观。从现在出版品的质量而言，一般畅销作家的作品较符合时下潮流所需，是属于'轻、薄、短、小'，较符合现代'快餐主义'的出版品，目前，对于二手书店的消费族群而言，这部分出版品不具有保存价值，因此在销售的数字上，反倒不如一再阅读的文学类出版品的销售喜人。"

黄振谊、刘中平所写的论文提到了更多专业问题，比如如何定价，该文中写道："价格订定是营销策略中表现产品价值质量的一种方法，茉莉已跳脱一般传统二手书店经营模式，而以经营诚品式二手书店为目标，所以在定价目标方面是以追求赚取利润为最大目标，以维持书店营运正常。"

关于茉莉的进价与销价，黄振谊、刘中平也在文中予以揭示：

"在茉莉二手书店内有两种价格，一种是回收价格，也就是进货成本，另一种就是书籍售价，在进货成本方面，总经理表示店内二手书回收，大多以书籍售价 0.1—1 折之间来做回收，而畅销书则是以 2—3 折之间回收，但还是必须依市场行情且该书之畅销程度才能估算回收价格。"

以上这段话谈到的是进价成本，关于销售价格该文中则称："茉莉因贩卖为二手书，其售价较新书便宜许多，所以属于价值定价法。总店长也表示因为书店地址位于台北市重要地段之一，所以店内书籍售价会以五折定律为基础，但因为店面区位有所调整，此外，店内有时会有畅销书、珍本或签名书之类的珍藏本，则会用版本价值加成法则也就是理论上的认知订价法，来订定合理的价格。"

看来各文中谈到的以五折对外销售，仍然是茉莉的主要销售价格。而所售之书即便经过挑选，也会有好卖和不好卖的问题，对于这一点黄振谊和刘中平于文中写道："茉莉会利用降价贩卖方式，例如一本 100 元的二手书，不好销售，会先降至特价区作促销，如乏人问津，茉莉在每家店内设置爱心柜，把这些书放至爱心柜内提供有心人索取阅读，旁边会附有爱心箱，依照顾客的心意，自由捐赠，因此，10 元 20 元都不嫌少，所有爱心箱里的捐款都会捐到弱势团体，让顾客在读好书的同时也能同时发挥爱心做公益。"

关于捐赠，戴莉珍告诉我，因为每年的春节前后，中国人有大扫除的习俗，所以茉莉也会在年底举行募书活动，具体方式是书友每卖一本书给茉莉，茉莉就捐出一元，如果书友愿意将书款捐出，那么茉莉再捐书款的 30% 给家扶基金会。例如书友卖书款为 1000

元，那么茉莉就捐出30%也就是300元，因此家扶基金会所得为1300元。

戴莉珍还说，去年茉莉的总营业额达到了一亿元，总计卖出了103万册书，同时这一年又收进了109万册书。之所以能有这样的好成绩，正是因为茉莉的公益之心得到了书友们的认可。茉莉也会加强员工在服务品质上的提升，关于这方面的细节，黄振谊和刘中平在文中有这样的描述："为了让每一位员工都了解店内的作业流程，包括买书、擦书、整理书、标书、上书到柜台服务等工作，每三个月都会轮调一次，每一个工作都是要让工作人员更了解二手书籍与顾客，尽量避免信息不一致的问题出现，另外每一家分店店长都必须见习其他品牌的二手书店，以增长经营的智慧，茉莉为了让消费者放松的选购书籍，所以门市人员不会主动去打扰顾客，如果顾客有问题门市人员一定会用心倾听与解决，因为对茉莉而言，每一位顾客都是老师。"

看来，茉莉能够成为台湾二手书店业的龙头，跟他们的很多理念有重要的关联。而戴莉珍与我谈话时始终是笑靥如花的姿态，我很难将这样一位随和的女士跟书界强人挂起钩来。一天的接触，使我渐渐感受到了她平和语气下的坚韧不拔，而这一点正是其成功的原因所在。我还想起了多年前的一首老歌《茉莉花》，这首歌中有这样的词句："芬芳美丽满枝桠，又香又白人人夸。"这正如茉莉二手书店，由于店主坚韧不拔的努力以及持续不断的爱心，最终赢得了人人夸赞的局面。

（戴案：听到《茉莉花》这首歌时，我想起了这一路奋斗路程，就像电影画面。茉莉从光华商场经营至今约37年之久，除了大家族一起经营约10年，我与先生经营也有27年。与先生经营10年后到台大商圈开第二家店时，就像影片中的小女孩拿着圆锹播下种子，而经过一番努力后，今天开出了花朵，"芬芳美丽满枝桠，又香又白人人夸"。

感谢：有此成就，除了自己坚韧不拔的努力个性外，更要感谢一路帮忙茉莉的贵人、同事等等。

未来愿望：我的孩子已经32岁了，未来我希望他将此事业传承下去，我更希望他培训每一位店长成为真正书店的主人。茉莉就像一个种子部队，让种子散落在台湾每一个角落。"芬芳美丽满枝桠，又香又白人人夸"。）

后记：

本文草就后，呈给戴莉珍女史，请其校改，戴总十分认真地将此文作了通批。细读戴总的校文，有些是更正我的误记，也有一些是丰满我文中简略之处，还有一些读来像是与我拉家常，这样的批校颇有温度。然细想之下若将她的所言通篇插入此文，恐怕在阅读上会产生影响，斟酌再三，决定将不涉隐私之句直接以括号方式录在相关段落后，有点类似中国古书中的小字双行夹注，为了不与文中其他文字相混淆，故每段夹注均以"戴案"为记。

真的真得　由藏转介
府军、顾正坤真德公司

真德公司是 2012 年刚在南京成立的拍卖公司，最初专搞古籍专场，近年也开始涉及字画、书法等等拍品。这个公司是由两位藏书人——府军和顾正坤两位先生创建，我对爱书人有种本能的亲近，自然对这家拍卖公司也会有更多的兴趣。

在前往真德公司的路上，我问顾正坤先生，公司的名字是什么意思？他笑着说，因为国内最有名的拍卖公司是中国嘉德，很多公司为了沾这个光儿，都在自己的拍卖公司名称上加一个"德"字，比如"聚德"、"九德"、"盛德"等等，他们在给公司起名的时候，自然也想用这个"德"字，想来想去就起出一个"真德"。他说这个"真德"有三层意思：一是拍卖属于信用行业，要用真正的品德来经营它；第二层意思是说他们的拍品都是"真的"，因为假货泛滥，且拍卖行按照惯例也不保真，这使得买家对拍品的真伪十分怀疑，如果敢说自己拍品都是真的，那还真需要一些勇气；第三层意思就是"真得"，这也是针对现在拍卖场上的问题，很多卖家为了吸引人把价格标得很低，而真正开拍之后，在外拍场中托来托去，真正的买家却很难拍到手，真德公司用"真得"二字就是想告诉

这就是真德

买家，你来此参拍就真的能够得到。我觉得这个解释真是巧妙，用一音多字的方式，涵盖了今日中国拍卖场上的三个焦点，在名称上这么下功夫者我还是头一次遇到。

我问到真德公司的经营状况，顾兄告诉我，现在已做了近三年，总体上还能维持，但赶的时候不好，公司成立的时间正是中国艺术品市场滑坡的阶段，尤其古籍方面也有一个大的跌幅，他说原来南京有五家拍卖公司搞古籍专场，坚持到今天的仅余他们真德一家了。

聊到今天的古籍市场，顾兄有很多感慨，他认为现在的古籍拍卖有很多弊端，这些弊端如果不改就不能让古籍拍卖得到良性发展。他认为问题之一就是有些公司将拍品标价太低，虽然能够理解这样做也是为了吸引更多的人参与这一行，但这种过低的虚假标价对内行人影响不大，价值十万块的古书标成一万块，行家心里很明白，抬不到八九万不可能落槌，而新入行或外行人就看不明白了，他们会觉得历史这么悠久的古书还这么便宜，看来古书没有什么收藏价值，更没有什么投资价值。因此顾兄认为这种标价方式违背了人们的购买心理，他说人们到商场买东西，本能地喜欢高定价高折扣，因为高定价说明这东西自身价值高，而很大折扣又说明能拣到便宜。比如有些市场上卖翡翠，标价可能标到十几万到几十万，而实际成交价格几千块就能到手，买到的人可能认为自己花了几千块就买到了价值极大的物品，那种心理满足感才是人们最得意的。如果说翡翠这个例子不普遍，那么商场打折恐怕是人人都喜欢经历的事情，到了打折季人们疯抢式的行为就是因为高标价的东西现在可以很便宜地买到了，至于买到的东西是不是实用，就变成了不太考虑的问题。

因此顾兄认为，现在的拍场上，若再继续坚持低标价的策略，就很难吸引更多人加入这个行业。他感慨说，可惜拍卖公司的经营者没有办法联合起来，以共同达到这个统一观念，如果每家都为了吸引客户故意标低价格，其实对整个古书行业是个坏的导向。

我们又聊到了大家共同关心的古籍市场，顾兄说现在行情确实不好，比古籍更不好的还有字画，尤其是现当代字画，古代字画还相对好一些，因为本来的行情就比较扎实，所以也没有太多降价的空间。他认为古籍相对来说价格比较稳定，跌价的主要是那些常见的热炒品种，大多数古书的价格仍然停在那里，而其中的精品则是不降反升，但总体来说，现在的藏家观望情绪比较浓，使得市场上既不好买、也不好卖，不过比起经营近现代字画的画廊，搞古书经营的日子还是好很多。顾兄告诉我，南京夫子庙有很多画廊，现在的经营情况都很差，可以用"惨淡"二字来形容。

真德公司处在一座临街的商务楼内，这天虽然是星期天，但公司的员工仍然在上班。我在墙上看到了真德公司的宣传口号，府军先生正准备跟我介绍，我笑着告诉他，我在路上已经领教了你们公司的宗旨，这个宗旨是否能做得好我不知道，但是起名的认真确实让我佩服。

府军告诉我，他们在拍品的真伪问题上坚持底线，并不想做什么变通，但有些事情也要调整。他说自己也常参加拍卖会，有的时候有事不能赶到现场去查验拍品，只能看到图录上的照片，觉得拍品品相不错，于是办委托拍到手，但真正拿回来后，才发现照片跟实物有着一定的差距，这就如同照相中的美图功能。因此，他们搞自己公司的时候，就坚持不对照片进行修图，以保证拍品跟实物完全一致。但让他始料不及的是，很多人看到图录后，认为拍品长得不好看，就不来参拍了，而现场来看过拍品的人，往往因为竞争少，反而能以较便宜的价格拍到手。买卖是矛盾的一对儿，这样虽然买家高兴了，卖家却会认为真德公司不能把委托品拍出好价钱，下次就不愿给货了。面对这种局面，真德公司的经营者也只能低头，从2014年开始，图录上的图片也有了必要的修饰。

我说你们都那么做，这让买家怎么来参拍呀？府军说这种做法其实也有些道理，就像人们拿照片给别人看，总希望挑选把自己拍得最美的那一张，其实也不算是骗人，比如介绍对象看到照片感兴趣，见面后虽然发现没有照片上那样好看，但至少是见面了，通过交流还可能了解到这个人其他的闪光点，也许就促成了这段姻缘。所以修图会促使买家去现场看拍品，但只要你来看，很可能就会发现意外的忽略点，也就有可能买几件拍品回去。

府军告诉我，公司在拍品的真伪鉴别上下了很大功夫，虽然古书在这方面问题很少，但字画的问题就太多了。真德公司最初是从自己最拿手的古籍专场开始做的，但为了经营，公司的重点渐渐转移到字画上来。首先因为古书很难征集，而字画的存世量要比古书大很多倍，再一个原因，征来的古书能够卖十几万到几十万一部的都很少，但在字画中，这个价位却几乎遍地都是。字画不仅市场保有量大，需求同样也比古书大许多倍。真德公司现在的字画经营量已经超过了古籍。

我觉得近两年字画市场也有很大的滑坡，府军承认这一点，说近现代字画的成交量和成交价都不到前几年的一半，原因之一是经济的整体形势，还有一个重要原因就是现在送礼的少了，需求也自然降了下来，但他强调真正的收藏者还是大有人在，现在恰恰是买家可以多买些的时机。府军说自己也喜欢字画，所以趁着价格低，也从其它拍卖行买到一些，比如他在苏州的一家拍卖行买到了商衍鎏的字对儿，仅仅花了四千块钱，这个价格不到前几年的三分之一。府军强调买字画要看重原装原裱，只要不是旧的印刷品，一般来说问题不大。但他也承认有些字画的高仿确实很难鉴定，所以他们征集来的拍品都要分别找不同的专家进行确认，只要有疑问的就坚决不上拍。

说话间，府军让工作人员从库里拿出一幅书法作品，他让我看看有什么问题。我仔细盯了半天，确实没找出破绽，因为从这幅书法作品的风格上看，我觉得跟书者的惯常笔法基本没有区别，只是签名落款儿略微觉得有些小别扭，但从常识上来说，一般的伪造书法最下功夫的地方就是被伪造者的签名落款，所以往往有的书法作品从落款上看写得极像，但整个作品的间架结构却不能达到原作者的醇熟。府军夸赞我的看法不错，但他又告诉了我魔高一丈的地方，他拿出一支强光手电，从纸的背面照向落款的地方，随着手电光的慢慢移动，我渐渐地看出来落款之处跟原作品接纸的痕迹，我得承认这个接纸的手法很高超，把这张书法作品放在桌子上仔细看都看不出来。

这让我疑惑起来，为什么要把这幅作品的落款儿挖掉再接上呢？府军给我揭了谜底，他说，书法作品是真的，而落款儿是伪造的。这让我多少有些听不明白：为什么要把一件真的作品搞成假的呢？府军笑着跟我说，这你就不懂了吧，这种手法用行话来说叫"转山头儿"，就是把作品上的真款儿挖掉，再补一张假款儿上去，因为一眼望上去确实是作者的真迹，所以这个假款儿的书法很容易卖出去。我说那挖掉的那个真款儿还有什么用呢？单独那三个字恐怕卖不了钱吧。府军说，在字画市场上同一个作者的书法作品一般卖不过他的画作，因此，把真的书法作品上的真款儿挖下来，然后把它接到假画上去，那就很容易卖出大价钱。原来是这样，这趟真没白来，又学到了这么一手。我问府军，既然已经知道这幅字是转山头儿，为什么还征集来？他说要是知道的话，就不可能收下，因为收到字画之后，他们还要找专家鉴定，在细看过程中感到有问题，于是请了一位熟悉这位作者的行家来看，这位行家立刻就看出了问题，所以这幅字画他们肯定不会上拍。这让我也很感慨，现在的作伪手段确实越发高明，但府军说那位行家告诉他，这还不是最高水准的转山头儿手段，现在这方面做得最好的是丹阳的裱画师傅，行里称"丹阳活儿"，如果是丹阳出来的字画，一般人真的很难辨识出真伪来。

我跟府军聊到他为什么搞起了拍卖公司，因为在此之前的几年，他是在江苏拍卖总行搞古籍专场。府军说以前拍卖总行曾经找人承包过古籍专场，后来找到他希望他接着办，于是从2010年他就搞了几场。正赶上那时候是古籍最火热的阶段，总行看到这种情况，认为对外承包有些不划算，就想自己办起来，府军也就没再搞拍卖。但回来后，很多人都说他是搞不下去了，他觉得面子上不好看，于是决定和几个朋友联合成立自己的拍卖公司。他自己搞拍卖主要是因为喜欢和好玩，并不是靠此为生，但也没有想到搞起来之后，市场就有了一个大的调整。他认为只要能够等待，市场早晚会好起来。

府军是炒股的行家，他谈到任何话题都是用股市术语来形容，比如聊到古书的市场，他认为慢牛最好，因为有持久的上涨能力，他不喜欢在短短的一个月内就把整个行情走完。他说2010年左右，古书的价格一下子冲了上去，其实这样站不稳脚跟，如果是一直慢慢上涨，那价格一定也不会跌下来。府军告诉我，自己从2002年开始炒股，经历过股市的大风大浪，所以练出了很好的心理承受能力，他认为中国传统的中庸之道才是人类文明的精髓所在。

我问府军关于古书方面现在征到了什么难得的拍品，他说秋拍刚刚结束，春拍才开始征集，还没有太多的拍品。我坚持要到他库房里看一看，他让库管打开房间，让我进内拍照。里面的书确实不多，但还没有开始正式征集，就能有这些拍品，可见府军和顾兄二人也的确有些办法。我请他拿出一些精品让我拍照，府军拿出的第一件拍品是一卷日本经，打开一看，确实写得很漂亮，真称得上是墨如点漆。府军让我细看，他既然这么说肯定有什么特别，仔细看过之后，发现这原来是一件刻经，从笔锋上看，能够刻出来书写的痕迹确实不易。他问我这是什么时代所刻，我说自己对日本经不了

公司书库

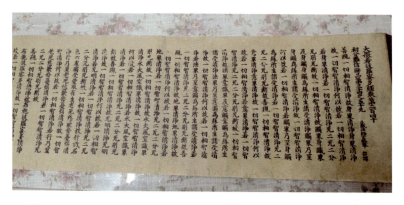

日本刻经

解，府军告诉我这卷经的刊刻时间大概相当于中国的宋元时期。

库管又拿出一部明代原装的白棉纸本，书名是《金陵新刊续文章轨范》，从刊刻风格上看应当是明嘉靖间的刻本，这个书名我却从来没有看到过，以往见到的《文章轨范》前面都没有冠"金陵新刊续"字样。我说这个书很稀见，府军笑着说确实如此，因为国内公共图书馆中只有南京图书馆藏有一部。之后又看到了一幅杨守

《金陵新刊续文章轨范》

敬的巨大龙门对，我对杨守敬的字很熟悉，一眼就看出这是他的精品，杨守敬的字虽然在市场上并不稀见，但这么大尺幅者我却是第一次见。

之后又看了几件其它拍品，然后与府军和顾正坤坐下来聊天。顾正坤说很多人的藏书观念中觉得一定要最顶尖的东西，其实这也是一个误区，他认为社会分三六九等，藏书也应分三六九等才对，没必要人人都买宋元。聊到市场的价格走势，顾兄认为就目前的情况看，书价可能还会回落几年，但几年之后，会有一个大涨的过程。对于今天的藏书市场，他说自己赞同江澄波老先生的观点，买书者应当培育，一定要让新入行的人能够买到自己喜欢的书。接着他讲到了自己藏书的经历。

顾正坤说他刚开始藏书热情高涨的时候，跑到了上海某个拍场中去买书，因为想要的书很多，他都标上价格，一个一个地跟着举，但那些价格基本都超过了他的心理上限，只要价格超过了他就想等下一件，没想到下一件价格更高，拍卖的结果是他一件也没有到手。他说自己当晚乘十一点多的火车回南京，在火车上心里特别难受，想到这一天的遭遇眼泪都差点儿掉下来。他的难受并不是因为自己一部书也买不起，而是总想等下一件便宜点儿，但结果让他很受伤，所以他觉得一个刚入道的爱书人至少要想办法在一场拍卖会上买到一件，这就是莫大的安慰，他后来吸取教训，让自己集中精力买下其中一件最想得者。

顾兄认为现在的买书人还能看到很多的明版书，所以就认为明版书不稀奇，他认为早晚有一天，人们会突然明白明版书是如此难得，明版书必然成为广受追捧的热点。顾兄很会看市场走向，他说以前开古籍方面的会议，都是保护中心主持，近年有一个古籍方面的会议则是由国家文物部门来举办，这说明古籍受重视程度大大提高了。府军说，现在媒体导向不好，五十年代郑振铎发现了一个明代稀见的残本，报纸马上宣传报道，但现在发现了比那个重要得多的古籍，再也没见媒体关注了，而现在关注点是哪位明星露了点儿，又有哪位明星当了小三儿，这让人感慨不已，府军说到现在还有人认为古书是封建的东西，这是宣传导向的一个极大问题。

聊天中府军突然问我是不是很多年前买到一册《洪武南藏》，我说确实如此，问他怎么知道的。他笑着说，有没有注意到那部经的背面盖着很小的一方印，印文是"百如"？我说自己确实没有注意到这点。府军告诉我，这册稀见的《洪武南藏》是一位朋友委托他送拍的，因为他很喜欢这部书，虽然只在他手里停留了一天，他却偷偷地在一个不起眼儿的地方盖上了这一方小章。他同时问我知不知道这册书的旧藏是谁，我说不了解，他说这是康有为的旧藏，当时康有为买到了一批《碛砂藏》，这本《洪武南藏》也混在里面。因为人们不知道《洪武南藏》的故事，反而认为它不如宋版的《碛砂藏》值钱，二十年来《碛砂藏》的零本上拍过几十回，而《洪武南藏》仅仅拍过那一册，因此府军觉得这个经很有价值。我问他为什么要盖"百如"这方章，他笑着告诉我"百如"是他的号，取百闻不如一见之意，觉得能够看见就是自己的幸运，他又顿了一下说："当然，你能够得到，那更是幸运了，一见总不如一得好。"

不问出处　借树开花

付国君盘龙公司

　　到南京访谈的第一站就是到付国君先生家，他是我已访谈过的对象中最年轻者。按照我根深蒂固尊老的习惯，原来的计划，他应该是我此行的最后一位访谈对象。事先联系的时候，付兄告诉我，他要急着赶回东北老家，去结算房屋装修的问题，知道我要来南京，为此专门等了三天，于是我跟他讲，到南京后，首先去跟他见面，以尽量减少影响他装修之事。

　　付国君到高铁站接我，在出站口却看不到人影，我们俩互通电话，但就是见不到面，最后我找到了总服务台，才问清楚南京高铁站的出口有几个，但没有各自起名，后来总算见着了面。坐上付兄开的车，我觉得这辆车跟我上次见的不同。他告诉我，这是妹妹的车，自己的车卖掉了。这让我想起他要回东北装房子的事，感觉到他有可能不准备在南京开展业务了，又装房子又卖车的。付国君告诉我并非如此，房子是给自己父母买的，因为老人对装房子没有经验，所以，他一年往返了多趟回去监工。多大的房子需要装一年，付兄含混地说："也就四百多平米，是个小别墅。"这个口吻跟他的卖车反差大了些，也同样颠覆了我对他的印象，不到十年的拍卖经历，竟然有如此大的变化，这增强了我的好奇心。

我跟付兄聊起了他的拍卖经历，因为他举办的第一场拍卖会我印象很深，按照那个时候的横向比较，不论是拍品质量，还是规模数量，都应当是我所参加的拍卖会中名列后茅者。回忆起这段事，小付笑着说："确实如此。"他告诉我的细节，更正了一些我记忆中的错误。我记得第一次见到他，就是在那场拍卖会上，他说不是这样，而是更早在北京。他说，那场拍卖会并不是自己所办，当时经一位书友的介绍，他进入了南京中山拍卖公司工作，工资很低，大概是1500元一个月，那时候的中山公司仅有两个人，除了老板就是一位会计，把他聘请过去后，就想开展古书拍卖。于是，他就找朋友，再加上自己的书，搞到了那么一点儿拍品，又自己找人，以很便宜的价格印出了图录。可是，图录印出来之后，不知道发给谁，于是，他就背着几大箱的图录，来到了北京琉璃厂。在一家拍卖公司侧边的小胡同，只要看见有人从拍卖公司走出来，他就发一本图录给那人。他说，当时也发给了我一本。小付的这个说法让我回忆不起，我反问他，为什么记得这么准。他告诉了我一个细节，说他在发图录的时候，拍卖公司的人轰他走，我跟那个工作人员说："都不容易，就别这么计较了。"那个工作人员跟我笑笑，回去了，没再撵他。这让他很感激，后来别人告诉他，那个大个子就叫韦力。

我想起来自己到南京参加他这场拍卖会时的一个细节，我刚进门，他就迎过来叫我的名字，当时我还奇怪他为什么认识我，原来我们在北京就有一面之交了。但我印象中那场拍卖会拍得并不很好，小付告诉我，那场拍卖会成交额 40 多万，虽然没有挣到什么钱，但也没有赔。由此，他感觉这个行业能挣钱。我问他，是否因为这个原因后来就搞起了自己的拍卖专场。他说这只是原因之一，更重要的是，他的那点工资根本不够生活，于是，他又找到另一家拍卖公司商谈承包古籍专场之事，这家公司名叫盘龙。他说，自己承包专场的费用是 1 万元，盘龙公司什么都不管。那场拍卖会的成交额达到了 100 多万，这让他兴奋不已。因为那个时候的盘龙公司各方面还未健全，财务都没有 POS 机，参拍的人只能付现金，而且那时没有现在普遍的拖欠，都是参拍完马上付款，所以当场收到 100 多万现金，全部堆在一起。他跟几个兄弟从来没有见过这么多的现金，看着十分开心，但又很害怕，于是，他背着现金，让几个朋友跟着做保镖，一块儿把现金存入了银行。小付说，就是这场拍卖会让他打了经济翻身仗。

付国君搞拍卖的第二年，我有事到南京，他用车接我去他家看过书。那时他家在一个新建小区的顶楼，是两层的复式，上面的一层专门用来存放拍品，我记得那些拍品是用许多个大纸箱装着叠放在一起，他的妹妹做会计兼统计兼库管，一箱箱拆开书让我翻看。这次来的小区似乎比当年所看的高档了许多，付国君说，因为前几年拍卖形势好，让他挣了不少钱，陆续在南京买了四套房，原来我去的那一套已经给了父母，而父母不喜欢冬天的南京，没暖气，现在已经回老家了，但是，不小心把钥匙也带回去了，所以那里的书我看不到，今天带我看书的地方是他妹妹的家。我跟他说无妨，只要能拍一些书就可以了。

小付妹妹的家跟我当初看到他买的第一套房，格局几乎一模一样，这种买房方式倒真有些怀旧情结。这套房的布置也跟我看到的第一套一样，就是一楼住人，二楼堆放古书。我正感叹，小付笑着说，可能有这方面的原因，因为他在南京买下第一套房很不容易，所以他对那套房的印象很深，而妹妹的这套是第二套，正巧也是同一个开发商所建。说到房子，他笑着告诉我，自己买第一套房子，从没向我道谢过。我问他何以要道谢，他说，刚来南京时，一直租房子住，因为没有钱，住在很偏远的地方，并且是一个小平房，只有十平方米大小，一个月大概是 70 块钱租金，那个房子里没厕所，没厨房，没暖气也没水，所以，他就一直梦想着能拥有自己的房子。第一场拍卖会跟我认识之后，他偶然收到了一部稿本，以 15 万的价格卖给了我。正是那套稿本让他赚了几万块钱，加上他自己手里那些年积攒的几万，以及他父母在东北老家的平房拆迁后所得的 2 万，一共凑够了 10 万块，他就以这 10 万块交了首付，买下了我所看到的那第一套房。

小付妹妹房子的二楼基本上成了储藏间，只有南向的一角做成了书房模样，写字台和书架连为一体，装在了墙上。台子上摆着电脑和打印机，书架上插放着一些工具书，以及整摞的图录。小付说，这就是自己的工作间。在工作间的另一面，摞放着十几个纸箱，他把纸箱搬下来打开让我一一拍照，我看他搬纸箱很吃力，于是想上去帮忙，他说不用，因为自己干惯了这种体力活儿。他说，自己刚来南京的十几年，因为没有钱，天天都是背着东西到处跑。其实，我也很好奇他的经历，只是出于礼貌，不愿意问得太多。付

工作台

国君虽然性子很慢，说话慢慢悠悠，但为人确实是很诚恳，他可能猜到我很想了解他的过往，没等我发问，就给我讲了起来。

付国君说，自己的老家在黑龙江省牡丹江市边上的海林县。他可能觉得我不知道海林是哪里，补充说："就是《智取威虎山》里讲的林海雪原，那个故事讲的就是我的老家。"小付说，上世纪九十年代中后期，父母都下岗了，家里没有任何收入，他觉得要想混口饭吃，必须出外闯荡。1997年，他18岁了，觉得自己是成人了，应当能够独立生活，于是，带着比自己小几岁的妹妹来到了南京，两人兜里加起来的钱也不足1000元，感觉到吃饭很是问题，于是就在路边摆起了烤羊肉串的摊位，这一做就是几年。我问他能不能挣到钱，他说只能挣口饭钱，并且很辛苦，因为，串羊肉串必须把手泡在冰冷的水里，他和妹妹的手都冻得像红萝卜一样，不仅如此，还经常被保安到处赶。

但人也有遇到转机的时候。小付在摆烤羊肉串摊的时候，他的旁边有一个摊位卖假的古玉，那时候卖这种东西的人少，所以，那个假古玉摊生意不错，这让小付觉得卖玉要比卖烤羊肉串容易些。于是，他也买了些古玉来经营，可能是进货渠道没有那么直接，所以挣钱并没想象的多。这个时候，他的古玉摊旁边经常有一个卖旧书的摊位，他又受到了这个旧书摊的影响，也学着改卖旧书。他说，那时线装书在人们心目中还有很高的地位，旧书中线装书最好卖。这句话让我很好奇，我问他哪来那么多线装书。他说，南京的古玩市场天不亮的时候，就有人卖四书五经的线装书，买进的价格是两三块钱一本，卖出的价格大概是五块钱。我问小付这是哪年的价格，他说，一直到了 2002 年，地摊上线装书的价格也没涨高到多少。后来，他就跟着别人到乡村去收书，主要是到山东的一些偏远山村，那时的收书价格是几十块钱一部，也有好书能上百块钱的，但他不敢买，因为自己卖羊肉串和古玉，几年下来积攒的资产只有 4000 多块钱，所以，只能买便宜的线装书。他说，这几十元一部收回来的书在南京摆摊，以 120 元到 150 元的价格很容易卖出去。这段经历让他对古书产生了兴趣，渐渐地爱上了这一行。

付国君说，自己能够把拍卖做起来，主要是赶上了好时候，他把这归结为自己的运气好。从 2009 年到 2011 年，这几年时间，古书的价格一天一个价地上涨，让他挣到了不少的钱，其中的一个重要原因，是浙江的某个大藏书家那几年横扫拍场。那场扫荡在全国的古书界影响很大，而这位金主的首秀就是在付国君所举办的某场拍卖会。这件事虽已过了几年，但小付讲起来还有抑制不住的兴奋。他说，那场拍卖会开拍之后，自己都不知道有这么重要的一位大款坐在现场，这位大款见古书必举，几乎举下了那一场中所有的古书。举到一半的时候，就让小付害怕起来，因为他没有见过这个阵势，他担心是有人来故意捣乱砸场子，于是马上找到此人，跟他讲先不要举了，必须把已经拍下来的书结完账，才能接着举，这位大款也没争辩，立即付了刚才拍下的所有拍品款，之后回到场内接着举。在回到场子之后，小付说，所有在场的人都兴奋起来，尤其那些送拍的人也坐在场内，马上开始顶自己的拍品，市场价几万块钱的东西直顶到二三十万才放手，那一场拍卖真称得上是集体狂欢，这让众人感到不是天上掉馅饼，倒像是满天飞舞着的美钞砸到了自己头上。

拍完之后，大款立即结清了所有的款项，并且仍然感到意犹未尽，问小付手里还有什么线装书，他全要。于是，小付又把这位金主带回了家，一下子又卖了100多万的线装书给这位大救星。但小付强调说，这100多万是几十部白绵纸的明版书，如果按后来的价格说，其中的两三部就能卖到100多万块钱，所以小付说，自己并没有赚到这位大款的钱。但他同时也公允地说，那个时候，能有人如此大量地买书就已经很高兴，所以根本不敢加太多的价钱，虽然卖便宜了，但其实也挣到了钱。

不过这种好日子仅有三年多的时间，市场就陡然直下，那位大款不买了，紧跟着很多人也都不买线装书了，这种迅速的转变，让所有人始料不及。小付说，自己本没有多少藏书，都是卖了再买，买进的价格也只能比当时的行市稍低一些，但现在很多书的价格都拦腰砍一半还没人要，只能砸在了自己手上。他打开纸箱指给我看这些书，都是自己高价买进来而卖不出去的。我问他当时为什么进了这么多的书，小付说，并非全是如此，因为市场最好的时候，很多人包括一些经营者都到拍卖会上去抢书，好像抢到了书，就如同抢到了钱，但价格的急速下跌，让这些人筹不到钱来付款取书，于是，就形成了对拍卖行的赖账。我说，赖账又不是一家两家，你为什么要把书压在自己手里呢。小付说，大拍卖行遇到这种情况并不担心，只要买家不付钱，拍卖行也就不付钱给卖家。但他是小拍卖行，这么做却不行，因为别人拿书给自己就是一种信任，如果不讲信誉，就不可能再做得下去，于是，他就先用自己的钱付给了卖家，本想拖一段，再找买家追回欠款，但没有想到市场持续不好，很多买家再也不来了，去电话催问，对方也直说："确实没钱，你看着办吧。"小付也没什么办法，只好不了了之。我问他为什么不通过法律手段去追讨，他说这种事太普遍了，很难真正追回来，有些买家已经付了一些大的拍卖行几十万块的预付金，因为拍下来东西值六七百万，所以最后连预付金也不要了，而自己所举办的拍卖会上，来的大多是熟人，不付钱他也没什么办法，只好自己认赔了。

小付人很厚道，他说这些买家其实也不容易，他已经了解到，现在好些人手里都砸着一批线装书，拖到什么时间才能解套，大家心里都没底。但小付还是个乐天派，他觉得古书行业肯定能有再兴旺的一天，所以他必须坚持着等待。

我问小付，处在这种困境下怎么生活。他说自己也正在想办法，所以前一段时间卖掉了一套房，把自己的车也卖了，凑出钱来先在南京的闹市区开了一家珠宝店，专卖手串。我对此完全外行，好奇这小小的手串怎么就能撑起一个店。他说生意确实不错，他给我看自己戴在手上的星月菩提子串，还有南红玛瑙串，说这样的手串是价值较高的，每串都在上万的价格。我把玩一番，看不出这东西怎么能值这么多钱。小付也是这么认为，他说这种手串，除了能挣钱，没有任何用处。他告诉我说，夏天买手串的人多，一天的营业额都在几万元以上，现在进入冬季，市场差了些，每天也能卖出近万元，并且告诉我，其实手串的利润远远要比买卖古书高许多。我说，那既然如此，你何必还要去做古书。他说，那不同，因为自己对古书有情感，而手串不管挣多少钱，自己都没什么感觉，就是个挣钱的工具而已，所以，他只想暂时地做这个生意，一旦市场好起来，他马上会转回来做古书。

小付也认为前些年古书涨价涨得太快，有些不合理，就是这种涨价的方式让大多数从业者昏了头，认为古书会像火箭一样地涨下去，他自己也同样受了这种氛围的感染，当时不但买了多套房，还换了豪车，因为钱来得太容易了。他说，回想自己以往的艰苦经历，其实知道挣钱不应当这么容易，他告诉我，自己当年不止卖羊肉串，什么挣钱卖什么，比如夏天卖哈密瓜，就是把哈密瓜切成一条一条的，1块钱一条对外卖，当时还买了辆三轮车，带着妈妈一同去卖哈密瓜，某天还被警察拦了下来，因为三轮车不让带人，为此被罚了5块钱，而当时挣5块钱很不容易，他当场就落了泪。但后来买卖古书的时候，钱来得太容易了，就忘掉了这一切。他说，自己当年咬着牙花了十几万买下了一部开化纸本的《古文渊鉴》，第二天就被一个书友看见了，他本不想卖，是用来上拍的，但那个朋友非要买，就以 78 万卖出去了。

我在这里还见到了一些正在修补的书。小付说，这是自己在修书。我还不知道小付有这个手艺。他说，买到一部破书，修好后再卖，就能多卖些钱。他说这只是一个心理暗示而已，因为修书一天也补不了几页，不太可能靠这个挣钱，只是自己对此有兴趣。他说买卖书，虽然是买卖，但自己确实对此有感情，尤其是几千块钱的一部书，以几十万块钱卖出去了，会让自己特别高兴，这种高兴不单是因为挣到了钱，更重要的原因是用价格证明了自己的眼力，这种成就感是卖手串绝对不可能获得的。

我们在拍照的过程中，还聊到了书界的一些往事，尤其还讲到了陈东，而由陈东又提到了那部有名的宋版——《南岳旧稿》。这部书可以说是陈东拍卖史上卖出去的最重要的一部书。当年，我也追问过这部书的下落，因为有朋友告诉我，这书实际还在陈东的手里，但这天小付却告诉了我一个意外的答案。他说，这部书陈东

原箱的明版书，里面是一套原装的《元史》

1 | 2

1. 武英殿聚珍版，傅增湘旧藏，我没好意思说想买　2. 原装的《古逸丛书》

确实是拍出去了，而拍得之人姓周，也是一位东北老乡，所以小付跟他很熟。这位周先生当年在北京开一家很大的公司，把书拍下来之后不久，小付到他们公司，确实看到了这部书，并且小付还看到书中夹着的发票，成交价加佣金是 450 万元。

聊到这位周先生，小付告诉我，这个人还跟我争过书呢，就是那部明内府彩绘本的《列国志传》。小付说，周先生在开拍之前对此书很感兴趣，曾去电话问小付这部书的价值，之后，此人就下决心要拍到手，于是把价格一直往上举，但最终他没能得手，事后跟小付说，自己出的这个价钱已经不低了，不知道为什么还没买到，他以为是拍卖行故意托他，小付告诉他那部书的确成交了，并且告诉他是韦力拍到的，这位周先生才没再说什么。

在小付的妹妹家里拍完一些书后，他请我吃晚饭，在吃饭时，我问到他由摆摊转到拍卖行工作的一些细节。他说，这也是个偶然。他经营线装书几年，认识了一些买书者，其中南京有一位藏书家是自己不能忘记的朋友。

　　小付说，那位朋友看他常卖一些低档线装书，就问他能不能帮自己找到一些好书，而小付也认识南京另外两位藏线装书的朋友，于是，他就从那两位书友手中买下书，然后加一点价钱，卖给托他找书的这个人。那个时候，书价虽然便宜，但小付的资金有限，只能两套两套的买卖，1000元买下的书，就卖1200，他觉得能挣200块很知足。可是那位朋友说，他的报价太低了，坚持要给1500，于是，他们就成了好友。就因为这个因缘，后来中山拍卖公司想找人来搞古书拍卖，找到了这位朋友，而这位朋友说自己没空去，就向拍卖公司举荐了小付，由此改变了他的人生轨迹。小付说，这位朋友后来改藏字画了，但即使如此，他也每年去看望这位引路人，他说帮助过自己的朋友都不能忘记。我觉得，正因为小付的这种性格，才成就了他今天的一切。好人得好报，虽然这只是个愿景，但好人不得恶报，从逻辑上讲，总应当能够成立，否则，一个人连这一点都不相信了，就难以支撑自己活在这样一个复杂的世界上。

廿年持守　今得正果
傅天斌毛边书局

有些事情也确实巧，上星期我在成都的毛边书局见到傅天斌时，他正忙着完成桃蹊书院的手续。他告诉我说，自己苦心经营毛边书局已达二十年之久，近期将有个大的转变，那就是将他的毛边书局与相关部门合作，共同创建一个有一定公益性质的书院。傅天斌告诉我，这件事已经谈了一段时间，但因为各方面的问题，一直未曾有实质性进展，而当天他在跟相关部门的几位领导做最后的确认。他说自己已经做好了两手准备，一旦谈不成他还有另外的预案。在我对他三个小时的采访过程中，傅天斌时不时地就会接到关于此事的电话，可见他对这件事十分认真。我们在采访完毕后，跟成都作家、爱书人朱晓剑共进晚餐时，仍然在谈论着这个话题。我劝慰傅天斌说，谋事在人成事在天，有些事情确实是非人力所堪，对于这件事，尽力即可。傅天斌告诉我，社区书院并不好做，之前一些大的书业零售机构也做过这样的事情，他举出了言几又书店搞社区书院不成功的案例，但他觉得这是未来的方向，所以他一定要促成这件事。

2018 年 3 月 14 日，这天我正在写本篇文章，无意间看到《成

毛边书局（王稼句先生题写招牌）

都日报》"锦观新闻"版的最新推送——"民间藏书楼搬进街道文化中心，10万册藏书免费与书友共享"，内容则是当日毛边书局与成都成华区桃蹊路街道共同举行了"毛边书局·桃蹊书院"合作签约仪式。该报道对毛边书局作了简介，最后称："目前，项目正加紧进行装修设计，预计6月底完成并对市民开放。届时，位于怡福路300号占地约1千多平方米的桃蹊书院将为辖区居民带来全新文化体验。"

看到这篇报道，我为傅天斌大感高兴，他用行动诠释了"有志者事竟成"这句俗语，真期待着几个月后有机会再去成都，去见证毛边书局的化茧成蝶。

我跟毛边书局的交往颇为奇特，在我的印象中此书局原办在湖北十堰市。二十年前，网络购书还未兴起，爱书人的得书渠道基本上是新旧书店。而十堰市的新华书店却开办起了一家邮购书店，并且还时不时地寄来该店所办的刊物，这股新风让人大感新奇。虽然该店所售之书并非我需要的专题，但我还是忍不住从那里买过几本书。具体的书名已经回忆不起，但毛边书局以及傅天斌的名字却深深地刻在了脑海里。

后来，听闻毛边书局搬到了成都，自此之后我与该局没有再联系，直到去年的民间读书年会上，我第一次见到了书局主人傅天斌先生。因为在年会期间方方面面的事情安排得太密，使我无暇与傅先生聊天寒暄。本次到成都寻访之前，我特意向株洲的舒凡女史索得傅天斌的联系方式。2018年3月7日，我打电话给他，告诉他下午想去参观毛边书局。傅先生说他正在外面办事情，而后与我约定了一个到达时间。

虽然有具体的地址，但实际上毛边书局并不好找，他给我的地址是成都市清溪东路80号2栋3单元1楼。然而80号却是一家一家的门面房，既有小型超市也有食品店和时装店，惟独看不到书店。无奈我只好再次打电话给傅天斌，他指导一番，我依然不得要领。于是他让我稍等，几分钟后他来到了我所站之地，带我走进一个居民小区。我问他，既然是在小区之内，为何他给我的地址中不写上小区名称。他说小区只有三栋楼，所以没有名称。这让我想起腾讯公微号中的那句广告语："再小的个体，也有自己的品牌。"看来这个小区没有品牌意识。

我在小区之内边走边探看，一路上没有毛边书局的指示牌，而

真不明白，为什么把招牌做得这么小

　　傅天斌指着某栋楼一楼的一家露台封窗说，毛边书局的招牌在这里。果真顺其手所指的方向，看到了毛边书局的招牌。这个招牌出自成都文化名人流沙河先生之手，然招牌之小仅比一条香烟略大一点点。而今的商业行为，使得很多小商店的招牌大过其营业面积，毛边书局却反其道而行之。我本想向傅先生请教这是怎样的心态，而他转身带我入门，一走入房间，"扑面而来"的书籍让我顿时忘记了这个话题。

　　可能是面积有限的原因，毛边书局内的书架摆得很密集，书局内未做装饰，地面也是水泥的，露出的些许墙壁则是天蓝色的，除此之外，凡有墙壁之处皆摆满书架。每个房间的中厅也同样是一排排的书架，每个书架之间剩余的过道宽度颇窄，我的身材还算苗条，但穿行在书架间也需要侧着身子。我感觉此房有一百多平米的面积，是老式的三室一厅，这样的房子洗手间都不大，但即使如此，无论洗手间还是厨房内也同样堆满书。我参观过不少旧书店，就数量来说，毛边书局称不上最多，但其摆放的密集度却超过了他店。《华西都市报》记者杨晨在其所写《成都一旧书局20年流通百万册旧书，流沙河两次为其写店招》一文中也有同样的感慨：

> 11个约两米多的书架分别置于各个房间，拐角或者旮旯的空间里，也被见缝插针地齐起一摞书。虽然房间总面积近120平米，但感觉空间已快被这大量的书籍撑爆。移步在位于书架间只容一人通过的空隙里，更像是身处于参天的"书"林。

更为难得者，毛边书局没有旧书店的那种积尘。傅天斌告诉我，他所收到的旧书每一册都经过清理，为了防止这些书籍吸附更多的味道，他在这里不开火不做饭。去年有台湾的旧书界朋友来此

胖子禁入

参观，他们顺手摸一些书，竟然没有摸到灰尘，故这些同道感慨于傅天斌的勤快。另外的一个特色，则是这里的书摆放得都很齐整，这也与其他的旧书店略显不同。

虽然空间紧张，傅天斌还是在自己的写字台前摆上了一个小小的茶台。看来喝茶这件事，在成都人这里也不可忽略，而我跟傅天斌的访谈就在这小桌旁边进行。

以前我就听说过傅天斌跟成都藏书人和作家龚明德先生是亲戚关系，但具体的情形我却并不了解。傅天斌告诉我，龚明德就是自己的亲舅舅。除了明德先生之外，他的另外几个舅舅也都是读书和教书之人。正因为如此，傅天斌在年少上学之时，每到放假家里人都会把他打发到外公外婆家去读书，那里有许多的书。按照俗礼，傅天斌去外公外婆家时都会背上一袋米，还会拎上一篮鸡蛋，而后在那里住一个假期。

几位舅舅对他们这位外甥也的确用心，他们教给傅天斌如何读书，但傅先生年幼之时好动喜玩，无法长时期集中精力读书，于是舅舅们就发明了一种方式：他们给傅天斌一个木夹子，让他读到哪里就把这个夹子夹在书中哪一页，而后有空时以此为标记进行抽查。这种做法让傅天斌很无奈，他想了个妙招，那就是把夹子藏起来，让书上没有记号。虽然如此，但傅天斌也明确地说，他对书的感情就是从那个时段建立起来的，并且那一段的读书，也让他丰富了知识。

1992年，傅天斌到湖北当地的农科所参加了工作，这项工作让他学会了园林和种植。虽然这个行当更容易挣钱养家，但傅天斌在此找不到自己的爱好归宿，他还是觉得自己对书最有感觉。此后，他又换了几个工作，依然难令自己惬意，于是他就想起了在成都某出版社工作的大舅龚明德，为此他辞掉工作来到了成都。

但那个时候找工作并不容易，他先是到一家粮店上班，晚上或者休息天的空余时间，他就跟着龚明德去淘书，这也让他发觉，自己对书的挚爱与日俱增。为了更多地学得书的知识，他在成都参加了自学考试，所学乃是汉语言文学专业。毕业之后，傅天斌还是想到跟书有关的单位去工作，于是在1996年底，舅舅龚明德把他介绍到了十堰新华书店。那时该店的总经理兼书记是黄成勇先生，黄先生与龚明德是朋友，于是龚先生写了张纸条交给傅天斌，让他拿着这个纸条去见黄成勇。

黄先生果真买龚明德的面子，他将傅天斌安排在店内工作。而黄先生本人也是一位爱书者，所以他很快发现傅天斌很懂书，于是就派傅天斌到湖北汽车工业学院开了一间门市部，这间门市部当时叫汽院分店。再后来当地新华书店又建起了图书中心，傅天斌又到中心去经营图书。

有一个时段，社会上礼品书大为风行，傅天斌抓住这个商机，给书店带来了很好的收益。而后，他又利用十堰市新华书店的橱窗办起了毛边书局，因为他觉得毛边书是藏书者喜爱的一个独特品种，将这个品种搞成专卖肯定有好的市场。关于傅天斌的这个偏爱，2017年4月4日的《华西都市报》上载有记者谭曦所写《深藏小区20年，小书屋流通旧书百万册》一文，该文中称：

傅天斌将自己的书店，取名为毛边书局，这不难看出他对毛边书的热爱。毛边书，就是印刷的书装订后不切光，"三面任其本然，不施刀削"。页与页相连，看书时，需要用裁纸刀裁开来看。另外，在书的"天"、"地"及四周，要多留空白。这是一种别具情趣的装帧方法，起源于欧洲，盛行于法国，之后流传到我国。

这段话对毛边本的特色作了小小的概括，而关于傅天斌为何有这样的偏好，该文中又写道："1997年，还在湖北十堰市新华书店上班的傅天斌，拥有了自己的第一批毛边书，邮购获得了几本民国版的《幻州》杂志毛边书。'记得每本人民币几十块钱，书品近乎完品。还购得章衣萍和周作人的民国版著作，价格都不超过百元一本。'这些书要是放在现在，每本都价值超过1000元了。1998年书店总经理决定让傅天斌负责开辟一个毛边书的特色服务窗口，毛边书局就这样创立了。2002年傅天斌离开湖北来成都追寻爱情，也把毛边书局的名字一并带过来。"

然而，那个时段虽然有人制作毛边书，但网络并不发达，傅天斌何以能够征集到那些毛边本呢？傅先生告诉我，当时的十堰新华书店办有《书友报》，该报的编辑者是书店的办公室主任李传新先生。当时的《书友报》在读书圈子中流传颇为广泛，于是傅天斌就通过该报得到了不少作家和爱书人的地址，余外他还通过舅舅龚明德索要到一些联系方式。之后，他又通过这些人再介绍新的爱书人，渐渐地与董宁文、范用、徐雁等老师取得了联系，在这些老师的帮助下，他得到了很多种的毛边本。他说自己当时的销售方式是按照书的原价并且包邮，因此毛边书的生意做得很火。同时他在自己的小橱窗内也摆设毛边本，但当地人买得不多，于是他就利用橱窗外的墙面又挂上了一些期刊，由此给书店创造了一些效益。

关于傅天斌在十堰新华书店开办毛边书局的时间，我在中新网上查得何浠、魏尧所写《成都现"淘书达人"，20年流通旧书100万册》一文，该文中称："1998年，他负责的书店开设了毛边书窗口，他自己也迷上了这种别致的书籍，还特意花费数百元人民币，购买了民国时期的红木裁纸刀。"

我不清楚傅天斌为什么要特意买一把红木裁纸刀，就毛边书的特性而言，未裁纸本更受读书人喜爱，收藏者则希望原装保留，即使有的读书人想读到手的毛边书，也是希望自己亲力亲为地将其拆开。傅天斌经营这个独特的品种，想来他不会将毛边书拆开后再卖给他人。既然记者有这样的描绘，看来傅天斌在经营书的过程中，也会自己裁读，只是不知道他裁开之书如何出售。

到了2002年，傅天斌离开十堰新华书店，返回了成都。关于其回成都的原因，记者谭曦在文中称，傅天斌是来成都"追寻爱情"。而我在跟傅天斌访谈之时，则听到他讲述的是另外的原因。看来，人的想法都是丰富而复杂的，很难以一个时间来概括全部。那时的傅天斌已经有了属于自己的数量不小的藏书，他将这些书也一并从十堰迁到了成都。关于其迁书的数量，《华西都市报》记者杨晨在其所写报道中称：

> 2002 年，创建人傅天斌托人弄了两个集装箱，装上了自己 5000 多册书，从湖北十堰迁到四川成都。他说，那是他的所有家当。

然而这篇报道中还有如下一个段落："'你说，我书这么多，会不会把楼板压垮哦。'傅天斌曾向某供职于建筑设计院的书友提出过这样的问题。'我还没有听说过哪家的书把房子压垮的。'书友想了想回答道。但为了不开这个先例，3 年前，傅天斌还是将旧书局选址在一楼，以每月 2000 元的价格租下了这旧宅。他认真地说，'保不齐哪天在外力的作用下，书真的压垮了房子怎么办？'"

如此说来，毛边书局原本开办在上面的楼层，后来傅天斌担心楼板的承重，所以才迁到了一楼。其实，他的顾虑几乎是每一位爱书人所共有的。我曾经就楼板的承重问题问过多位专业人士，但每一位专家的所言均不相同，而杨成凯先生也跟我谈到过同样的顾虑，他也得不到准确的答案。但这么多年来，我还真没听到过谁家的藏书把楼板压塌了。不过，我还是觉得毛边书局迁到一楼有道理：楼板是否压塌暂且不论，书籍堆积在一起颇为沉重，搬上搬下要消耗太多的体力。傅天斌告诉我他的身体状况还不错，虽然看上去长得又瘦又小，但他却很有力气。然而他也承认，随着年岁的增长，体力大不如前，这也正是他想找书院合作的动机之一。

傅天斌说，他到成都经营毛边书局，初期很困难，因为打开局面很不容易，于是他就请自己弟弟来帮忙。后来毛边书局站稳脚根坐大之后，弟弟又分了出去，创建了林文书局。因为弟弟名叫傅天林，所以起了这样的店名。傅天斌说，林文书局的经营情况很好，尤其在孔夫子网上颇具名气，而他的毛边书局也曾是孔网上的名店。

此前的孔夫子旧书网，以书籍的销售数量给网店排名，毛边书局一直排在前一二位。舒文峰先生写过一篇《毛边书局淘书札记》，此文的第一个段落就是：

> 很早，成都的毛边书局就在孔夫子旧书网大名鼎鼎，曾一度雄踞综合书店榜首好些年。我知道毛边书局也有十多年了，几乎是一上孔夫子旧书网就在毛边书局买过书，具体买什么书不记得了，但毛边书局随书的一份我所购书目的打印清单，让我印象深刻，上面写着书名、出版社、作者、定价和现在的售价，一目了然。在我记忆里，只此一家。

既然如此，那为什么毛边书局依然没有创造出好的利润业绩呢？傅天斌告诉我，他经营毛边书局二十年，所赚的利润都变成了这一屋子书。而对于孔网的排名，傅天斌则告诉我，以前孔网对书店不收佣金，后来改变了这种公益方式，各家书店都要交佣金给孔网，而佣金的收取方式则是按照成交额来统计。因此，孔网的排名也改为了按照成交额而非以前的销售数量。相比较而言，各种字画和线装书的销售额要比普通旧书高得多。傅天斌说，这类品种一单就是几万几十万，而他卖旧书即使销售出一千册也没有多少钱，所以他在孔网的排名就越发的靠后。

既然如此，那为什么不去经营更为贵重的线装书呢？杨晨的采访文中记下了傅先生说的这样一句话："傅天斌一直强调，自己做旧书，不是市场上的古董交易。'古董看的是升值空间，而书则看有没有用。'"

以我的理解，傅天斌的这段话就是针对古董书而来的。《快报》记者杨心璐在《毛边书局·隐藏在闹市中的失落"宝库"》一文中也讲到了毛边书局利润下滑的问题："原本，卖一本旧书的利润不低，几元钱进价的旧书卖价可以翻三四倍。但大部分时候，收几十本书才能卖出一本，店里的书越积越多，傅天斌说自己大部分钱都砸进书店里。随着旧书交易市场逐年收缩，原本还算红火的生意也开始走下坡路。"

开书店原本是用来讨生活的，面对此况，傅天斌是怎样的心态呢？该篇报道中有如下记载：

> 据傅天斌介绍，目前，成都市场上大大小小的旧书店大概有两三百家，认真经营且打理干净的不足十家。"有很多打着卖旧书的名义，实际上做着其他的事情。"说着，傅天斌摇摇头。他向记者透露，旧书市场自有"门道"："有些客户不懂，特别是年轻人，那些收荒匠到客户家里收买旧书的时候，顺便便宜收买一些古董字画，转手就有十倍到百倍以上的收成。"
>
> 生意越来越难做，未来"毛边书局"还会继续经营吗？傅天斌告诉记者，今年在老书友的撺掇下，自己正着手众筹，

> 准备为"毛边书局"搬家。"找一个宽敞点的、环境好的地方，
> 容纳更多的孩子。"

从这段话可以看出傅天斌的心态，他更多的是对这些旧书充满了情感，他希望这些书能够找到真正的读者。一个人对某件事情赋予了感情，就会违背自己的初衷，正如中新网记者何浠、魏尧所写："记者在现场看到，傅天斌收集的书籍涵盖了各个领域，地方县志、中药医学、菜谱制作教程等珍贵旧书。对于很多人问他镇店之宝是什么这个问题，傅天斌表示，'我们的理念是做一般的平装书，不是说所有的平装书我们都收，需要有价值的。'傅天斌所说的价值并不是市场价值，而是书本身的价值。'曾经有人问我镇店之宝是什么，其实并不是非得要说一本书原价可能两三块钱但能卖几十万，这种书我们没有关注，也不是毛边书局所关注的领域，我们关注的领域是取决于书本身的价值。'"显然傅天斌对毛边书局的经营，已经不单纯是为了从中讨生活，而更多是寄托了他对旧书的情感。

然而我在毛边书局内却并未看到几本真正的毛边之书，傅天斌也坦陈，他只是坚持了这个名号，到成都之后，他以经营旧书为主，并不再致力于毛边本的开发。他在2004年曾创办一份名叫《毛边书讯》的刊物，此刊为半年刊，出版了两年之后，在编辑第五期时就停刊了。傅天斌说，此刊的编辑，他每次都会麻烦舅舅龚明德，然而舅舅有他的工作，傅天斌不愿意总给舅舅添麻烦，因此就停止了编刊之事。

不再专营毛边书，不知道这个招牌是否还有用

　　为了感谢舅舅的帮助，他送给龚明德一本丁玲的《桑干河上》。我更正傅天斌说应该是《太阳照在桑干河上》吧。他告诉我并非如此，因为此书乃是《太阳照在桑干河上》的前身。傅天斌说，《桑干河上》最初只出了几十本，后来作者是为了获得斯大林文学奖，才改名为《太阳照在桑干河上》。他说《桑干河上》出版于1949年，故流传稀见。经他查证，全国只有一家图书馆有藏，而搞现代文学的专家陈子善先生只藏有该书的复印本。虽然傅天斌也知道该书珍罕，但他为了答谢龚明德帮其编《书讯》的辛劳，还是将此书送给了舅舅。

　　办刊当然不易，更何况这都是自费出版。傅天斌也跟我几次谈到收书的辛苦，他说自己的书源主要还是靠上门收购。有些人家既有线装书也有平装书，因为他资金有限，故只能买平装书。其言外之意告诉我，他并不拒绝线装书，只是缺乏相应的资本。以他的话来说："线装书再挣钱，但跟我无缘。"

然而傅天斌却因此与一些售书之家建立了良好的关系，他说自己对书籍有着本能地尊重，每次到别人家收书之时，他都会将所得之本排列得整整齐齐，而后装入袋中运走，同时他也会将对方的书房收拾干净。这与其他的收书人形成了较大的反差，为此而有了好的口碑，这也让他能够收到更多的书。

我们在采访的过程中，时不时地有顾客敲门，傅天斌都会立即站起身给顾客开门。而后他问客人找什么书，当对方说只是看看时，他会反身坐下接着跟我聊天。在毛边书局坐了四个多小时，陆续来了十几位淘书人，大多数顾客都是静悄悄地穿行于书架间选择自己感兴趣之书，而有一位年轻人时不时地过来打断我们的谈话，他总是问傅天斌有没有关于神秘现象的书，傅天斌耐心地告诉他，自己在收书时不会收这类无价值之书。年轻人闻言，又将硕壮的身体隐于书丛中。

可是过了一会儿这位年轻人又把他的问题说了一遍，这样的过程至少有三四回。我看到傅天斌的耐性渐渐地消失殆尽，他开始跟年轻人讲不要看那些无聊之书，要读有价值的文献。年轻人问其何为有价值的文献，傅天斌滔滔不绝地讲解了起来，这位年轻人听得很认真，而后他转身又到书架上去挑书，时间不长就挑出二十多本书摆在了结帐台上。傅天斌算出总价，而后说到店购书者一律九折，总价仅一百多元，之后拿出一个专用的无纺布袋把这些书给年轻人装好。然而这位年轻人却让傅天斌帮他把书拎到小区外面的路边，他要去打车。

我定眼细看此人，感觉其年纪应该超不过二十岁，身体长得又高又大，他的形象跟傅天斌形成了反差。而从毛边书局走到路边应该超不过三十米，这包书的重量不会有几公斤，难道这是位娇生惯养的富二代？但傅天斌还是把书帮他拎了出去，返回之后他告诉我说，这位年轻人得了重病，已经在医院住了很长一段时间，他实在无聊，偷着从医院跑出，想在此买一些书回医院打发时间。可能是因为长期住院的原因，此人没有气力，只好让傅天斌帮其拎书。闻听这番话，顿然让我感觉到眼见为实的局限性。难怪孔子感叹："所信者目也，而目犹不可信；所恃者心也，而心犹不足恃。弟子记之，知人固不易矣。"

看来，我要改变自己眼见为实的主观。但这件事也从一个侧面说明，毛边书局在社会上有着何等的广泛影响力，会让人从医院里偷跑出来买书。傅天斌告诉我，这种影响力除了来自他的诚信经营，也跟他努力地参与社会活动有很大关系。近些年他参与了一些机构举办的全民阅读推广活动，为了举办活动的合法性，他还到有关部门申请下来相应的许可证。这些年来，他已经搞了几十场全民阅读推广，因此在社会上积累了不小的知名度。

2017年是毛边书局二十周年店庆，为此他接受了几十家媒体的采访，这也让他练就了跟记者打交道的能力。而在下午的这段时光里，有两位年轻人一直在挑书，当这两人离去时，傅天斌告诉我，其中的那位女子一定是某个媒体的记者。我问他是否见过，他摇摇头而后跟我说，他凭直觉就知道此人是媒体人。

对于这些年的经营情况，舒文峰先生在其文中给出了如下数据："毛边书局目前存书 12 万册；20 年间，经毛边书局销售的旧书超过 200 万册，总码洋超过 1000 万元；除了销往全国 30 多个省、直辖市和自治区，还远销港澳台及海外，如新加坡、日本、美国、英国等。"

而我在各种媒体上看到的相应报道，二十年来毛边书局的销售数量有一百万册和两百万册两种说法。我问傅天斌哪个说法更准确，他说这些数据都是推论而来，在这些年的经营过程中，书籍边来边走，无法算出具体的数量，但保守地说，应该是一百多万册更接近事实。

对于目前的销售情况，傅天斌说，门店和网上销售并重，平均下来，门店每天可卖出五十本到六十本书，而网上每天可以卖出三十本到五十本书，两相合在一起，每天可卖出一百余本。

对于自己的收购方式，傅天斌也承认有时会感情用事，比如他遇到熟人的书，即使对方的开价高于网络上的价格，他也会买回来，而买到手后又无法售出，只好放在架上。他也知道自己的这种行为近似病态，这令他很痛苦，但却不能改变。

傅天斌向我讲述了家中的情况，看来他也需要多赚一些钱来贴补家用。但他同样知道，靠卖旧书挣钱不容易，这么多年的经历，使他把亏与赚视之为正常状态。以他的话来说，买书人与卖书人也是一种结缘，而能将一本书传递下去，这就是卖书人的责任所在，他觉得做书不能太商业化，要有传统旧书业的人情味。

傅天斌说，这么多年经营下来，他已经积攒下十几万册书，分别堆放在三个地方，此处仅是三分之一，这也正是他要跟书院合作的动机。他想将这些书汇集在一起，以便让更多的爱书人能够寻觅到自己欲得之本。因此，他的梦想是打造当地最大的社区书院，把十万册全部放进去。但他说，桃蹊书院所给的场地恐怕还是不能让他如愿，即便如此，他仍然对这种合作充满了信心。

对于毛边书局的价值所在，我在网上看到由署名"离家出走成都民宿"所撰《毛边书局让我第一次感觉到万物皆有灵》一文讲述得最为有情感："与其说这是一个书店，毋宁说这是一个藏书阁。只是不在阁楼，而在潮湿阴暗的一楼。无疑，事无巨细地打理这些书，让我对这里悄悄升起一股敬畏之情。这些曾被人丢弃的、被人当作垃圾处理的书，在这里，重新恢复了书籍的体面，被一本本归置于书架之上，在人们唾手可得的地方，阅读它欣赏它。毛边书局让我第一次感觉到，什么叫万物皆有灵。"

对于这家书店，该文作者给出了如下一句评语："那天下午，我在毛边书局里待了整整两个小时，我觉得，这是我见过的最牛逼的书店。"

这句评语是否准确到位，我不好评论，但傅天斌为毛边书局而付出的一切，的确不负这样的夸赞。

先知早觉　爱旧重新
胡同布衣书局

我跟布衣书局有着较深的渊源，可能是出于情义，布衣书局的老板胡同先生对我的书有着特别的关照，尤其近几年，我的每一部出版物他都进货销售，其中有几部书的销量几乎占了初版初印的十分之一。俗话说，熟悉的地方没风景，相识这么多年我也没曾想起来去对他做个采访，而今有部书稿准备结集，才猛然想起，布衣书局当然应当写入此集之中，若不把布衣书局写入，那么至少在书店营销方面缺少了一个品种，因为在我的眼中，胡同先生的经历与经营都颇具独特性。

大概是 2004 年冬天，我到新开路胡同办事，注意到有人拎着书从一个院子出来，打听了一下，这里是以前张治中的旧宅，现在是一家书店。走进院内，直入厅堂，有一个房间摆满了书架，有些文史书很合我的口味，于是脱掉臃肿的外套，在窄窄的书架间翻阅了起来。不知什么原因，这处旧宅内没有暖气，阴冷的感觉很快让我难以忍受，因为之前已经感冒了几天，我担心又受风寒，只好"忍书割爱"地离去。

好像没过几天，谢其章先生在电话里跟我说，有位朋友开了

2004 年的布衣书局内景（胡同摄影）

一家旧书店，名称叫布衣书局，该店办得很有特色。于是某天他约我前去一看，到达书店时我才发现，这里正是我受不了寒冷而离去的张治中旧宅。当时我看了一圈儿也没有找到书店的匾额，问了一下，说只是集了颜真卿的字用在网站上，并未刻匾，已经托了扬之水去求大玩家王世襄先生题名，尚未拿到。现在当然挂上了王老题名的匾，这是后话了。

经谢其章介绍，我得以结识书店老板胡同先生。胡先生很年轻，我估计他在三十岁上下，印象中他穿着一件中式服装，戴着圆圆的眼镜。谢其章说胡同的网名叫三十年代，我认为胡先生起这个网名很是贴切，这让我想起柳宗元所写《种树郭橐驼传》中的所言："甚善。名我固当。"只是因为初次见面，我不好放肆随意地调侃，所以我也不确定，我若说他真像三十年代的遗少，他会不会用郭橐驼的这句话来回答我。

当时买没买书，我已回忆不起，也懒得去翻笔记本。那天记忆犹新的事情，是当晚胡同请来了艾俊川先生，这也是我第一次见到艾先生，我对他最深的印象，乃是一说话就脸红，而谈到版本问题时，又颇为严肃认真。这两种截然相反的表现，让人与之相处很是舒服。自此以后，我和艾先生有了密切的交往，而他谨严的治学态度，给我以很多的匡正。每想到这一层，我都会感谢胡同的引见。若干年过后，我某次问到胡同，当年我去他的店中看书，他为什么请来了艾俊川。胡同笑着告诉我："因为我只熟悉旧书，对古书却完全外行，但知道您是专藏古书的人，我担心吃饭聊天没话说，而我认识的朋友中，艾俊川和王洪刚最懂古书，王洪刚有事来不了，所以我就请来了艾俊川陪您聊天。"

胡同是山东人，长得身高体壮，确实有着山东大汉的身板，然而他为人处事却如此之细腻。在后来的交往中，我方得知布衣书局有两个股东，除了胡同，另一位合伙人是陈晓维先生。但不知什么原因，而后的多次聚会，我都未曾看到陈先生本人，我与之第一次见面，已经是布衣书局迁到领行国际大厦之后的事。

这天是 2017 年 9 月 13 日，在两天前，我跟胡同约好，要对他搞个访谈。中午一点之前，我来到了布衣书局的办公地点。此地点我已来过多次，其位于东三环外一处医院的后院。后院内有一排 L 形的二层小楼，我不知道它是否属于医院的附属设施，但这里却是一处商务楼，有很多公司在此租房办公。几年前来布衣书局时，其位置是在 L 形下端的那一小截。后来它搬进了正楼之内，而正楼中我印象最深的一家乃是"手递手"的分部。"手递手"是一份专给私人做广告的报纸，十七八年前颇为风行，遍布北京各大地铁站，是打工者、招聘者的最爱。我未曾想到，这么有名的一家报纸，它的分部竟然仅有这么一小间房屋。而布衣书局的营业面积，至少比"手递手"的这个分部大六七倍。

此次见面，我又跟胡同感慨这件事，他闻我所言只是一笑，转身喊来了书局的业务骨干小飞先生，小飞用钥匙打开了"手递手"的房门，里面堆满了成箱成捆的书。胡同说，"手递手"已经搬走了，他临时以此做库房，占用一段时间。天下之事真可谓：此一时彼一时。"手递手"的衰落有着怎样的内部原因我并不了解，但从近年的情况看，纸媒的衰落其迅速程度，超乎大多数人的想象。用纸媒业内人的话来说，这叫做"断崖式跌落"。然而，我要在这里强调这个"然而"，布衣书局同样销售的是纸本书，为什么都是纸本，书却能挤占报纸的地盘呢？这又让我想起网上的某句调侃之语：同样是女人，臣妾的待遇咋比皇后差那么远呢？

此次来到布衣书局，胡同正在楼上忙他的业务，于是我先在一楼拍照。而仅在一楼，布衣就占了四个房间，其中一间为员工的工作室，其他都是库房，里面堆满了书籍，走在其间，很担心这些书籍会倒塌下来。每一间房内盛放的书有着怎样的分类，我浏览一番却未能看出眉目。胡同下楼时，我向他请教这个问题，他说因为地方窄小，无法进行严格的分类，而此处所放之书乃是准备上网经销者，真正的库存仍然在垡头的大仓库内。

布衣书局垡头仓库我去过几回，从外观看乃是典型的城乡结合部建筑。因为北京发展速度太快，垡头早已成为了中心城区，布衣书局在那里租了两个大仓库，以我的感觉，每间仓库的面积都在上百平米。我本想到他那里寻找一些资料，然而入库之内，正如他所言，根本无法查找。胡同告诉我说，他们收购来的钱锺书的信札、巴金的签名本等等，而今都完全找不到。真可谓，只在此山中，云深不知处。经过这么多年的积累，布衣书局巨大的库存，也真称得上是一座宝山。但真不知道，谁能做此山的挖宝人。

来到二楼，原来 L 形的短把仍然被布衣书局占用。大约是三年前，胡同在此开办了第一届"蠹鱼雅集"。我感觉胡同是一位有情怀的爱书人，售书更像是他的一种业余爱好，虽然他下了很大的力气，付出很多心血用在经营方面，但他绝不会像白杨树那样"成

2008 年堡头布衣书局外景（胡云丰摄影）

为一束，绝不旁逸斜出"，因为他时不时就会蹦出新想法，而这些想法大多与赚钱无关，都是搞一些务虚的文人雅聚。

其实早在十年前，胡同就举办过一次"蠹鱼会"。为了那场聚会，王洪刚先生特意设计了一款藏书票，此藏书票总计制作了一百枚，当然这个数字是否准确，我已然回忆不起。然而有一个细节却让我印象深刻，那就是该票的第一号送给了我，因为我是该次聚会的"始作俑者"。就实际情况而言，王洪刚、艾俊川和胡同对这次聚会所付出的心血更多，正是这样的聚会，让我跟王、艾二兄有了密切的交往。此后的几年，我们常在一起鬼混，他们陪我到高碑店去买旧家具。这样的密切交往，使得圈内朋友把我们三人称为"铁三角"。当然这个称法不具有独创性，因为在娱乐圈，张铁林、王刚和张国立也是"铁三角"。虽然说，我们这个冒牌的"铁三角"在颜值完全拼不过正牌"铁三角"，但我们三位的性格却各有特色，凑在一起演戏一定也很有风采。

不过蠹鱼会一届而终。过了若干年，胡同又提出要办蠹鱼雅集，这一回看来他是动了真格，因为他将布衣书局最大的一间屋子腾空，而后认真布置，使得这间简陋的房屋瞬间变得古色古香。我为了不辜负他的这番苦心，特意到处化缘，征集来一批跟书有关的书，我个人也贡献出几部难得之本，待活动结束时，以这些书作为礼品请与会的各位抓阄，到了这个环节，众人严肃的脸上都绽放出亮丽的笑容。

此后，胡同再接再厉，蠹鱼雅集又办了六七届，后来就渐渐没了声响。第一次雅集之后，我再未进过这个房间，而今踏入该房，我此前对这里的印象瞬间被覆盖了：眼前所见乃是一排排的书架，每个架上插满了新书与旧书，除了仅能侧身的过道，这里真可谓"房间之大，竟容不下一张安静的书桌"。其实何止是书桌，哪怕是一张小圆凳也放不下，这一瞬间，让我明白了蠹鱼雅集停办的原因：书都容不下，哪里还能腾出空间来供一帮清客闲谈。

大房间的另一侧，有三位工作人员在那里包装书籍，我观察了一番，这三者之间形成了默契的流水线：一人手中拿着快递单来寻找相应的书，找到之后将快递单夹在书内放在一个周转架上，另一人从架上取过该书，而后将其层层妥善地包装，之后再递给第三个人装箱。我对旧书比较外行，看不出这样一本普通的旧平装，为什

1. 当年蠹鱼雅集的聚会之地　2. 周转

么要下如此仔细的功夫，进行一层一层的包裹。如果是新书我还能够理解，毕竟完美主义者喜欢完美的书。比如止庵先生到书店去买书，他会将同一书的所有复本一一端详，而后从中选出最佳者。这样的完美主义者，每每让我在送书之时，颇感踌躇，因为我的寄书包装，跟布衣书局比起来差了好几条街，万一让快递员摔伤了角，这会让止庵先生看了堵心。

在我的概念中，旧平装主要是为了使用，而用书与藏书是两个概念，旧书已经有了岁月的痕迹，而又不够收藏级，费那么大气力进行仔细的包装，是否有过度包装之嫌呢？我直率地向胡同提出了自己的疑问，胡同很郑重地跟我说，虽然是二手书，也有不少的人特别在意品相，所以无论新书、旧书还是善本书，在布衣书局的包装程序上，完全没有差异。这让我想起了同仁堂的那幅著名对联：炮制虽繁必不敢省人工，品味虽贵必不敢减物力。虽然这幅对联说的是制药，但将此嫁接到布衣书局的包装方面，倒也很贴切。

但是，这样一本普通的二手书，能够值这个包装钱吗？胡同坦言：普通二手书，如果对方只买一本，其利润经常抵不过包装成本。闻其所言，我真想问他：既然如此，何必还要有这样的坚持呢？然我却猛然想起，其实在此前，已经有多人质疑过这个问题，而胡同素以其公司对书本包装是业内翘楚为傲。他觉得，形象比赚钱重要，所以即使赔钱，他也坚持自己的标准。

参观完布衣书局的经营场所，胡同带我到他的办公室一坐。这间办公室内四分之三的地方也已摆满了书架，里面的套间同样成为了书库。然套间内的书却明显与其他房间的不同，因为架子上有不少的线装书，而这类书正是我的钟爱。胡同解释说，这些书乃是代卖之物，书是别人的，卖出后他只收一些服务费。虽然收费不多，但书却较为贵重，他很担心这些书与自营书混杂在一起，一旦找不到是个麻烦事。二者，他也担心这些代销品被盗，所以他将朋友的书特意锁在了一个最隐密的房间内，以他的话来说，自己的书丢了，只是心疼一下就过去了，但若把朋友的书弄丢了，则不仅仅是赔钱的问题，他会为此有很强的内疚感。

办公室外间临窗的地方，辟出一块静土，这里有一个条案，上面摆放着一些茶具，条案的前方则有两把藤椅，显然这是不错的谈话之地。胡同给我沏好朋友所送的好茶，我却直言，自己只喝白水。他猛然想起我的这个癖好，于是清理茶杯给我倒上白水，同时笑着说："您千万别再宣扬自己对茶对咖啡的说词，否则的话，又会招来一片的骂。"

虽然我与胡同相识也有了十几年的时间，但是他在新开路张治中旧宅前的情况，我了解得并不仔细。前几年，胡同介绍我认识了中央美院人文学院院长尹吉男教授，由此而让我得知，尹教授是胡

终于看到了古书

坐在书中访谈

同的老师，因此胡同乃是学美术出身，那为什么后来走上了旧书经营之路呢？我请胡同聊了聊他何以有了这样的转变。胡同告诉我，他从小就喜欢藏书，这个爱好承自他的父亲。父亲是理工科出身，在南京工学院学的专业是电真空器件，在"文革"中曾参与所在学校的一份报纸的编辑，然父亲所存的报纸后来都被母亲烧掉了。胡同特别想将此买来作为纪念，这么多年来，他在孔夫子网上查了多回，却从未见有出售。

胡同的家乡是山东临沂市临沭县，他说此县上世纪八十年代每年有两次超级大集，这种集在当地被称为"会"，每逢这样的会，当地的新华书店都会在会上搭棚子卖书。而每次父亲都会带他前来选书，父亲给他一些钱，而后两人分别行动，各选自己珍爱之书。胡同说，他小时候最喜欢连环画，这方面的书他买得最多，因为家里条件还不错，所以他从小基本上不缺买书钱。而他印象更深的事情，则是父亲喜欢改造书，也就是把平装书改为精装书。精装书的书脊部分最为重要，可能因为那时候物资缺乏，父亲竟然能够想出来用旧砂布做书脊。父亲把砂布上的砂子磨掉，而后经过裁剪，就能制作出很漂亮的书脊来。

胡同虽然没有继承父亲改书的这个爱好，但对书的爱好却完全接了过来。他认为，很多人的爱好其实都是受家庭影响，凭空诞生出一种爱好很不容易。胡同在上高中的时候，因为当地书的品种有限，于是他就动脑筋到各个出版社去邮购。他采用的办法，就是给各个出版社的读者服务部写信，向他们索要目录，而后从中选择自己喜爱的书，汇款购买。他说那个时期的出版社对顾客很有耐心，他所提出的要求几乎全能得到满意的结果。

在高中时期，胡同有一度特别偏爱漫画，所以他就从邮局定了各种漫画杂志和报纸。他说等待这些报刊到来的过程最为幸福，比等情书还要迫切。正是因为这份喜爱，他熟悉了每一位漫画家的绘画特色，以至于他让别人遮挡着漫画画面的绝大部分，只要露出一小块，他就能认出作者是谁。后来胡同来到了北京，他一一去拜访漫画名家，比如丁聪、华君武等大家，他都曾登门拜访，他说这个过程终于使自己的漫画之爱得到了满足。到1998年，因为见了太多的漫画大家，同时也看了相应展览，他对漫画渐渐意兴阑珊了。

对于为什么开书店这件事，胡同的回答颇为文艺：开书店几乎是每个文艺青年的梦想。同时他也承认现在风风火火的实体书店开店热潮，其实已经超出了梦想的范围，更多的则是资本运作。他说自己在年轻时候，总在梦见开起了书店，梦中的情形十分逼真，有着太多的细节在，而后他终于开起了书店。如今开店已经有了十五年的时间，开店的梦却近十年再没有做过。但不知为什么，前一天晚上他又做了这样一个梦，而梦中的场景，则是跟我在一起，我们两人看过了多个地方，还商量了一些开店的细节。所以这天相见，他觉得很神奇，虽然所谈只是他的个人经历，然而十五年来的旧梦重温，却给他以心理暗示。

胡同在美院进修完毕之后，从此留在北京工作。他来京时只带了两箱书，仅仅几年的时间，他的住处就堆积了一万多本书，其中也有重复的书和不再感兴趣的美术类图书，他想把这些卖给中国书店，但店员却认为这些书不够档次，拒绝收购。

胡同说，他的开店之梦应当感谢天涯社区的"闲闲书话"，因为正是那里聚集的一批爱书人，催生了布衣书局。2001年底，他在网上搜索读书社区的时候，发现了孤云的一篇文章《2001年中文论坛过眼录》，提到最近常去的是天涯的"闲闲书话"，于是胡同当天就在天涯做了注册，网名就是"三十年代"。但注册发帖之后并没人理他，于是他就发出了第二个帖子，内容是"关于书的书"，他是以个人的所藏，整理出了一份目录，而后发了出来。这个帖子终于被其他人注意到，开始接纳他成为书话的新一员。他想起了自己的那些复本书，就开帖想"以书换书"，结果大家说不如干脆标价卖，这一下子勾起了胡同开书店的旧梦。反复考虑之后，他决定试试，于是在2002年元旦过后的一个晚上，发了叫做《一个月的布衣书局开张预告》的帖子，开了这家书店。他解释说，之所以起这个名称，是因为当时觉得中国书店卖的书都很贵，很多书他买不起，所以他要开办一间让爱书人买得起书的书店。

没想到的是，布衣书局瞬间火了起来，每天的生意特别好，而利润率也比现在高很多。他说自己并不懂得如何卖书，于是他就去看日本邮购书店的经营办法，而后进行一些改造，制订出规则。没想到这些规则很快被购书人所接受。但是胡同的第一次网上卖书仅进行了一个月的时间，这是因为他是业余来从事售书活动，而那个时段他经常出差帮着一个外国人买老照片，这使得他没有太多的精力来处理邮购书的事情，所以他在经营一个月后，就关闭了布衣书局。

胡同强调，当时的大环境与今天有很大差异，很少有人网上买卖旧书，因此他属于网上售旧书的第一拨人，虽然并非第一家，但却是其中很火的一家。这件事在当时颇有影响力，因为开店七天之后他的名字就上了《中华读书报》。

在网上售书之前，胡同也搞过坐店经营。2001年初，他当时住在北京的鼓楼旁，东棉花胡同东口有一家小书店。因为去的次数多，胡同跟店主熟了起来，后来那家书店专门腾出一个书架，让胡同寄卖旧书。他关掉天涯上的布衣书局之后几个月，家住石景山的一位书友请胡同去合伙继续开办布衣书局，在网上卖书，但因为太远，这个合伙店仅办了一个月就结束了。胡同清晰地记得，虽然只经营了一个月，他却分得了1400多块钱。

这样的经历，让胡同意识到网上售书更为便捷，于是他再回天涯。那个时候，因为爱书人多，而出售的书少，使得很多人争抢一部共同所爱之书，未曾抢到者就会提出愿意加价。于是中国互联网上首次出现了拍卖书这件事，就发生在当时的天涯旧书交易所。在这个阶段，一位叫孙雨田的人开办了孔夫子旧书网。胡同看到后，觉得此网的交易页面有值得改进的地方，于是就跟孙雨田取得了联系，他们之间前后三个月多次通话，竟然没有见过面。经过沟通，胡同了解到孙雨田对网络特别熟悉，对页面开发也很内行，但并不经营旧书，他开办的这个网站之所以叫孔夫子网，乃是因为跟他合办的朋友姓孔。经过一番商议，胡同关掉了自己在天涯上的店铺，加入了孔夫子网。当时，孙雨田在孔网上注册了第一家书店作为测试，而布衣书局则是在孔网注册的第二家。

这时，胡同在京广中心旁的中国书店认识了和老师，而和老师也有办旧书网的想法，于是经过一番商议，胡同和孙雨田将孔网的股份出让给了和老师。而后，孙继续留在孔网成为了股东和技术负责人，胡同则离开了孔网。后来不久，他与此前认识的陈晓维先生共同在张治中旧宅办起了旧书店。

胡同说，布衣书局此后迁址过多次，但最让他留恋的还是新开路张治中旧宅店，因为那里的环境和氛围都很好，正是在那里他结识了很多有影响力的爱书人，也正是在那里他实现了人生的开书店梦想。在张治中旧宅经营十四个月后，布衣书局搬到了领行国际，这座大厦高大挺拔，他们位于第十七层，故在那时号称是中国最高的书店。而这个时期，我也多次前往该店。其实每次去此店，买书量很小，更多地是把这里当成了爱书人约见的场所。这里经营面积不大，每次与朋友见面之后，就会到旁边的饭店去吃饭谈天。那

2009年潘家园店开张（胡云丰摄影）

时，艾俊川家距此店最近，我估计超不过 1000 米，王洪刚家也在这个方位，因此我等几人就把布衣书局当成了固定的约会场所。

在领行国际经营一年多后，由于各种原因，陈晓维先生从布衣书局撤了出来。胡同将书店迁到了潘家园旁的华威西里，胡同说这次搬迁选这个地点跟我有一定的关系：因为某次我对他说，开书店要选择两个重要的区域，要么靠近顾客，要么靠近货源区。那个时段，胡同常常到潘家园购货，而华威西里距潘家园也就几百米的距离。

后来的布衣书局渐渐壮大了起来，于是他就租了垡头的仓库。到 2012 年，胡同租下了宏久商务楼的第一间房，此处又成为了书友们的聚集之地，胡同还在此举办了网上访谈。我记得自己跟王洪刚、艾俊川搞了半天的对谈。再后来，胡同又搞了几场，而后这项活动又停歇了下来。此次我问停下来的原因，胡同说这样的活动，他也很想办，但后期的文字处理却太费功夫，半天的录音他要整理一个星期，为此会影响书局的业务。于是我请他参考读易洞读书会的办法，读易洞是用录音直接形成文字，虽然这样的文字有很多的错误，但洞主会分别发给每一位谈话之人，每人只负责校订自己的言语，这样既准确又少了很多的麻烦。胡同也认为这个办法不错，他说接下来会仔细地考虑。

其实这么多年来，胡同的辛苦，朋友们都有目共睹。"布衣铁三角"都爱古书，不涉及普通二手书，所以这三人不知道劝过胡同多少回，希望他经营价值较高的古旧书，这样的话不至于让自己太过辛苦，而且他店里新书和二手书都比古书重很多，布衣书局的主要经营场所又是在没有电梯的楼上，这样的搬上搬下很耗费体力，而胡同也说过多回，他已不再年轻，重体力劳动越来越力不从心了。然而面对众人的劝告，胡同始终岿然不动。他也承认自己有一度想经营古书，为此多次参加拍卖会，想让自己对古书有感觉，他还多次替我在拍场上举牌。然而结果是，他说自己始终对古书不能亲近，搞上一段就又回头了。

胡同坦陈，直到现在他仍然还喜欢书，但是对任何书都不再会怦然心动。对于古书的熟悉程度，他说自己可以打 20 分到 30 分，对于旧书则可以打到 70 分到 80 分。我不知道他给自己的评分是否客观，然而他对古书没感觉，我却深有体会。我请他把从拍场上拍得之书取回之时，面对那些心仪的古书，我翻看起来时是如此之陶醉，胡同却只是站在旁边瞥上两眼，象征性地夸赞两句，接着又去刷他的手机。

在布衣书局网上，还有一个"大白菜书店"，这个书店的主人也是胡同。胡同告诉我，此店开在自己的家乡，由一位朋友代为经营。他解释说，布衣书局在收购的过程中，只要是对方不要的书，他统统会买回来，这种做法，一是为了让卖主高兴，因为挑挑拣拣总是令人不痛快。但其中有些书，其实在收购之时就知道市价过低不适于自己卖，他原想将这些书批发给别人，但别人会认为这是胡同把好书都挑出去了，只把剩下的部分拿来卖，当然没人想要，于是他只好自己卖。然而，北京的仓储及人工费用，都比其他地方高太多，为了降低费用，他只好将这些书运回老家，在那里慢慢卖。但卖了这么多年，大白菜书店并没有赚到什么钱。

对于布衣书局现在的经营情况，胡同说，总计分为三大块：一是新书。对于新书他从2016年开始特别地重视，因为他2016年底聘请了一位会计，经过会计分析核算，新书的资金周转力最好。二是旧书。旧书因为是一本一本地卖，每一本都需要输入相应的信息，这样的去库存速度仍然很慢，现在采取的是"一元拍"的办法，也就是将所有的二手书以一元的底价上拍，这种卖法虽然有赔有赚，但总体上来说，还是能够赚钱。三是"有底拍"。这个版块主要是上拍价值较高的书籍，而这些书基本上是别人委托上拍之物。胡同认为，这项业务乃是布衣书局未来的主要方向，因为这种经营方式，虽然只是赚少量的服务费，但不会占压资金，也不会产生库存。十几年来，布衣书局在业界有了很好的口碑，很多人愿意把书送到布衣书局来上拍。虽然说拍卖书籍的公司并不少，但是大多数拍卖公司不愿意上拍几百元甚至几千元的拍品，因为扣去费用已经没有多少利润，而这恰好给布衣书局留出了空间。同时拍卖公司从送拍到结算需要半年以上，布衣书局则尽量缩短结算周期，所以也有一些职业书商愿意把书放到布衣书局来上拍。

经过一番分析，胡同认为，三大版块中，最应当砍掉的其实是旧书。虽然经营旧书也有一定的利润，但是程序太琐碎，致使人工成本较大，而布衣书局的库存主要也是这一部分，更何况收购来的有些书的确不好出售。比如有些从学者家收购的签名本，出于各种原因，售书者不愿意让赠书人看到其所赠之书又卖了出来，所以布衣书局买到这样的书只好放在仓库内，等放一些年再看如何办。还有一些资料由于涉及个人隐私等等不方便卖，也只能暂且堆在仓库内。

胡同认为布衣书局当前最主要的任务就是去库存，因为仓储费用始终在上涨，而仓库不知道何时就会被拆迁，一旦拆迁大量的库存将无处堆放，于是他把主要精力用在了处理库存上。但胡同也承认，虽然努力地去库存，但是他仍然在大量地买进二手书。他认为别人售书给布衣书局，是对这里的信任，而他不想辜负这份信任，尽管巨大的库存给他造成了很大的心理压力。他有时甚至想：如果仓库失火，把他的书全烧光了，也许他的心里会大感轻松，因为这时他终于有一个理由，可以不干这个行当了。

我对胡同的这种心态表示理解，但同时也劝他，还是希望他能够强壮自己的神经，毕竟布衣书局经营这么多年，已然成为了旧书界响当当的品牌。我不知道他现在的困难，是不是黎明前的黑暗，但我总觉得这个世界上还有那么多的爱书人，而旧书经营行业给爱书人带来了太多的便利，无论电子化发达到何种程度，爱书人对纸本书的偏爱不会因此而消减。更何况，人跟人之间，还需要面对面的交流，正是布衣书局的存在，才有了曾经的"布衣铁三角"，我想除了我等三人之外，还有太多的人对布衣书局有着或隐或显的情感依赖。我真心地希望，布衣书局能够在未来的商海中华丽转身，真正成为爱书人情感依赖的港湾之一。

少年入行　由书转画
黄舰朗润轩

我认识黄舰老弟，印象中是姜寻先生介绍的，原因和时间都想不起来了，但至少是十几年前的事情。我是在苏州的文庙旧货市场内第一次跟黄舰见面的，那个时候的文庙租给了不同的古玩商户，一个大店内，有几十家商户同时经营着，黄舰的柜台很小，长度仅一米左右，里面杂乱地摆着十几本古书和旧书。那时的黄舰真是年轻，看上去也就是十七八岁的样子，我就一直把他当一个小孩儿看待。这些年过去了，他已成长为一名成功的古玩商，现在本该尊称他叫黄舰兄，但我还是觉得叫着不顺口，继续直呼其名。好在黄舰从不计较这些事，只要我找到他，永远是热情高涨地给我介绍各种资讯。

某次聊天时，黄舰讲到了自己的身世，是家中的变故，使他被迫走上了买卖旧书的道路。刚开始因为资本小，只能买卖为数不多的一点旧书，租不起柜台就摆地摊，后来稍有了一点钱，才租了那一节柜台。好在他好学，不断向古籍书店的老先生以及江澄波先生请教古籍相关的知识，再加上他勤奋，又没有贪欲，只要有一点利润，就将收来的书出售，使得他在短短的几年就成长起来。我跟

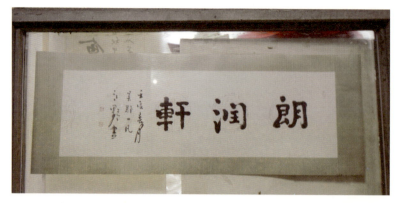

朗润轩匾额

他结识之后，大约有七八年的时间，陆续从他那里买到了许多线装书，他给我的价格都低于当时的行市。有次见面时，我直接提出来，你该赚的钱就要赚。他回答我说，卖给你东西，已经挣到钱了，为这个还一直觉得不好意思。我喜欢他这份厚道劲儿，因此从他手里买书，我从不还价。

后来，我到苏州地区访藏书楼，他每次都会关上自己的店面，跟我到处去寻访，有时候一跑就是一整天。其中有一次，正赶上他患有咽炎，说话很困难，可是他依然带着我跑了昆山附近的好几个镇。有时候，我忘记了他说话痛苦之事，他也没有不耐烦的意思，尽可能说出几个关键词，然后用手给我比划。

仅几年的时间，他就在苏州既买了房，又买了车。我每听到他有所进步的消息，都特别替他高兴，一直鼓励他多做些努力，争取能挖掘出更多的整份旧藏。黄舰人很勤奋，大部分时间都在外奔忙。但无论怎样忙，有个雷打不动的习惯，就是每周的某一天必去上海的老茶馆。他说那里是古玩商的聚集地，也是他重要的进货渠道，那里同时还是个古玩信息港，每去一趟，他都能听到些新的消息和动向。因为他的多次描述，使得我也神往起来。某一天，我终于跟着他来到了那个神秘的地方。也许我是局外人，在那里，除了喝茶，其他看不出什么门道来，感觉远没黄舰所描述的那样神秘。他跟我说，这里的很多事都是机缘巧合，只有来多了，才能明白其中门道。

三四年前，古籍善本在拍场上大放光彩。有一个时段，几乎每过几天，价格就上涨一定的幅度。黄舰手中的好书也不再私下成交，而是都送到了拍场上。我印象较深的，是他收到了一部明白棉纸本的《女范编》，那部书他好像是一万块钱收到的，在嘉德的拍场中大概以四十多万成交了。我打电话恭喜他，他问我怎么知道那是他送拍的书，我说上面盖着你那方著名的章啊。

黄舰曾经花很大的价钱刻了一方章，章文是"千辛万苦买进来，一槌定音出门去"。他曾向我解释说，这方章是述说他收书的心境。因为在民间收书很辛苦，发现哪里有好书很难，找到好书后，以合适的价格买到手更难，然而将买到的书送到拍场上，只要开拍之后，没有一两分钟就归了他人，所以他这方章是感慨收书之难与拍书之速。

随着业务的扩大，黄舰兄先后换了几处经营地点，我这天来到的是他第三处店面。来之前，我去寻访了苏州官书局旧址，由于历史记载的都是老地名，我找得很费力，不停穿行在大街小巷之中，最后终于找到了旧址，却没有了任何的痕迹。因为走了太多的路，后来只好乘上朋友的车，请他带着我寻找黄舰的店面。这个店面位于苏州市中心，在拙政园旁边的古玩城里。因为是游览区，附近都是单行道，我竟然无意中错过了停车的地方，黄舰让我停在原地别动，等他来找我。他能来找我，给我带路，也让我那走得疼痛的腿得以缓歇。等了将近十分钟，他找到了我，带我来到了他的店门口。

古玩城是一片仿古建筑，门口的匾额写着"苏州园外苑古玩城"。可能已经到了快下班的时间，这里静静的没有行人进出。我走进古玩城的大门，还没走出多远，黄舰就把我喊了回来，原来古玩城内进门右手的第一家就是他的店。从经营上说，一座大厦入门的第一家店面，应当是租金最贵的，他竟然将这个黄金地段租了下

店堂全景

堆起的字画

来。不用我问，肯定经营情况极好。

　　店面是个大通间，感觉有四十平米大小，因为是一楼，店面的层高够，使得很多立轴可以挂起来。沿墙的一面，挂着十余幅字画和对联。中间一张大条案，上面堆满了画轴。而我所关心的线装书，则仅占不大的一处。近几年我从通话中知道，黄舰的经营方向逐步由古书转为了字画。他说古书货源有限，收书困难，并且利润也远没有字画那么大，而字画的货源又很多，不论是卖家还是买家，都要比古书多很多倍。作为经商者，他当然要把精力放在利润更大的品种上，尽管我觉得惋惜，但从在商言商的角度而言，我清楚他的做法完全正确。

　　理解是一回事，个人情感又是一回事，我无法阻止自己的偏好，还是打开那个书橱，翻看里面的线装书。在里面看到了碑帖、印谱，还有一些稿本，确实没有什么难得之物。于是，我把眼光转向那些画轴。黄舰从中翻出一个旧裱的四扇屏让我看，竟然是江标写的篆书。这件东西我很喜爱，本想挂起来拍照，可惜已经破烂到无法悬挂。我问黄舰，为何不托裱一下。他说托裱之后，反而看不出来旧装，而在字画场中，旧裱和新裱绝不是一个价位，所以即使破烂也要尽量保持原状。可能是为了对比效果，他又打开一幅新裱的字挑，书写人是同治年间的陈劢。看过之后，确实如黄舰所说，新裱就是没有旧裱看着舒服。

说话间，黄舰给我倒水喝。我注意到，他所用的茶几桌面竟然是一方金砖。虽然我知道金砖产自苏州地区，原先是皇家宫殿铺地之物，如今已成为收藏者案头的供品，只是未承想，在售卖字画古书的店铺中，也能看到该物，这样的感觉让我一时回不过神来。看

旧裱的江标书法

来艺术是相通的，经营者也用不着画地为牢。

当天晚上，我乘着黄舰的车前往所订的老饭店，跟众多书友聚会，席间听到了他跟众人聊到的许多有意思的八卦事。其中最有趣的一个故事，用网络语言来说，应当叫作"自黑"。黄舰说，前一度，他到某户人家去收字画，看到了一幅陈其美的书法。因为陈其美的东西流传极少，他心里清楚这幅书法的价值。主人看他一直盯着这幅书法，就问他这上面的字是谁写的，黄舰故意把后面的落款"陈其美"读成"陈曾美"，因为草书中，"其"和"曾"看上去差不多。但那个主人立即当着黄舰的面，用 Ipad 百度，巧合的是，在百度百科中，竟然确实有个叫陈曾美的人，此人是黄浦军校某期的一个军官。货主看自己查到了出处，马上提价，说这个书法至少要卖四万。黄舰遇到这种情形，也很无奈，只好跟货主讨价还价一番，最后还是买了回来。

但他这天又收到了货主发来的短信，货主说自己上当了，因为他查到了那幅书法的真正作者是陈其美，而陈其美要比陈曾美价值高许多。黄舰立即回短信向此人道歉，说下次多买他一些东西，让他把损失补回来。那人回短信说："你不要每次只买那三千两千一件的，下次痛快些，多出些钱。"黄舰回短信："一定一定。"他讲完这个故事，把手机中的往返短信展示给众人看，众人大笑不已，连声称奇，并且笑黄舰竟会有这样的狡黠。而更令人称奇的是，那位觉得自己上了当的卖主，还自动默认了有下一次，看来时代在变，一切规则也在变。

黄舰从古书转到字画还是让我有些落寞，虽然我能理解，赚字画的钱跟赚古书的钱没有<u>丝毫</u>区别，但黄舰在古书上磨练出来的经验，难道就这样武功全废了吗？在此后的几年，我渐渐感到自己的顾虑是何等之多余，因为黄舰在收购的过程中，只要遇到好书，他还是不会放过，后来在拍场上出现的几部难得之本，我知道都跟黄舰有一定的关系，可见他使手中古书的经营渐渐走入了高端。

前一度，我在苏州见到了马骥先生，我们在聊天中提到了黄舰，马兄说黄舰在微信中时常以留言的方式普及着版本知识，而他的所言都能有其道理在。马兄夸赞他说："看来黄舰读了不少书，再加上他经营上的刻苦，已经成为了这方面的行家。"

其实在我们三者之间，也曾发生过交集。大概是2010年左右，黄舰收购到了孙毓修家的一批旧藏，他根据经验，分别打电话给不同的潜在买家，他把手札卖给了马骥，而把家谱和藏书目录等卖给了我。当马骥来黄舰的店中取货时，看到了还没寄出的这一部分，觉得如果这份资料能够保持完整不分散更好，于是提出要买下孙毓修的这批旧藏的全部，但是黄舰却不同意，他说已经答应过韦力了，并且韦力已经确认要买下，他认为既然已经答应过的事情，即便别人加价，他也不会出售。

对于这件事，黄舰从未跟我提起过。而过了这么多年，我在跟马骥偶然聊天时，才知道还有这样一段本末，这也让我更加觉得，黄舰能够做大，除了得益于经营上的勤奋，更重要的是因为他懂得古旧书业的老规矩。这样的守规则之人，貌似不与时代并进，但做人就是如此，并不能因为时代改变了，就不讲诚信。

其实我能跟黄舰长期交往，主要也是因为信任。就市场集中度而言，无论古书行业还是字画行业，上海都是江南地区的中心，因此每周黄舰都会坐火车前往上海。我问过他，真的每次都能淘到货？他说未必，即便是空手而归，他也认为得到了不少的资讯。黄舰是心直口快之人，我们在通电话时，他时常会告诉我一些逸闻，而对于他所讲述的故事，有时我会写入文中，为此还搞得他的一位朋友很不高兴，这让我深感过意不去。

正因为上海成为了江南地区的流散中心，也会长年地举办拍卖会。北京的各家拍卖行在拍同类品时，都会在场次的安排上有所商量，相互之间错开而又不留空档，这样做的好处是既让外地人可以集中地参拍，同时又避免买家因为时间上的冲突而分身乏术。比如说在一周的时间内，有七家公司开拍，相应的买家就可以来京住上一星期，痛痛快快地参加每一场拍卖会。按理来说，江南人在经营方面要比北方人头脑灵光，然在古籍拍卖方面却是个特例，因为上海的各家拍卖行并不商议，某家拍完后有时隔上一星期才会有下一家，这使得外地买家行程上会非常尴尬，在上海等的话，觉得时间太久，下次重来，又觉得过于紧张，毕竟那个时代没有高铁，乘飞机往返晚点延误也令人心烦。于是我想出了一种偷懒的方式：每次到上海参加拍卖，拍完一场后，如果与下一场有时间上的间隔，我就委托相熟的朋友代为举牌。

那个时段，我委托过多位朋友帮我参拍，我看好书，请朋友举牌，一般只是说个限价，而代拍的朋友也往往是超过限价就停手，遇到特好之物，大不了多举一两口。我也经常委托黄舰替我举牌，他会事先替我仔细核对欲得之品，而后告诉我，我在看预展时未曾留意到的瑕疵，之后建议我某件拍品只能举到多少就不能再加价了。他的这份认真不仅是出于职业操守，以我的感觉，更多的是受人之托，忠人之事。或许是因为这个缘由，我对于委托他代拍多了很多的放心，甚至有时候发懒，不愿意再一一细看拍品，直接打电话给黄舰，报给他几个号，请他代我在预展时查看。黄舰每次看后，都会在电话中一一报给我某部书总共有几册，是否原装，每册有多少叶，是否有缺叶，哪叶品相出了问题。他的细腻程度，远比我自己看预展要高得多。更为难得的是，他下了那么大功夫，当拍场上我的欲得之品远超出所定价格上限时，他也会在电话中劝我就此打住，认为再举上去已经不值这个价钱。而当我因为自己的一念之差，未能得到某件心仪之品，而长吁短叹时，他还会劝我，好东西有的是，把钱省下来还能得到更好之物。他对于自己的辛劳一场空无所获，却没有一点遗憾之意。我觉得从事这个行业，能够练就荣辱不惊是极难之事，年纪轻轻的黄舰在这么短的时间内，就能练出这一本领，难怪苏州老前辈江澄波先生常在聊天中夸赞他，认定他是书界的一位好苗子，惟一可惜者，乃是黄舰经营旧书的时候，已经错过了最好的时段，否则的话，他很可能成为这个行业中大有名号的钱听默。

公私转换　四代持守

江澄波文学山房

古书业的老字号——文学山房又恢复了原有的名称，这个消息我还是从报纸上看到的。再次来到这个店的门口，第一眼就看到店堂门楣上的字号改为了"文学山房旧书店"，这几个字的痕迹很新，从牌匾的底板上还能看到去掉原有名称时留下的残迹。江澄波老先生站在门口迎接我，我看到他比以往消瘦的脸，再加上落寞的神情，心里多少有一丝的悲凉。

2014 年上半年，我想对江老先生做一个系统的采访，为此我做了份周密的提纲，列出了 160 多个问题，本想到苏州住上一段，请他逐个问题慢慢聊，但又想到他那浓重的吴音，我听起来十分费力，如果录音回来让工作人员整理，估计很多字我也会难以辨别准确，于是去电话跟江老先生商量，可否把我的问题发给他，请他以笔答的形式慢慢写来，他说这样也好，只要我不着急就行。随后我把问题发给他，半年之后，没有听到他的回音，忍了几次，没忍住，还是给他去了个电话，问他进展情况如何。老先生平静地回答我，说收到我的问题后不久，自己的老伴就去世了，这让他的生活有些乱套，心情也很糟糕，一直在处理家中的后事，因此我的问题

江澄波先生站在改名后的文学山房门口

他还没来得及写，并为此表示歉意。听到这个令人吃惊的消息，我马上道歉，抱歉地说这种非常时期，您就不用回答这些问题了，等以后有了心情再慢慢写也不迟。

又过了几个月，我收到江老的外孙女发来电邮，打开附件一看，竟然是江老用笔书写的五个稿件，都是回答我所提的问题。看到这种情形，我既高兴又内疚，马上给江老打电话，告诉他暂时不要写了，因为这真不是着急的事情。他在电话中说，本来想多写一些，不过家人担心他的身体累着，一直劝他休息，但他还是抽空给我慢慢地写。

这天见到江老先生，我的第一句话就是劝他不要着急回答那些问题，身体要紧。他说确实没关系，不会因为写稿而让自己累着，他觉得我能提出那么多的问题，让他既意外，也惊喜，夸赞我真的研究过古旧书业的这些事，有些问题不问，他也想不起来了，通过我的问题，也让他想起了很多过去的事情，还想到了跟这些问题相关的一些其他书业事。他问是否有必要回答我问题之外的事情，我说那当然求之不得，因为自己毕竟是晚辈，对过往的书业故事，只是道听途说，真正的事情知道得不多。如果通过他的讲述，能够为古旧书业留下更多的掌故，那当然也是一件不小的功德。

文学山房是旧书业的老字号，晚清民国间有很多的学者和藏书家，只要喜欢旧书者，大多会提到这家著名的旧书店。曹旅宁所著《黄永年与心太平盦》中专有"黄永年先生与江澄波先生的书缘"一文，提及1996年春，黄先生从苏州古旧书店邮购《宣和遗事》的事。1985年黄先生在该店看到了此书，十余年后他写信给江澄波，问到该书的情况："记得十年前贵店有部清中叶刻巾箱本《宣和遗事》，不知尚在否？又《列女传》顾之逵刻本或阮元初刻原刻本（有翻刻，欠佳），《国语》士礼居本，《初学集》《有学集》诗注，《述学》小字原刻，《哀江南赋》单刻，汪立名写刻初印《白香山诗集》，均年所欲得者，甚盼先生能为我得几种（或其他写刻精本亦可），价高亦无妨也。"黄先生在此文中提到了多部善本，其中有单刻本的《哀江南赋》。黄先生得到此书后，大约过了十年，又将此书换给了我。在信中的这段话之前，黄先生还写了一句问候之语："前来苏购书，备承费心，年等均甚感谢。咸谓接待之周到，尚是数十年前之老传统，远胜京沪矣。"可见江澄波老先生身上所具的古风让黄永年大为赞叹。

关于文学山房的创始人，《江苏省志·人物志》中有如下简述："江杏溪（1881—1949），名如礼，以字行。苏州人。古籍出版、发行界名人。父椿山为苏州阊门'扫叶山房'书店店员。江杏溪 13 岁习业于嘉兴孩儿桥旧书铺。光绪二十五年（1899）回苏州，创设'文学山房'书店。"然而这段叙述太过简略，就我所看到的，对于文学山房的研究，以《山东图书馆学刊》2010 年第六期所载李军之文最为详尽，这篇文章的题目是《三世云烟翰墨香，百年丘壑腹笥藏——纪念苏州"文学山房"旧书铺一百一十周年》。李军的这篇文章从江氏的祖籍讲起："江氏一族，祖籍浙江湖州织里镇。约在清代咸丰年间，因受太平天国运动影响，江澄波先生的曾祖，年方弱冠的江椿山，离开故乡湖州，来到苏州谋生，进入位于阊门城门口的扫叶山房充当伙计，从此定居苏城。"

江椿山乃是江澄波先生的曾祖，他来到苏州后，进入了著名的书店扫叶山房工作，这是江家定居苏州之始，江椿山也是江家有记载的第一位业书的人。关于江椿山的情况，李军在文中写道："据沈延国《苏州文学山房记》所述，当时江椿山的工资菲薄，不足以赡家糊口，且常遭辞退之厄。由于贫苦，年逾四十，才娶妻刘氏，在阊门外的山塘八字桥西街赁屋定居，生有一子，名为如礼。因江椿山本人一直从事旧书业，加之家境素寒，故在光绪二十年（1894），其子就被他送往浙江的书铺充当学徒。"

此文中提到的《苏州文学山房记》，我未曾查得，故只能引用李军文中的叙述。而《江苏省志·人物志》中谈到的江杏溪，其实就是江椿山的儿子，关于他的师承以及创办文学山房的原因，李军文中写道："江杏溪（1881—1949），名如礼，以字行。从十三岁起，他就到嘉兴孩儿桥的一家旧书铺学艺。初进店时，其父即教以刻苦学艺，至诚待人。并将衣裤所有口袋悉数拆去，借以养成廉洁之习，深受同人敬佩。在嘉兴的五年期间，江杏溪凭着本人的聪明与干练，勤奋钻研，不断学习，逐渐入门，最后熟练掌握了采访古书、鉴定版本、修补装订等技术，并且对如何经营旧书店，也积累了一定的经验。光绪二十五年，刚年满十八的江杏溪，因父亲江椿山的离世而匆匆返苏奔丧。将父亲后事料理完毕后，鉴于老母在堂，无人奉养，江杏溪决定留在苏州，创设自己的书店——文学山房，来维持生计。单从书店名称上看，很可能是受其父工作过的著名坊肆扫叶山房的影响。"

家庭的变故，使得江杏溪有了创办文学山房之举，但初创时期的文学山房，经营状况异常艰难，经过多年的努力，江家才得以翻身。李军文中写道："文学山房初创时，江氏家中因新遭变故，经济颇形拮据，乃借贷三百元才得以开业。书肆设于苏州城内护龙街（今人民路）嘉余坊口，其南有过云楼顾氏的后花园——怡园。店面最早用芦席纸糊，勉强营业。不久又因娶妻胡氏，长子静澜随之诞生，人口渐繁，仅靠贩书，不足以养家糊口。老母乃以刺绣所入，补贴家用，方始渡过难关。此后二十多年间，经过江氏父子的苦心经营，文学山房终于在民国二十年（1931）左右迎来了它的鼎盛时期。"

正是由于江杏溪苦心孤诣的经营，才使得文学山房渐有起色，而江杏溪之子江静澜也跟随父亲从事书业，后来江杏溪去世，江静澜成为了文学山房新的掌舵人，岳俊杰等主编的《苏州文化手册》中称："1949年杏溪病逝，子静澜继其业。1956年公私合营时文学山房并入苏州古籍书店，静澜任古籍书店回收部主任，1978年病故，其子澄波曾任苏州古籍书店经理。"

其实，文学山房的声名鹊起，跟江杏溪、江静澜父子的努力经营有很大关系。李军的论文中提及1939年苏州百灵电台所出版的弹词开篇集中，收录有《文学山房开篇》一首，该弹词前有小序，介绍文学山房的营业盛况：

> 文学山房创设，迄今四十载于兹矣。专营收卖国学参考旧籍，插架所存，不下万种左右，均定价低廉，好古诸君，敬请惠临参观。再江君承平津等处各图书馆委托，征求各种旧籍。贵藏家如有旧储而愿割爱者，尤所欢迎，务请赐洽护龙街文学山房七〇七号，当以重金报命。

这篇唱词从秦始皇焚书讲起，一路讲到了文学山房，在谈到此店时有如下词句：

> （鄙人是）信步护龙闲逛走，（陡见那）文学山房映眼睛。入内遍观图书府，琳琅满目美无伦。八索九丘般般有，三坟五典件件精。搜罗闳富包含尽，问津之人必欲因。杏溪江君善商贾，赴天津、转北平，不惜重金广搜寻，藏书奚止万余种。

关于文学山房创建之后的递传情况，《苏州文化手册》中有如下简述：

> 创办人江杏溪，原名如礼，以字行。祖籍湖州织里镇，
> 其父椿山在太平天国时为扫叶山房店伙。受其父的影响，清光
> 绪二十五年（1899 年），杏溪创文学山房于苏州护龙街嘉余坊
> 口。民国十年（1921 年）迁大井巷北首。有三间宽阔的店堂，
> 古书盈架，随人翻阅；后有楼座，贮书甚富。水竹村人徐世昌
> 及曹福元为之题匾，遂为东南经售古籍之名铺。子静澜精于经
> 营，协助店务。抗战胜利后，孙澄波初露头角，经营益善，广
> 收海内珍本。著名专家、学者来店不仅选购书籍，亦聚会探讨
> 学术，因而其名益著。

从以上的这些文字都可看出，当年的文学山房是何等之壮观，难怪
有那么多的大名家到该店来买书。文学山房在鼎盛时期跟很多藏书
家有密切的交往，赵宣先生在《蜚声卓越在书林——版本目录学家
江澄波先生印象记》一文中写道：

> 1931 年迁至大井巷北首……此时，其子静澜已精于购书
> 之术，协助店务，经营古书益盛。如无锡朱达夫、吴下冯桂
> 芬，以及管礼耕、叶昌炽、丁士涵、沈秉成、王同愈、单镇等
> 人藏书，皆囊括于店中，海内珍本也时有搜集。于是南北名家
> 时聚山房，若张元济、孙毓修、叶景葵、傅增湘、朱希祖、顾
> 颉刚、谢国桢皆时来访书，像郑振铎、阿英等也皆是不速之

客。至于吴门学者名流，更是不一而足，可谓群贤毕至。

文学山房在学界有如此的影响力，不仅是因为这里经营着大量的善本，更多者是该店有着相应的出版物，其影响力最大的一部当数《文学山房丛书》。该书乃是木活字排印本，由于是活字本，畅销后不易再版，再加上这部书乃是随印随销，故拥有整套《文学山房丛书》者极为稀见。我对此书购求多年，江澄波老先生也曾帮我补配数种，然三十年过去了，这套丛书至今也未凑齐，可见该书虽是晚近出版物，但凑齐的难度依然很大。

既然是木活字排印本，那么这套活字是江家购置的吗？我与江澄波先生多次见面，始终没有想起来向他请教这个问题，而我在李军的论文中看到了如下说法：

> 《文学山房丛书》各书正文、序跋及目录均出于排印，只有各书内封乃江氏请人重新雕版。当一九二六年秋第四集排印完毕，所用木活字送还无锡书肆，仅二十余块书封版片留存家中。文学山房参加公私合营后，版片作为公产存于仓库，至今早已下落不明。

在宣统、民国年间，无锡出版了多种木活字排印的典籍，而无锡排印本大多是扁方字体，从这点而言，与《文学山房丛书》颇为相像，然而我却没有将两者联系起来考虑。这两类书我都有多本，比较一番，说不定可以比勘出不同书所使用的同一个字钉。可惜李军先生没有谈到这批木活字是向无锡哪家书店所借，下次到苏州时，还将分别向李军和江老先生求证这个问题。

文学山房不仅印刷了这么一套难得的丛书，还曾经从一些藏书家手中借来版片刷印过不少书籍。对于文学山房借版或买版刷印的品种，李军在文中有如下胪列：

> 文学山房借版、买版所刷印书籍，有叶昌炽所著《藏书纪事诗》七卷、《语石》十卷、《寒山寺志》三卷、《辛白簃诗谳》三卷、《奇觚庼文集》三卷《外集》一卷、《邠州石室录》三卷，既可单种购买，亦可一起购入，汇成一部《缘督庐遗书》。而家住苏州桃花坞五亩园的谢家福所刻之书，包括《吴中旧事》一卷、《平江记事》一卷、《烬余录》二卷、《邓尉探梅诗》四卷、《五亩园小志》一卷《志余》一卷《题咏》一卷、《桃坞百咏》一卷、《五亩园怀古》一卷，也被文学山房汇印成《望炊楼丛书》。此外，叶昌炽协助蒋凤藻校刻的《心矩斋丛书》，曾寓居大井巷的赵学南所编刻的《峭帆楼丛书》，皆曾经江氏刷印。至于单行零种，如吴修《青霞馆论画绝句》、袁学澜《零锦集词稿》、梁章钜《仓颉篇校注》、吴云《二百兰亭斋收藏金石记》及武进费氏所刻高仲武《中兴间气集》等，亦经文学山房重新刷印。

关于这些版片的归宿，我从李军文中得知，文学山房在1956年公私合营前夕，把这些版片都捐赠给了苏州市文管会，后来此会又接到相关部门的命令，将这些版片都移交给了扬州古籍刻印社。前些年，扬州建起了版刻博物馆，我到那里参观时，看到陈列着大量版片，原来这里面也有文学山房的旧藏。

上世纪五十年代的公私合营，文学山房并入了苏州古旧书店，江先生的女儿一度担任古旧书店副经理，而江先生本人也在古旧书店工作了几十年，退休之后，仍被聘为该店的古书收购人员。后来因为上级对古旧书店人员进行调整，江先生的女儿下岗了，这使得两个孙女的上学费用成为了家里一大难题，于是，江老从古籍书店辞职出来，重操旧业，办起了旧书店。

黄恽先生在其所撰《苏州旧书业的今天》一文中，谈到了这个转变："去年初，江澄波先生从古旧书店退出，以耄耋高龄重树苏州旧书业的旗帜，在建新巷 28 号重操旧业，开设了一家'文育山房'旧书店，与他家的祖业'文学山房'仅一字之差，虽旧日的辉煌一去难再，但老将雄风故仍在也。文育山房依然是目前苏州民营旧书业的领军，常有北京、上海的藏书家慕名而来，江先生就从书店的里间小心翼翼捧出几叠线装古籍，客气地说：'您随便开个价吧。'一副旧书商兼文化人谦和温良的作派。"

关于书店的店名，江老觉得，祖上的文学山房已经并入了古旧书店，他如今再次开店，若延用文学山房的名称，似乎不妥当，于是他将旧店名改了一个字，叫做"文育山房"。对于这一点，《苏州省志·建筑艺术篇》有"文学山房新楼"这个条目，该条目中写道：

苏州市区现代建筑。位于人民路 342 号，现为苏州古旧书店。文学山房初建于光绪二十五年，原址在护龙街嘉余坊口，民国十年迁至大井巷北首，有三开间门面，后有楼座。店主江杏溪原名如礼，浙江湖州人。我国著名学者顾颉刚、谢国桢、郑振铎等都为访书常客。文学山房由贩卖古籍书刊，而发展为自印专著，用聚珍木字印出。1956 年，全市古旧书业合并后称"苏州古旧书店"，1985 年与苏州文物商店合资在现址建造了现代化结构、外观为中国古建筑的营业大楼。大楼五开间四层，大楼营业面积为 1200 平方米。该书店为寻访古籍起了积极作用。

看来文学山房并入苏州古旧书店后，苏州古旧书店依然使用"文学山房"这个招牌，并且把新盖的古旧书店大楼直接称为"文学山房新楼"，难怪江澄波无法使用这个店名。我认识江老先生的这些年，他的书店总计换了三个经营场所，名称一直叫做"文育山房"，直到今天，我才第一次看他修回了正身，把店名改回"文学山房"。我问江老，恢复这个名称感觉如何。他说当然很高兴，又跟我讲起十几年前，黄裳来苏州时问了他三个问题，第一是问江先生的身体，第二是问古旧书的经营情况，而第三个问题，则是问何时能够恢复文学山房的名号。讲到这里，江先生动情地跟我说，自己早就想恢复，但那时候感觉这个想法很难实现，近两年是在各种媒体的呼吁之下，才实现了他不敢想的事情。说到这一点时，我能看出来，老先生是发自内心地欢喜。

我还注意到了文学山房的营业执照，上面的店名的确是改了过来，然而，经营负责人却并不姓江。江先生解释说，上面的名字是他儿媳妇，因为当初"文育山房"就是以他儿媳的名义申办下来的。这次改回店名时，也曾想一并改为自己的名字，但是后来知道换名手续十分复杂，需要出具各种证明，家人觉得太过麻烦，也就这样将就着用下来了。

既然文学山房恢复了本名，那么事实上江家业书已经是第五代了，其实到1998年的3月，文学山房就已经是由江家第五代人来主掌，真希望这家百年老店能够世世代代地经营下去，由此而创造旧书业的神话。

十几年来，我所看到的文学山房的三个店面，从面积来说，是一次比一次小，此次虽然店名改了回来，但营业面积却是最小的一个。我感觉现在的这个店，全部面积加起来不超过二十平米，江先生用书架把它隔成了内外两间，外面的部分摆满了新旧书，占了店堂面积的四分之三，后面仅余下窄窄的一小条作为库房，同时在这个入口处还摆了一个小桌子，就算是办公桌。这一天我在店堂里拍了一小时左右照片，桌上的固定电话至少响了七八次，都是订书或者要求找书，我由此感觉到，店里的经营情况比我想象的好许多。我有一个杞人忧天的毛病，到了任何的一家书店，不论是旧书店还是新书店，每当看到店里没有什么顾客，就会本能地心生担忧。虽然我知道这些书店其实跟我没有什么关系，但我还是从心底希望它们能够有好的经营状况，希望自己所热爱的行业良性循环，而不仅仅是靠意念的坚持。

$\dfrac{1}{2}$

1. 店堂的内景　2. 忙碌的身影

这天的店里，来了一位想处理家藏旧书的人，跟江老用苏州话慢慢地攀谈着，这给了我一个仔细浏览文学山房的机会。文学山房店堂里摆的书，五分之四都是平装书，细看大多是文史类的，并且有很多是关于苏州历史的文献资料。因为店堂面积小，所以通常店主在进货方面，必须要有自己的特色，这正是有经验的老店员的用武之处，他能从书海中挑选出来哪些书才是自己的特色品种。我细想了一下，如果自己来经营一家旧书店，我会进什么品种的旧书呢，我肯定会挑选自己喜欢的书，但这问题就来了，开书店是要进读者喜欢的书，而非自己喜欢的，如果像我的这种思路，很可能一年也卖不出去几本书，看来藏书跟售书，是完全相反的思路。

其实文学山房不仅经营古书和文献资料，与书相关的其他物品也同样出售。前些年我在该店就买到过几幅藏书家的书法作品，而胡洪侠先生买到之物更为离奇。大侠在第一次到文学山房淘书后，就写了篇文章，题目颇令人回味——《"最可惜一片江山"》。大侠的这篇文章记述了他在文学山房的所见。江老最初给他看的几部书并不合他的胃口，于是他问了句："江老，还有其他好玩的东西吗？"江澄波想了一下说，他回家去一趟，而江先生再回来的情形，胡洪侠有如下的描绘："十几分钟后，江先生腋下夹着一个硕大的锦盒回来了。他打开盒盖，说：'这是清乾隆制四库文阁诗墨的复制品，应该是民国年间用老墨模复制的。'是四锭形状不同的墨：一磬形，一长方云头形，一牛舌形，一扇形。四墨正面均是彭元瑞楷书的御题文渊阁、文津阁、文源阁、文溯阁诗，背面则各镌刻有相应的文阁图景。这'北四阁'正是当年贮存《四库全书》的所在。"

　　江先生拿来一套老墨，图案竟然是《四库全书》的北四阁，这样的墨当然令爱书人不能罢手，虽然价格不菲，但大侠没有表现出英雄气短，还是将这套喜爱之物咬牙拿下。相比较而言，赵宣先生在文学山房所见之书则更令爱书人艳羡。赵宣到店时，江先生并不在，等到江先生回店时，带来了一个包得严严实实的包裹，拆开视之，"里面是太谷学派第二代传人张积中撰的《白石山房诗钞》、第三代传人黄葆年撰的《归群草堂诗文集》、第四代传人李泰阶撰的《双桐书屋诗钞》及黄寿彭撰的《远香书屋诗文钞》等一批扬州地方文献珍本"。

整齐的线装书

1.《韵谱本义》 2.《五经合璧》

这么多太古学派人物的著作，真的令人叹羡不已。近三十年来，我所购得的太古学派著作仅两种，虽然其中有一部难得的钞本，但数量毕竟有限，因为太古学派乃是清廷残酷镇压的秘密团体，其文献流传甚少，未承想，江先生一次就能拿出这么多的相关之书，我好奇他究竟藏了多少宝物，真希望自己再次前往文学山房时，也有大饱眼福的机会。

虽然没有这样的眼福，但我还是在文学山房中看到了几十部线装书。因为江先生有修书的手艺，凡是残破的古书，他都做了"金镶玉"，并且摆放得十分整齐。那些年我在文学山房买到的线装书，也大多被做成了"金镶玉"，想来都是出自江澄波先生之手。如今在架上看到这些书，我也忍不住取下来翻阅，有些版本就市场价值而言，确实也不错。我翻到了一部《韵谱本义》，从字迹上看，应该是明万历本，初刻初印很是漂亮。这个书很少见，居然能在这里遇到，也算眼福。我还看到一部《杜诗会粹》，书名也很少见。我来过文学山房这么多次，从来没有见到他的架子上摆出这等难得之书。前几天，有位在苏州的朋友告诉我，江先生很能放得住书，卖书卖了这么多年，到现在手中仍然有一些稀见难得之本。但现在它们为什么出现在了书架上呢，难道是因为老伴的去世，让江先生的心态改变了吗？我觉得自己不应当提起这件让他伤心的事，又想到自己接下去还要走其他几个城市，不便带着这些书到处跑，思量一番后，拍完照就把这些书收起来，又插回了架子上。

那位客人离店之后，江老又来照应我，他从后面的小书库中拿出了一函书，书名是《五经合璧》，牌记上刻着"苞采堂藏板"，从字迹上看，应当是康熙刻本。江先生介绍说，这部书很稀见，《中国古籍善本书目》没有著录。看来，他手中还真是有不少难得之本。我无意间又看到书房的边上，有一捆纸包，江老介绍说是收回来的书版，我打开纸包拍照，感觉像是道教的画符，这样的东西竟然还能收到，可见苏州民间还是有货。

当天晚上，我请苏州的一些朋友吃饭，当然也请了江老。晚上的话题仍然都离不开古书。在座的还有苏州古旧书店的老经理臧炳耀先生，以及书友黄舰先生、卜若愚经理，马骥先生因为公务晚到，他来了之后，竟然替我买了单。还有苏州著名旧书店来青阁的后人杨炎先生，杨炎的祖父就是当年著名的杨馥堂，他经营的古书店名气也很大，当年的来青阁在苏州和上海同时经营，并且在两地都搞得风生水起。

杨先生说，苏州的来青阁后来也并入了古旧书店，可惜来青阁的匾额没有照片留下来，他本想写一篇纪念祖父的文章，却无法找到这个匾额的配图。没想到卜经理听完杨先生的话后，说了一句让大家非常吃惊的话，卜经理说，那个匾额现在仍在古旧书店的库房内，并且是他在整理旧书时，从旧书堆中翻出来的，同时找到的还有文学山房的匾额。杨炎先生马上问，自己可否去拍张照片。卜经理称，明天找出来，就可以去拍照。我对此也大感兴趣，提出自己也要去拍照，卜经理答应了下来。

第二天一早，我来到了苏州古旧书店，给卜经理去电话，他把我带入了一间库房，两个匾额都已经摆在了那里。来青阁的这个旧匾，不知为什么变成了大小不同的两块。卜经理解释说，这个旧匾

文学山房匾额及另外两个小匾额

后来改成了苏州古旧书店的匾额。当然，他说的后来，也是几十年前的事了。因为来青阁的匾额面积太大，在改造时，苏州古旧书店就把这个旧匾的长宽各锯掉了一部分，而锯掉的部分，卜经理也从仓库中找了出来，可惜只找到一个长条，短的那一块却没翻到。说话间，他把匾额翻了过来，果真背面刻着的是"苏州古旧书店"这几个字。

苏州文学山房这个匾额，跟来青阁旧匾不同，看上去要新很多。卜经理说，可能是当年文学山房新换匾不久就合并进了古旧书店中，并没有悬挂太长时间。合并进来之后，这块匾就一直放在库房中，没有受到风吹日晒，因此今天看上去仍然像新的一样。他说，还有两块跟文学山房有关的稍旧匾额，也可以摆出来一看，原来是两块内容相同的小匾，上面刻着"文学山房收买古今旧书"。

曹旅宁在其文章中写道，他来到新开张的文学山房，而后看到了悬挂的匾额，对此江澄波解释说："那是新写的，过去我们店里的招牌是徐世昌写的，公私合营后交公，后来地板坏了，被人拿来刨一刨，成了地板，那是楠木的。早知道，应该送到苏州博物馆保存起来。"江先生的这段话读来语气十分平和，但不知为什么，我总觉得这平淡的语调里面包含着许多说不出的酸楚。

拍完匾额，卜经理说，还有个稀罕物让你看看，说完他端出了一个塑料箱子，从上面看是一些脏兮兮的玻璃片。卜经理告诉我，这就是珂罗版的原版。珂罗版的印刷物我见过太多，但这个原版我还是第一次看到。从里面拿起一块来，仔细端详，这种玻璃极薄，感觉不足一毫米，有些玻璃已经破碎，但用手摸着断茬，却并不感觉扎手，可能正是这种玻璃的特殊之处。上面刷过墨，隐隐的可以看到玻璃上的字迹，书名是《礼记郑注》。卜经理说，这套珂罗版是全套，总共有三箱之多。我说，这个印出的书却并不多见。他说这部书在本店还存有十几套，只是在库房中一时找不出来，无法让我拍照。为了能够拍清玻璃板上的字迹，卜经理让店员找来了一张白纸，衬垫在玻璃板后，果真上面的文字就显现出来了。

印着文字的珂罗版

钟情书版　独辟书径
姜寻模范书局

　　模范书局的老板是姜寻先生，称呼他为老板，似乎有损他艺术家的风范，我所认识的书圈内朋友，论气质而言，唯有姜寻有这种范儿。其实他根本就是名副其实的艺术家，因为他的专业是美术创作，同时还是位诗人，有一度他还在《诗刊》做过美编。能把诗与画合为一体，不是艺术家是什么呢？更何况，他一头的披肩长发，在藏书圈内颇显得另类。可能是因为我所相识的书友大都偏好古书，在他人眼光里，这一群人大多老气横秋，哪怕是年轻人，也比他的实际年龄看上去大许多，而唯有姜寻不同。如果赶上琉璃厂书市，你就能看到在一群穿着保守、面目凝重的书友中，有一位艺术范儿的人混入其中，用句俗烂的话来形容，姜寻也是京城古书圈内一道独特的风景线。

　　其实不仅如此，姜寻的本事远超我的想象。前些年，他将国图文津街古籍分馆院内的食堂拿了下来。文津街古籍馆其实就是国家图书馆的前身，这里的建筑极具特色，有着中式的庄严与西式的实用，唯独处在角落里的那处食堂是后添加的当代建筑。那座大房子的建筑风格与典雅庄严的图书馆楼体比起来，岂止是一只不堪入目

模范书局正门

的丑小鸭，但我对这个食堂却有着不少的留恋。因为文津街这一带处在中南海的后门旁，所以附近没有任何的商业街区，来图书馆看书或者是到国图出版社办事，如果赶上中午，都要走出很长一段路去找饭吃。这一带又是老街区，停车十分困难，故每次吃饭只能把车停在国图院内，而后徒步前往。

　　每次到这里来，我解决午餐的方式大多是在本院内的这个食堂，虽然外观看上去不会让人有什么食欲，但里面的饭菜倒做得很可口。食堂不对外，不过我跟这里打了几十年的交道，也算半个自己人，因此我到这里来吃饭不成问题，并且偶尔还会带朋友一起。某一天，这个食堂却挂上了停业的告示，一打听，原来食堂要改建成雕版博物馆。从食堂变博物馆，这个跨度让我有点儿不太适应，但更令我不满的，是在国图院内再没有了吃饭的便利。

　　某天接到了姜寻兄的电话，他说自己建起了一座雕版博物馆，请我去参观。姜寻藏雕版多年，这一点我早就知道，据说在以前潘家园市场上的雕版少有人问津，自从他开始广收博收，雕版价格就一路飞涨，为此有多位书友跟我抱怨说姜寻哄抬物价。大约在十年前，姜寻租下了图书馆内的两间平房，将此改造成了工作室，我在他的工作室内就看到不少展示出的雕版，我很鼓励他致力于此，因为市面上的善本已然出现了狼多肉少的货源紧缺局面，他能另辟蹊径地避开这些恶性竞争，当然是事半功倍的一条捷径。姜寻的性格也属于执于一端者，其实他并不听别人的指导和劝告，这是我跟他长期交往得出的结论，所以他向我征求关于专藏雕版这个想法的意见时，我心里明白，他不过就是找朋友印证一下自己的观念和道路是正确呢，还是更正确，他屏蔽任何与心思相反的评论。

也正因如此，他告诉我自己建起了雕版博物馆，我一点都不觉得奇怪，只是问他坐落在何方，我在得空时前往一看，他告诉我就在文津街图书馆院内。这句话吓我一跳，因为我压根儿就没有把食堂跟姜寻联系在一起，于是我脱口问他："就是那个烂食堂吗？"显然，我的唐突一点儿都没有影响他兴奋的心情，他说那个食堂经过他的改造，已经彻底地旧貌换新颜了，他让我一定要去欣赏一下他改造后的胜利成果。

尽管我对图书馆食堂的饭菜颇有赞词，但对那个食堂的外观实在没有胃口，就算姜寻说他改造得如何如何之好，我对他的这番说词还是有着十二分的怀疑：你怎么可能把无盐打扮成西施？但我的好奇心还是将我带到了他所说的雕版博物馆。

从外观看，那个食堂好像并没有太大的变化，但我却说不清楚，似乎换几个角度来观察，倒也隐隐地透显出一种不经意的艺术元素。走进食堂里面，确实让我大感惊艳，里面的格局颠覆了我固有的印象，以至我一路参观下来，竟然清洗掉了脑海里曾经的记忆。我在这里不但看到了许多姜寻的收藏，同时还从这些崭新的排布上，看出了他对印刷史的了解。我问他从哪里搜集到这么多奇形怪状的东西，他说自己多年来致力于此，只是一直没有场地，因此一直堆放在仓库里。看来他早在市场觉醒之前，已经不声不响地冲着不为人注意的领域下手了。该馆的装修也让我大开眼界，我问他是请什么人整体设计了这个馆，他说完全是自己所设计，这才让我又重新想起来他艺术家的身份。

此后不久，姜寻又在后海的一个院落里建起了工作室。这个工作室我去过两回，能看得到每个角落都充斥着他的理念。尤其印象深刻的，是姜寻从海外买回来一台手动的印版画的机器，他将这台设备进行了改造，而后试着在上面印刷西式雕版物。尽管在我的眼中，他的这种"中学为体、西学为用"的实验并不十分成功，但他这种敢于尝试的精神却是我所特别缺乏的。

几年没见，前一段姜寻打电话告诉我，他又在杨梅竹斜街上建起了一家模范书局。因为对他前几年经历的了解，而今他建造起这个书局，我一点儿都不觉得奇怪。他在电话中向我讲述着书局的来之不易，同时邀我有空前往一看。但我对杨梅竹斜街印象不佳。这条街跟琉璃厂相连，在清中后期，这条街上住过太多的文化名人，我为了寻找这些名人的遗迹，曾经在这条街上往返过许多回，而我对其最深刻的印象，就是脏、乱、差。我不愿意去还有一个原因，就是这条街上完全无法停车。

姜寻跟我说，区政府对杨梅竹斜街进行了彻底改造，并且在这里恢复了一些老字号，因此街区的情况跟我的固有印象已经发生了很大的变化。但我这个守旧的人一旦对某个地方有了不好的印象，就变得特别难以改观，因此虽然几次想去模范书局，但一想起这些细节，就又打消了前往的念头。

2016年4月，我在中华书局出版了一本《古书之爱》，这本书的销售情况还不错，一版一印是一万册，大概十天后就开始二印。先前姜寻听到该书将要出版的消息，曾希望毛边特制本在模范书局销售，我请他跟该书的责编李世文先生联系。他说已经跟李联系过了，因为印刷厂方面的疏忽，使得该书的第一印忘记了留出毛边本。这是很无奈的事情。该书的平装本已经由胡同先生主持的布衣书局开始销售，四天时间，布衣书局卖出了1100册。到这个节点时，我跟胡同先生讲，虽然此书没有签名，但却钤盖了我的一方闲章，再这么卖下去，就把市场卖烂了。胡同虽然不同意我的说法，但还是停止了销售。我将此况告诉了姜寻，劝他不要卖没有钤章签名的精装本。他说自己的书局肯定不会再销售普通的精装本，因为他店里有独特的客户群。

此后没过多少天，《古书之爱》进行了二印，这次制作出了一些精装毛边本。姜寻先生特意为此书设计了一款藏书票，编为100号，他将这些藏书票各分一半贴在了《古书之爱》的毛边本和精装本上，而后约定某天，让我前往签名。

杨梅竹斜街的另一头与前门的大栅栏相通，而书局离前门入口较近，姜寻在这里帮我留好了车位。几年未到这一带，如今所见，果真发生了很大的变化，尤其煤市街已经彻底进行了整修，这条街沿街的铺面仍然保留了老的四合院格局。姜寻在煤市街入口接上了我，而后共同走入了杨梅竹斜街。原本我很熟悉的一条街道，而今望上去却有些陌生，果如姜寻所言，这条街进行了彻底改造，不但路面整洁了很多，沿街两侧的老房子也大多改为了门脸儿。我们边走，姜寻边向我介绍着区政府对改造此街所下的功夫，尤其区政府给予他很大的支持，这让他颇有赞口。

从煤市街向厂甸方向前行不到一百米，就看到了一座二层建筑，姜寻说这就是他所创立的书局。从外立面看，模范书局像是民国老建筑，门楣上刻着的"模范书局"四个字却是典型的规范字。在我的印象中，不曾记得民国老书局中有这样一个字号，姜寻笑着说，书局名"模范"是他的发明，但"模范"二字在当今的社会中有着另外的含义，所以他到工商局报批时，始终未能通过核名，后来他终于找到相关领导，向领导解释清了"模范"二字的含义：古代的活字本来就是字模和字范，这两个字合在一起作为书局名称，则是表明该书局是传统的手工印刷机构，跟后来衍生出的"先进"之意没有关系。总之，经过他的努力，模范书局终于建成了。

在模范书局的入口处立着一个告示牌，上面写着"书籍、文创、展陈、设计、讲坛"，看来这就是模范书局的五大功能。进入书局，我却感觉像走入了国外的珍本书店，这种隐隐的洋范儿难以用物证来说明。书店内站着不少的顾客，姜寻说这些人是在等着我的签名。其实我赶到这里的时间并不算迟到，但我还是为读者的等候表示了歉意。

细细观察模范书局的一楼厅堂，这里的摆放给人感觉特别饱满：沿墙的两面是高大的书架，其中有一整架的签名本，还有一张桌子上专门摆放着海豚出版社近些年卖得很火的小精装系列。我在这里看到了不少熟识朋友的著作，有胡洪侠的《非日记》、谢其章的《佳本爱好者》、吴兴文的《书缘琐记》，同时还有章诒和老师的近期新作《钱氏女》。当看到杨成凯先生的《人间词话门外谈》时，让我有了一瞬间的伤感。杨先生多才多艺，并且在许多方面都有着

一楼书架

我所熟识的作者

独特的见解，可惜天妒英才，2015 年悄然离去，而在此前，他赠了我两本《门外谈》，当时我给杨先生去电话，问他何以寄两本，他在电话中犹豫了一下说："一本供你收藏，一本供你闲览。"我当时感谢了他的美意，几个月后，他就前往了天堂。到此时我才理解到杨先生的深意所在。

我在书局内还看到不少的文创产品，最有意思的，是制作成整盒的木活字。姜寻说这正是书局的特色之一，顾客可以提出要求，然后他们将顾客的名字当场制作成木活字。在这里还有很多的精巧摆件，姜寻说单靠卖书难以维持门店的经营，所以他开发了不少的文创产品。闻其所言，还是让我有些感慨：为什么爱书的人都这么

二战时军用帆布制作的包

穷？但姜寻不同意我的这个说法，他说本书局的客户都很高端，有些人一年在他这里的购书额有几十万之多。能给特殊的客户推荐特殊的书，这当然需要别样的眼光。他转身指着一个帆布挎包给我看，我注意到那个包上的价签是 3000 元，我实在看不出这个包能有这么大的价值。姜寻介绍说，制作这种包的帆布是二战时期欧洲军人的军备物资，他将这种帆布买了回来，制作成了包，当然成本很贵，但怀旧的人群却特别喜欢，因此这个包虽然价格不菲，但销售的情况却很好。

其实，他的本意是想说明产品对路就不会有销售问题，可惜的是他所举出的实例，恰恰反证了他物的销售好过于书。姜寻也意识到了这一点，马上指着书架上的一部大书告诉我，这部书是他当年给上图设计的一大套图录，因为定价贵，当时销售情况并不好，但现在这部书绝版了，不断地有人通过模范书局来寻找，而价格已经远超于当年售价的两倍。姜寻的结论是：如果书的内容本身有价值，再加上用心的设计，这样的书肯定不愁卖。

而后姜寻带我走入了后院。这个院落的设计，一眼望上去有着日本庭院的影子，尤其地面满铺的白石子，很像日本人所钟爱的枯山水。姜寻说后院的这一部分原本住着人家，区政府几经努力才使其腾退了出来，他经过改造才有了今日的格局。在楼下小屋的门口，我看到了姜寻给我的签售制作的告示牌，上面写着"爱书、藏书、著书"，姜寻说这是他对我的总结。

沿着楼梯来到了二楼，这里布置成了雅致的会客空间，而所摆物品之多，能够看出姜寻的爱好是何等广泛。我在这里看到了他给

饶宗颐等人用传统的木雕版制作的诗集，他在雕版方面所做出的努力，应该说是在中国北方地区最有成绩者。

穿过一段别致的空中走廊，进入了姜寻设计的咖啡吧，我在这里见到了多年没有碰面的刘福春先生。刘先生致力于当代诗史的研究，十余年前我曾前往其府上参观了他的藏品，带我前去的也是姜寻。刘先生的藏品中有许多不为人注意的非正式出版之书籍，即此可见其视野之宽阔。几年未见，我感觉刘先生容貌依旧，而后他给我介绍了自己的夫人及女儿。刘夫人也曾在《诗刊》工作，到此时我才明白为何姜寻跟刘老师如此熟悉。

姜寻改造的这个咖啡吧依然有着他惯有的精致，尤其室内的摆设特别能展现出他的艺术品味。站在楼上下望，四围仍然是破烂的

我的劳动成果

四合院房顶，这让我想到了野兽派的那句名言：维纳斯处在野兽之中。这间咖啡吧内摆放着一张西式的椭圆桌，同时还有几把西式座椅，圆桌上整齐地摆放着我的那部"大作"。

在前来此店时，我带上了几方闲章，以供读者选择，而咖啡吧的这位兄弟看我又签字又盖章，颇为费力，于是主动接过了印泥和印章，由他代我钤盖。这位兄弟的气质颇具洋范，这种洋范儿之人站在柜台前钤盖着中国传统的印章，这样的中西合璧又从另一个角度诠释了姜寻融汇中西的理念。

本书的责编李世文先生也赶到了这里，他从包内拿出一本《古书之爱》递给我，说这是一版一印的毛边本。李兄的这句话让我有点儿吃惊，因为我早已得知该书的一印未曾留出毛边本来。李兄解释说，事先他通知过印刷厂要制作毛边，只是工作人员忘记了，等他赶到厂里时，仅翻着了五册未裁边者，所以他将此制成了毛边书。我笑着跟李兄说，他无意间制作出了珍本，因为今日的新书少有人会将毛边本仅做五册。我们的这番对话引起了读者的注意，其中几位纷纷提出想要买我手里的这一册，而此时我却一改往日的大度，马上将书包裹起来塞入包中，跟众人抱歉地说："这个真的不能卖。"我想，那一刻我的形象肯定跟孔乙己有一比：当众位孩子们向他索要茴香豆时，他用手捂着盘子说：多乎哉？不多也。

古旧并重　开店多家

蒋德森淘书斋

我跟蒋德森先生相识于古籍拍卖场中，以我的观察，他现场参拍时大部分情况下头脑冷静，只要超过他心理价位之书他几乎一律放弃，而大多数买家则会受现场氛围的影响，由此而产生情绪波动，最后到手之书大多会高于事先的限价。但有一次，他却一反往常，不巧的是争到最后是我和他两个人在那里一下一下地举牌。

一般而言，我在拍卖场中如果遇到相识者，短兵相接之时，都只是示意性地举几下就放弃，毕竟好书无限，友情难得。原本藏书圈在社会上就是个小圈子，而在这不大的池塘内又分成了不同的收藏门类，其中专搞古籍者人数并不多，抬头不见低头见，为一部书伤了和气太没必要。然而，本场我是替朋友来竞拍，我有个原则，那就是替朋友举牌的话，只要举到了朋友出价的上限就会收手，因为我不能用自己的好恶来替朋友做主。而本场举的这部书，先期还有几个人在争，后面只剩我与蒋先生时，还没达到朋友说的最高限价。

他可能以为我是意气用事，可是在拍卖现场我又无法向他解释，这种情形下，我显然看到了他脸上的不悦。这个误会让我无法

淘书斋

再争下去，只好放弃了竞争，蒋先生如愿地拍得了这部书。我不知道这次竞争是否有违他以往的理性，他是否以高出不少的价格惨胜。事后我也只能向朋友解释之所以没有到最高限价就放弃的原因。

关于淘书斋的报道，我见过不少，但几乎都没谈到蒋先生在拍卖场中的姿态，惟有朱晓剑先生在《成都旧书店风景线》中写过这样几句话：

> 在成都的旧书业，淘书斋是一个神话。提到它最多的一个段子是一些图书拍卖会上，他啃着馒头、举牌买书的场景真是一景，颇有点财大气粗的派头，一大堆书，不管好歹，先拿下再说。他的库房里有多少宝贝，那可真是一个未知数。

看来，私下里人们都在传蒋德森在拍场上的超常举措。这次见面我主动提起了这件事，他说自己很少会有这样的行为，他坚持自己的原则，在拍卖场中买书绝不超事先设定的限价。用他的话来说："从经营上讲，没有非得不可之书，拍卖会上的书数量较大，选择余地也大，所以总能买到一些欲得之本，当大家抢热点时，我就可以歇一下，说不定就能捡到便宜，因为拍卖场中的偶然性太大。"

他的这番话说得足够理性，为此我没好意思追问他当年为什么要跟我争，一定要得到那部书。在事后的交往中，我明显地感到那件事并没有影响我跟他之间的友好。尤其在我受伤之时，他曾经给我打来电话，问我所住医院的房间，他说一定要来京探望。朋友的好意令我心暖，但我还是劝阻了他的行为。

就名气论，蒋德森的淘书斋在业界很有影响，而在成都当地可谓是规模最大的旧书店。徐雁、陈亮主编的《全民阅读参考读本》一书中就有这样的评价：

> 成都的旧书店都是扎堆经营的，旧时集中在青石桥、祠堂街、玉带桥与西玉龙街一带。淘书斋是成都最有声誉、规模最大的旧书店。店内挂着店主自己作的一副对联，曰"读书好潜移默化务虚求实成学问，好书读养性修真取义成仁是栋梁"，横批"淘书斋淘"，可见店主的文学素养，也让读者对店内书籍的质量大为放心。

蒋德森为什么能将旧书店经营得这样好？我看过一些报道，大多是从环境和地理位置的优势来论证淘书斋的崛起。2011 年 8 月 5 日的《四川日报》有记者张立东所写《成都旧书市场淘出"全国第三城"》一文，关于何为第三城，文中引用了蒋德森的所言：

> "成都是继北京、上海之后的全国第三大旧书市场，当然很有历史了。"在高升桥的成都文物古玩市场内，淘书斋经理蒋德森正在用放大镜甄别一本刚收来的线装书。71 岁的他在国内旧书业界被称为"书王"，他不仅熟稔成都旧书业的发展史，而且个人线装书收藏数量和质量在全国有名，自己经营的淘书斋 20 年来一直是给众多淘书者带来快乐的地方。

原来这第三城乃是指成都排在了北京和上海旧书市场之后，这样的说法不知是谁先发明的，至少蒋先生认为就旧书市场而言，成都与京沪鼎足而三。显然这个说法受到了成都人的高度肯定，朱晓剑在《成都旧书店风景线》一文中也采用了这个说法："作为北京、上海之外的全国第三大旧书流动市场，成都的旧书买卖有着极为悠久的历史。据资料记载，上个世纪头三四十年，不大的成都就先后有过四五百家经营古旧书业的或大或小的店铺。当时，成都有三条文化街，大体各有经营范围的分工。学道街一带从事木刻书业，先后有木刻书铺二三十家，如志古堂、三元堂、二酉山房、肇经堂、一元堂和宏文书局等；古卧龙桥街有博文堂等二十来家木刻书铺；青石桥北街有广益书局、黎明书屋和富兴堂等一二十家书铺，中街有新生书局等六七家书铺。这些以木刻书业为营生的书铺大多活跃于清末民初。"

显然朱晓剑先生更留意成都近现代旧书业的状况，从他的描述可知，在近百年前成都有那么多的古旧书店铺。而蒋德森认为这样的追溯历史太短，他的观点在张立东的文章中有记述："'真要追根求源，成都的旧书市场要上溯到唐代。'蒋德森拿出一本《四川省志·出版志》说，我国旧书市场的起源和唐代出现版刻古籍有关，作为雕版印刷术的发源地之一，当时的成都形成了繁荣的文化出版市场。'但那个时候不是现在意义上的旧书交易，只是由于科举考试的需要，在考试地附近聚集了一批交换或出售考试资料的人。'"

这一追就是千年，蒋德森把成都旧书市场的形成追溯到了唐代，但他也承认唐代的旧书业显然与今日不同，而张立东也是这么认为："据《四川省志·出版志》记载，唐宋时期没有旧书的概念，书籍只有版本的不同，但不管哪个版本，只要能满足读书人的需要即可。直到明代以后，宋版书为读书人推崇，版本的新旧和书籍的价值挂钩，真正意义上的旧书交易出现萌芽。"

四川的确出土过唐代的出版物。我这次在成都见到了四川省图书馆副馆长王嘉陵先生，王先生特意向我讲述了这件唐代刻本的重要性，可惜我没有见到这件尤物。当时我最关心的问题是北宋初年成都在哪个寺庙刊刻了《开宝藏》。这部大藏体量庞大，皇帝派人特意从开封来到成都刊刻，这足以说明，在北宋时期成都一带刻书业是何等之发达。李白曾感慨说："蜀道之难，难于上青天。"但这么难还要在这里刊刻，而后历尽千辛万苦将书版运回河南开封，这也可以说明，当时成都的刻书事业在全国找不到比其更佳者。

从理论上说，刻书业的发达必然需要书籍的流通也同样发达，否则刊刻出那么多的书卖不动，这个行业也就衰落下来。以此来推论，至少在北宋时期，成都的图书流通业确实很繁荣，而北宋紧挨着唐末五代，如此说来，蒋德森把成都的旧书业追溯到唐代应该不会有问题。而我在采访时只是忘了问他：成都的旧书业为国内三大之一，这个说法是否由他所发明。但无论如何，蒋德森经营旧书业的影响力传遍了国内，这个倒是事实，正如朱晓剑在《成都旧书店风景线》中的所言：

> 72岁的蒋德森在国内旧书业界被称为"书王"，他不仅熟稔成都旧书业的发展史，而且个人线装书收藏数量和质量在全国有名，自己经营的淘书斋二十年来一直是给众多淘书者带来快乐的地方。

2018年3月6日，我打电话给蒋德森，告诉他自己已到成都，准备到他的书店参观。蒋先生告诉我，他正在新店布置上架，而我所住的酒店距他的新店较远，他将自己女婿的电话给了我，告诉我说自己有一家老店距我所住之处不远，建议我到老店去找他的女婿，而后由其女婿带我前往新店。

这是个不错的建议，远近我倒并不在乎，重要的是我可以看到淘书斋新旧两家店的变化。于是给他的女婿熊先生去电，得知具体方位后，立即打车前往。下车之处乃是成都文物古玩市场，展眼望去，这一带有几排简单的仿罗马建筑，而广场正中立着的方尖碑更是古埃及风格。将古玩市场搞得这么欧式，不知道是怎样的用心。

我站在广场上打问一番，终于摸得路径：从广场的最左侧有扶梯处下行，这里叫"成都文物古玩市场第六街"。沿此街前行，两侧所见基本是小饭馆，我不清楚是古玩城的不景气造成饭馆入侵，还是原本这一带就是商户的用餐之处。好在地面还不油腻。走进这食品街内去寻找一家古玩书店，这种感觉确实有点怪异。

走到第六街的中段，是一个交叉路口，而在其把角的位置远远看到了临街而立的两排书架，在店外摆放书架颇具香港书店味道，而书架旁站着一位三四十岁的男士，我走上前打招呼，果真就是熊先生。熊先生是典型的四川人长相，圆脸大眼睛，看上去颇为憨厚。他看我要拍照，于是闪身站在旁边。我本以为书店就是这两排书架，为了图片的丰富，我在这两个书架的附近变换着拍摄姿态，以便让图片看上去更有新鲜感。

书架的上端有淘书斋的匾额，匾额旁边则露出"蒙自过桥"四字，我猜想应该还有"米线"二字被淘书斋匾额挡住了。如此说来，淘书斋所占店面的前身大概是一家饭馆。但过桥米线似乎不能在这小街上摆桌，我猜想这两排书架可能挡住了饭馆的正门，于是转到了书架的另一侧，果真看到了同样的招牌，而后面确是有"米线"二字。在侧面也同样摆了两个书架，书架旁边有两扇玻璃门，向里望去，里面同样摆满了书。

我试探着问熊先生："里面也是淘书斋？"他点点头说："是的，里面才是，因为摆不开书，所以在外面摆了几个书架。"OMG！我拍了半天，原来还没有进门，而这位熊先生真是有涵养，他看我

过桥米线的招牌仍在

在门口东拍照西比划，却始终不提醒我一句。然转念一想，他也不知道我的心思，说不定以为我专门喜欢街拍呢。

走进淘书斋内，我感觉里面的面积在三十平米大小，三面皆是书，中厅也摆着几排书架，最左面的一侧则摆满了线装书。这当然是我的最爱，于是立即隔着柜台向书架上张望，然而这些线装书却不像其他的古书商店那样一一挂上侧签。虽然说有的古籍书店的侧签上并不标价格，也有的店会把价格标在侧签的背面，但完全没侧签者我还是第一次见到。一眼望过去，该店的线装书至少有几千册之多，完全没有标签地陈列在书架上，看上去颇显怪异。此刻我没有来由地想起了鲁迅在给萧军的信中说的一句话："切光的都送了人，省得他们裁，我们自己是在裁着看。我喜欢毛边书，宁可裁，光边书像没有头发的人——和尚或尼姑。"

当然鲁迅说的是毛边本和光边本的不同，而我眼前所见的则

$\dfrac{1}{2}$

1. 店堂的陈列　2. 没有价签

是实实在在的古代线装书。也许我看惯了线装书无论是收藏还是出售都要挂侧签的情形，所以该店线装书的"不着一丝"才让我感觉像没有头发。于是我向熊先生请教，为什么这里的线装书都不挂侧签。熊先生说，侧签在翻阅的过程容易弄掉。我觉得这个解释有些牵强，侧签在翻阅时确实容易掉下，有的书店会用一小截不干胶将侧签粘在函套的里侧，也有的店会在侧签的角上点一滴浆糊，将其与书粘合在一起，这样的办法并不伤书，为什么该店不采用呢？

我的接连提问倒并没有引起熊先生的不快，他只是犹豫了一下跟我说，因为该店晚上没人看店，如果标明了价格，容易被盗。这倒是一种切实的想法，但完全可以只标出书名版本而不标价格，这至少便于爱书人的选择。而熊先生则说，如果我想了解进一步的情况，等一会儿可以去问他的岳父。

于是我接着在店内浏览一番，既看到一些旧平装，也看到一些二手书，总体感觉线装书的品相不如旧平装，而旧平装的品相逊于二手书。其实，这种状况也是中国古旧书业的一个缩影。

拍照完毕后，我请熊先生带我到新店，于是他锁上店门，但并未将摆在店外的书收进店内，而是用一些塑胶遮雨布把书架罩了起来。我看到他用绳子一条一条地把这些遮雨布勒紧，他说这种做法并不会丢书，而我则感受到了这个行业的不容易。熊先生告诉我，这个店因为面积太小，再加上房租逐年上涨，过一段时间就会退租，而这里的书将搬到新店之内。

其实前几年我到成都来时已经去过淘书斋，但那时店面开在另一条宽阔的马路边上，店内的陈列也颇为疏朗。熊先生告诉我，他下岗之后就跟着岳父经营旧书，也有了一些年，而这个过程中，淘书斋已经搬迁过好几个地方。看来，旧书店若不能买下自己的店面，也只能是这种换来换去的景况。但书这种物品看似很轻，其实搬运起来十分之沉重，线装书还好一些，洋装书则沉重得多。我搬过几次家，深深体味到了搬书之苦。但即便如此，淘书斋还能顽强地发展，而这也正说明店主蒋德森先生的过人之处。

关于淘书斋的发展历史，早在近二十年前，种福元、刘爱平所编《中国古旧书报刊收藏交流指南》一书就有如下介绍：

> 位于冻青树街上的淘书斋，前几年还是省新华书店的一个减价门市部，后由蒋德森先生将其改为专营古旧图书的书店。一大间铺面售书，里面即是库房。这里的古旧书相当大一部分是从上海进货，因此淘书人可在此买到很多沪版书。八十年左右出版的图书多按原价或打折出售。

原来淘书斋早期是由新华书店的某个门市部改造而成的，而这里经营的二手书大多数是从上海进货。为什么要注重这个渠道？等我见到蒋德森时，一定要向他请教。

经营旧书业并不会一帆风顺，蒋德森为此想了不少的办法，《收藏交流指南》一书中在谈到"古旧书店巧经营"一节时，又讲到了淘书斋：

> 成都淘书斋在近年古旧书籍不甚景气的情况下，集中力

量经营去年始设于四川大学内的书店，除充实文、史、哲书刊外，还礼聘原四川大学图书馆馆长作顾问。书店经营者蒋先生在此处仍继续其以往办店经验，其特色是：一为不定期地举办一些书刊展销。如今年4月在川大图书馆前展销以特价为主的文史类图书，6月份将举办戴天恩先生的"普希金著作中译版本展览"。届时将有达百册的专题藏书展出，其中1942年桂林版的普希金著作中译本，是已知为国内最早的译本。二为在书店一角置桌凳并供应茶水方便读者，从而逐渐形成在购书之余，还能互通有无的地方，且欢迎藏书者在此展览或研究藏书。三为供应《旧书交流信息》报，让读者方便而及时地读到这份具有高品味的报纸。

为了使淘书斋能够吸引更多的顾客，蒋德森的确想了不少的办法，正是这样的巧经营，使得淘书斋开起了多家分店。朱晓剑《书店病人》一书中有如下说法：

> 在旧书店中，最后隆重出场的当然是称得上豪门的淘书斋了。这家店曾在文化路、四川大学、杜甫草堂开店，后来越做越大，一直开了两三家分店。前几年在那里淘书不少，老板是爱书之人，好书亦不少见。关于淘书斋购书的传说在业界差不多成了奇谈，比如某次书会，一大批书打包出手，众人无人问津，唯有淘书斋才拿下。听说他家的书库就是一座小型图书馆。最早的时候，到那里买书是直接进店选书，这样是容易看

出书的品相，但如果这样可能下手慢，好书难以遇到。如今，拜网络之赐，在网上查找目录，下单，再去店铺取书，遇到品相不大如人意的可弃之。也正因为这样，时常是抢先下手的乐事不少。

熊先生在锁门拴绳的过程中，有一位老先生走了过来，他要进内参观。看得出老先生是这里的常客，然而熊先生还是向他表示了歉意，说自己有急事要离去，请老先生明日再来。我担心他锁门带我前往新店，会不会影响生意。熊先生称没关系，其他就不再多言语。而后他开自己的车，送我前往新店。在路上，我又问到他一些相关话题，也许是因为性格，也许是因为陌生，他总是我问一句他答一句，感觉像是审讯，我只好闭起了嘴。

熊先生的车开进了一处地下停车场，我在停车场内看到了"玛塞城收藏品市场"的大横幅。成都搞古玩的人真有意思，他们喜欢将收藏品市场的名称起成洋名。我本想问熊先生为什么成都人有这个偏好，想一想又像是审问，于是没再言语，只是跟着他停好车后一路穿行，走进了一处地下广场。这个广场的中厅位置有着方形的露天孔，可见这里是地下一层。古玩城的面积感觉很大，以我的估计，有上万平方米。而中厅的两侧则摆着一些地摊，地摊后的商店大约有一半以上都已开张。我到达此处时是下午，按照惯例，文物摊都喜欢上午开摆，故这时看上去有些冷清。

在古玩城的里侧位置，我看到了"芥子书店"的招牌，因为我对此店不了解，事先也未做功课，只好过其门而不入。芥子书店的隔壁就是淘书斋新店，而店铺的门口摊放着一大片的书。熊先生说昨晚这里管道跑水，淹到了淘书斋的一些书，故其岳父正忙着将已湿之书摊放开来。原来发生了这样的事，难怪蒋德森还在这里张罗。

走进书店，这里的面积是我见过的淘书斋店面中最大的一间。此店呈长方形，面积超过了一百平米。因为是大通间，看上去颇为敞亮，而蒋德森正在那里上书，他看到我后用拳头捶捶自己的腰，笑呵呵地跟我打招呼。几年未见面，蒋先生一点都不显老，看到他如此的精气神充足，也令我感到高兴。他马上让熊先生烧水倒茶，

淘书斋新店陈列，做了系统的分类

而我则称担心晚上睡不着觉，故只喝白水。而后我们坐在店堂内的一个小桌旁听他聊天。

这个采访大约进行了三个小时，而此过程中蒋德森一口水未喝，我问他是否忙得来不及喝水，他说并非如此，这只是个人的习惯。他说每天吃三顿饭时就已经有了水分，因此用不着再另外喝水，这样的说法令我耳目一新。蒋先生向我强调，自己从16岁时就开始藏书，所以从小就把零用钱攒起来都用在买书上，正是如此，他对烟酒茶一律不沾，这个习惯保持到了今天。

就这点而言，我跟他可以引为同道，因为我对烟酒茶也没兴趣，但省钱买书似乎跟喝白开水扯不上关系，如果能将白水也戒掉，他在这方面的功力远超我一大截。出门在外，不仅要花钱买矿泉水，更紧要的问题是还得时不时地找厕所，如果不喝水，这些麻烦就全免了。果真在采访到一半时，我去了一趟厕所。因为是第一次来此店，得麻烦蒋先生带我拐来拐去地找厕所，而他只在外面等候，由此而突显出不喝水是何等的节约时间。

我好奇蒋先生为什么能从藏书改为了经营书，他说自己在年轻之时就结识了一帮读书藏书的朋友，而那些人都比他年岁大。由于工作上的原因，蒋德森在48岁时就提前退休了，自此之后，他把大部分时间都用在了读书上，而那些书友则鼓动他开一家旧书店，因为他们手里都有一些读过而不想要的书。这样的提议正合蒋德森之心，他说自己在买书的过程中也会因误记买到一些复本，却找不到处理复本的渠道，如果能开一家书店，就可以将这些书继续流通下去。

蒋先生的性格有雷厉风行的一面，他很快在成都西门一带的芭蕉茶园后租了一间房，从此开起了书店。开张的时间是1990年3月。我问他何以起名为淘书斋，他说自己读书时体会到，书海无涯，真正的好书只有通过淘才能得来，所以他也希望读书人能够到他这里来淘欲得之本。

蒋先生告诉我，藏书跟经营书是两个观念，经营书的功能则是拾遗补缺，旧书店尤其如此。他给旧书店的定位作出了如下精辟的总结："别处找不到的书，这里可能有。外面有的书，这里便宜。"他觉得如果没有这样的理念，旧书店就没有存在的价值。因此说，拾遗补缺是旧书店存在的本质。

我此前在台湾看到过几家旧书店，其店面的经营与新书书店无异，店堂的布置窗明几净。为什么国内的旧书店不走这条路子呢？蒋德森说，他也到国外参观过旧书店，这些书店的整洁是特色也是长处，然而一个地方有一个地方的习惯，他说国内旧书店已经习惯如此，而买书人也习惯这样的氛围。更何况，简单的布置也是为了降低成本和节约费用，这样的话，书价也会相应地便宜下来。所以，他不主张在装潢和整洁方面花太多的钱。

聊天的过程中，我问起了熊先生所说偷书之事。蒋德森说确实如此，自己是刻意把线装书堆放在那里，这样外行的贼进来不知道偷哪本，而内行的人进来一本本地翻看也不容易找到贵重书。以他的话来说："狗贵了偷狗，书贵了偷书，这没什么奇怪的。"他告诉我，自己曾经在上海福州路古籍书店的四楼开店，有一套红印本就因为贴了价签被人偷走了。他说偷书人多半是卖书人，而为了降低被偷的概率，唯一的办法就是不贴价签。

十几年前，上海福州路古籍书店四楼开辟成了大卖场，在那一层楼内大约有二十几家私人旧书店。那个时期，彭卫国先生担任上海图书公司总经理，我曾问他为什么要在自己下属的古籍书店内再开这么多的旧书店。而彭总说这是为了扩大古旧书业的影响力。从表面看，引进私人旧书店，乃是与本店的经营形成竞争，但从长远来看，反而促进了本店在经营手段上更加灵活多样，这也是通过隐性竞争而优化企业的方式。

四楼的那个大卖场我去过多次，却从未在那里遇到过蒋德森。他告诉我说，自己开过多家外地店，而每一家店在开张之后都是请当地人来经营。一者可以降低费用，二来也更熟悉当地情况。蒋先生告诉我，在上海除了四楼这家店，福州南路还有一家，此外，他在天津也开过店，淘书斋分店在烟台道的天津古籍书店办了一年，在古文化街又办了三年。

淘书斋在外地的店，据我的了解，以开在北京的合众书店最具影响力。蒋德森说，此店有三个股东，除了他本人，另两位股东是杜国立及和老师，店名也是蒋德森所起，他觉得三人为众，所以店名叫合众。然而该店经营一年多后，因故解散了。

当年的合众书店开办在清华大学附近，我曾前往此店买过二十多本书。这个店的经营面积不小，但三人却分为了三块，当时我买得之书出自他们三人中的哪一位，已经回忆不起。合众书店是因为孔夫子网的兴起而成为了业界名店。

蒋先生告诉我，除了这些外地店，他在四川省内的绵阳市、乐山市和仁寿县也都开过店，最多的时候，仅成都市内就有四家。蒋先生称，他 70 岁之后就慢慢地收缩规模，因为自己的精力难以支撑这么多的店面，同时他也说，淘书斋仅在成都就搬迁过多地，每次的搬迁大多与房租上涨有关，很多地方都是在没有火起来之前引进旧书店，而旧书店把这一带带火了之后就涨房租。

然而蒋先生却说他对此次新开之店较为满意，他说这里的房租比较便宜，除了前面的店面，后面还有很大的库房。他带我到库房内一看，里面的面积确实比前面还要大，这里同样堆着一捆捆、一箱箱的书，其数量确实超过普通的旧书店。蒋德森告诉我，该店的这些书只是他藏书量的三分之一，他很想把这个库房也改造成店面，两者加在一起，无论经营面积还是摆放书的数量，都可以成为中国西南地区古旧书店中的第一。但他也承认，开这样的大书店，各方面费用都会上去，如何能实现这个想法，他还在考虑中。

我向蒋德森提的第二个疑问，则是《收藏交流指南》中讲到的淘书斋所进之书大部分来自上海的问题。他告诉我说，前些年有一度，他专门经营一些出版社的滞销书，比如他在上海某家出版社买下了一种书，此书是八十年代所出，因为卖不动，十几年后库房里仍然有一万多套，蒋先生以 2.5 折把这批书包下，而后运回成都，加上各种费用后，他以 5 折对外批发，很快就把这批书卖完了。

他又谈到自己还包过一批名为《说唐》的连环画，拉了一卡车，有 5 吨重。回来后，他将这些连环画进行配套，以 5 分钱一本的价格批发给一些经营者，他说自己的成本其实仅有 3 分，而经营者则以 1 角的价格对外零售。这批书也很快卖完了，但自此之后，因为市场保有量大，该书过了这么多年价格也涨不上来。

为什么有些书在当地卖不出去，被蒋德森拉到成都后就很快能够卖光？他告诉我，旧书的销售有如下规律："甲地卖不掉的书，不一定在乙地卖不掉。一块钱卖不掉的书，不一定五毛钱卖不掉。"

蒋德森在经营库存书时，发现了一个规律，他说很多当地的发行所专进当地的书，故而有些外地的书某地的读者根本没有见到过。所以，把远处的滞销书运到四川，而四川的读书人根本没有见到过，还是特价，自然好卖。但蒋德森强调，现在网络越来越发达，他的这种经营方式已经不适合新形式，所以他后来放弃了经营库存滞销书。

关于不定期举办书展之事，蒋德森说确实如此，前些年每到春节期间，淘书斋都会举办一个书展，在书展上的展品他会一一标明版本以及市场价格。这种做法并非为了搞展销，蒋德森认为，无论来参展的人买还是不买，人们都会对古书有进一步的认识，所以培养当地的爱书人乃是搞书展的主要目的。为此他还进了一大批《古籍善本书目》，这类的书原本并不畅销，但蒋德森却卖出去很多套，他认为这正是培养市场产生的好结果。为此他还在孔夫子网搞过网上书展，而这种做法也是蒋德森的发明，后来有一段孔网每逢节日都会办展，而在网上展览之书边上边被人买走，蒋德森认为，这正说明所展之书价格标得合适。

对于旧书的定价，蒋先生也有自己的一定准则，他说旧书定价是按照印张来计算，用通俗的话来说，厚薄不同价格也不同，当然特殊的善本除外。一般而言，旧书的定价平均每个印张按 8 角钱到 2 元钱来计算，而民国少见版本及线装书则按市场价来定。他认为旧书主要是解决读书人买不起书的问题，所以定价一定要便宜。而线装书的情况却与旧书不同，以他的话来说："买得起线装书的人不一定读，想读的人又不一定买得起，很多人买线装书是在买文物，主要是等着升值。"

他讲这番话的时候，我真不知道怎么回应。好在他又接着说："买线装书的人分为两类，一类是等着升值，还有一类是真爱。"我不知道他的这句补充之语是否为了平复我的小心情，但即便如此，听来也舒服了许多。他同时强调，经营线装书必须要熟悉版本，只有这样才能向买书人讲出某一部书的特点，这才可能把某部书卖出去。看来，无论是藏书还是经营书，懂版本乃是重要的前提。

而我在蒋先生的身上所感受到的，并不是他对版本有多么熟悉，而是他那种老骥伏枥志在千里的气概，难怪他把淘书斋搞得风生水起。我也盼望着他能够心想事成，把淘书斋办成中国西南地区最大的古旧书店。若他能实现自己的这个梦想，定然会使成都地区的旧书业水准大大地上一级台阶。

帮工喜业　陶然书佣

阚炜学人书店

2017 年 9 月，我与海豚出版社的朱立利、于立业两位老师一起前往南京，去参加王稼句先生组织的陈子善、薛冰七十寿诞会。动身之前我已跟薛冰做了细节上的沟通，按照贼不走空的原则，既然去一趟南京，总要访几家旧书店，于是薛老师就推荐了两家。

见到薛老师后，他告诉我说，所联系的两家书店，其中一家的老板因为临时有急事，停业一天，故而我们只能去看另一家。第二天一早，薛老师已等在酒店楼下，我们三人随他一同前往。此次的祝寿活动，举办地点乃是南京先锋书店五台山店，为了活动方便，我们所住酒店就在先锋书店的正门前。薛老师从这里带着我们三人步行前往，大约二十多分钟后，走入了一条窄窄的小街。这天天气很好，阳光照在街旁的大树上，投下了斑驳参差的树影，这片树影与街上中西结合的建筑混搭出一种慵懒的舒适，就在这光影交织中，我看到了处在一楼底商的学人书店。

这里虽然是临街的楼房底商，然而每家门前却有一个独立的小院，学人书店的院中种植着几十盆绿色植物，在其入口的位置贴着"高价回收"的广告牌，这张广告牌将收购范围列为了两个单元，

学人书店门前的小院

左侧的排列顺序是"线装书、平装书、画册、古董、字画"，其将线装书排在最上面，这让我的心里瞬间得到了小小的满足：看来，至少在这家店主眼里，线装书还是最为看重的品种。广告牌右侧所排列的品种，唯有"学者手稿"与书有关，其余则是古旧家具、花卉盆景等，看来门口陈列的花花草草不仅仅是店主的情趣喜好，说不定也是经营品种。

走入店中，我的第一眼直观印象可以用"别有洞天"来形容，因为这家店的门面看上去并不大，里面却是长长的筒子间。书店左右两侧全是到顶的书架，地上也是一堆一堆的书籍，门口还有十余包未曾拆视的快件。已经有大量的藏书，竟然还在买进之中，足见店主人对旧书业信心满满。我在一楼店堂里边拍照边前行，走到中间位置，方发现左侧有上楼的台阶，此处的侧墙上写着"二楼古旧书刊、文房古物销售"，看来珍本都在楼上。而这个楼梯口还装上了独立可封闭的铁栅栏门，看来主人更在意楼上珍藏的安全。而楼梯右边的侧墙上挂着一些镜框，镜框里，乃是由一些植物标本组成的绘画作品，如此做法颇为巧妙。我正跟薛冰赞叹着这样的奇妙构思，一位中年人从楼上走了下来，薛冰介绍说，这就是书店老板阚炜先生。

薛老师向阚炜一一介绍了我等，阚先生矜持而不失热情，他看上去五十岁上下，言谈举止有着若隐若现的从容。他谦虚地说，自己的店中没有我能入眼之物，然而当他介绍起自己的藏品时，能感觉到他对拥有这样的藏品颇为自信与骄傲。

寒暄过后，我接着在书店的一楼参观。走到里侧，方看出一楼店堂的实际状况：虽然书店是一个长长的大筒子间，其实也分为三个部分：最外面占三分之二面积的乃是二手书；店堂中间的一段则是待整理上架之书，其中有不少的精装大套书，墙壁上还挂满了毛主席纪念章；纪念章挂屏的后方，则为一楼店堂的第三部分，这部分面积最小，感觉不足十平方米，摆放着一桌一椅一电脑，看来是店主人的工作室。这间工作室内也有两个小书架，上面的摆放颇为杂乱，想来是主人整理书本之地，而我在这里的架子上还看到了几件样板戏图案的瓷器，从上面的灰尘看，这应当是商品而非自用之物。

一楼的二单元和三单元夹角位置也堆放着一些未整理之书，此处地面上有整袋的《毛主席语录》，这些语录放在蛇皮袋内，不清楚

1. 窄而长的店面格局　2. 纪念章挂屏

想到了家乐福的扶梯

是刚刚收来之书，还是从他处运来的，而此处的书架上则摆放着上百个版本的《圣经》，由此而显现出店主人颇为宽泛的经营视角。

一楼拍照完毕后，阚炜把我等带上二楼。楼梯的侧旁也堆着各类书，这让我想起家乐福等超市在上下楼的扶梯侧旁堆满了各类小商品，据说那种堆放方式可以让顾客随手拿下几件，以此来增加销售额。而书籍有着近似的摆放，看书人也会像家乐福的顾客那样，有着近似的举措吗？显然这是商品营销学专家研究的范畴，可惜我没有这方面的朋友，无法找到解惑之人。

在一楼参观时，我一直隐隐地听到若隐若现的音乐声，乃是上世纪三十年代老上海的音乐。登上二楼方看到，楼梯口的位置摆放着一台老式的留声机，歌声正是从这里传出。这样的音乐很适合街道外面的斑驳树影，但爱书人在这里选书，不知会不会因此昏昏欲睡。总体感觉，虽然同样是窄长的一条，二楼的面积比一楼要小许多，看来侧旁还有其他的房间在。

从店堂的情况看，二楼比一楼更为整洁，这已经改观了我对旧书店脏乱的整体印象，能够看得出，虽然阚炜经营的是旧书，但他却是一位洁净之人，尤其二楼的布置可谓一尘不染。这里的灯光与摆设，完整地营造出了近百年前的旧味，在这样的环境中，摆放一些古旧书，似乎是向爱书人展示的样板间。《红灯记》里有一首名曲——《做人要做这样的人》，这句话可以套用在学人书店内，只是需要改几个字：做书房要做成这样的书房。

我在二楼继续着自己的参观，果真在两个玻璃橱内看到了不少的线装书。在一楼时，阚炜谦称自己没什么好版本，然而来到二

1. 看到线装书最眼亮
2. 二楼玻璃柜内的陈设
3. 店堂另一侧的藤制桌椅，不知道什么客人来了才会坐到此处

楼，却看到了这些线装书，立即给了我心理上的安慰。我注意到二楼的书架仅有这两个带有玻璃门，如此说来，这些书在本店颇为贵重，我没好意思径直开柜，只好继续看店堂内的其他书。在二楼的正中还摆放着一排玻璃柜，里面摆放的全都是民国版本，为了品相上的完好，这些书大多装在塑料袋内。玻璃柜顶头的位置则有一扇红木雕花屏风，走到屏风的里侧，看到上面挂着一幅三十年代的美女画，我感觉这应当是用那个时代的月份牌裁剪而成的。

屏风的里侧面积不大，但这个区域却摆放着红木桌椅，看来这是阚炜接待朋友、谈天喝茶之地，而在这里的窗台上方，果真挂着匾额，上书"喫酒读书、养花喝茶"，这让我想到了晋人的生活姿态。这个小区域内也有两个书架，其中之一里面全是古书的木匣，这种木匣我也藏有几十个，看来与书有关的古物是每个爱书人的所爱，并不是只有我一个人喜欢这些。

而后我等又参观了店堂的另一侧，这里摆放着藤制的桌椅，看来也是接人待客之处，然而这个区域的布置更像古老的店堂。除了墙上挂的画，以及桌子上的太湖石，更让我感到奇特的，是这里摆放着一台手摇缝纫机，缝纫机旁则有一盏古老的油灯。看来店内的每个物品都有着刻意的安排，这份精致展现着主人思维的慎密。

参观完，阚炜把我们四人让坐到另一端，看来以他的理解，让我们坐在这边比坐在精致的那一边合适。坐定之后，我发现旁边的小桌上摆放着一个别致的书牌，上面写着"护书"二字。我取下观看，原来是用大漆制作的木匣。这个东西从未见过，众人研究一番，薛冰认为是放书之物。

这是什么东东？开盒视之

接着与阚炜喝茶聊天，而后拿出纸笔记录下店主的所言。我当然要从他何以开店谈起，阚炜告诉我说，这要从某次他给朋友帮忙说起。多年以前，他的一位朋友开了一家旧书店，但那位朋友乃是兼营，每天还要去上班，看来那份正职不容易舍弃，于是他就找人帮忙，正赶上没事的阚炜走入了这个行业。阚炜说，他的帮忙期其实仅三个月，那个时候书店的经营状况很好，所以朋友想扩张书店，而阚炜也认为经营旧书很有未来，于是就主动向朋友提出加盟，但不知什么原因，朋友没有同意他的参股要求，由此而让阚炜觉得，自己开店更为自由，

阚炜虽然看上去不擅言谈，也不像个性格冲动之人，但他敢想也敢干，他离开了朋友的书店后，很快就办起了自己的店，从那以后，直到今天，一开就是十几年，而这十几年中，他已经换了四个经营场地。薛冰插嘴说，他最喜欢学人开在青岛路的那个阶

段。阚炜则称，那个时候他走南闯北，大量地收书，而其收来之书，除了在店里卖，同时也挂在天涯网上出售，因为那时孔夫子网还没有出现。阚炜遗憾地说，自从有了孔网，很多书都收不到了。

谈到自己收书的情形，阚炜一转身拿出来一摞线装书。我从书根的颜色看上去，就大致能判定这是汲古阁所惯用的毛边纸，打开卷首一看，果真是汲古阁所刻《周礼注疏》，此为毛晋所刻《十三经注疏》之一。阚炜想了解该书是明刻清印，还是属于明刻明印。因为该书后面的牌记乃是"皇明崇祯改元"，虽属崇祯元年所刊刻者，但该书刷印时间长久，入清之后还刷过许多，故大多著录为"明版清印"。然而学人书店的这一部却是较早印的，可以明确地断定为明刻明印。而我无意间还看到，该书所夹的签条编号乃是北京某家拍卖行所专用，看来阚炜也从拍卖会上买书。

明崇祯元年汲古阁刻本《周礼注疏》及其牌记

而今能在旧书店中看到纯正的明版书，已经是不容易的一件事，薛冰兄调侃说，他来学人书店无数回，从未见过大部头的明版，看来韦力来了，阚炜才舍得拿出这样的好书。阚炜闻言笑而不语。既然在网上卖书，而网店经营又没有什么大的成本，那为什么还要开实体书店呢？阚炜告诉我，他喜欢开书店，但从2000年开始，也有了惜售心理。阚炜直言，他最初开书店也是为了谋生，但后来渐渐喜欢上了这个行业，因为他特别喜欢自己静静地坐在书店内的感觉，所以网上卖书始终没有成为主渠道。他坦率地说，他在孔网也有书店，但挂在网上的书都是在店里不好卖的部分，到如今，他收多售少，已经有十几万册的库存，如果以学人书店的面积来说，他还可以开出这样规模的分店四到五家。阚炜说，他认识布衣书局的老板胡同，当年胡同鼓励他上北京开书店，但阚炜觉得北京的房租太贵，所以还是选择了南京。不过，他对我夸其书店收拾得干净很不以为然，他说自己也喜欢到别的书店去淘货，并且最喜欢别人书店里的乱，因为只有乱才有淘宝的感觉，他说自己的店在这方面做得不到位。

　　对于自己初期的经营，阚炜告诉我，他原本是在南京古籍书店进行寄售，而那家国营古籍书店中有他二十个书架。南京古籍书店我去过几次，因为那里有古书和旧书，但我却未曾想，里面有大量的书架原来是阚炜所设。问他寄售的情况，阚炜只以"生意还可以"来回答。他说每一个书店都有特殊的经营状况，比如演义类的白话小说，在学人书店就不好卖，但是在古籍书店寄售就很好卖。阚炜也称，他在收书过程中，旧书越来越少，其实不仅仅是旧书，所有老的东西都越来越少，所以他只要看到价格合适的老东西，就一并收进来，那个护书盒就是如此得来的。

关于旧书店的经营，阚炜认为老板最为关键。他说自己每天早晨送女儿上学，而后就来到店里，直到晚上十点才打烊，这样算起来，每天工作的时间有十几个小时，如果以这么长的时间给别人打工，赚来的钱恐怕比自己开店也不会少到哪里去，所以阚炜强调，爱这个行业才是最重要的因素。他认为如果把旧书店视为唯一的谋生手段，这恐怕有点问题，因为这是夕阳产业，可是明知如此，自己还努力地搞经营，唯一的原因就是喜欢，唯有喜欢才能把经营做得好。他举例说，前一天带女儿去看病，于是临时找人看店，一天只卖了200元，而他自己在店，平均每天的经营额都在2000元以上。

阚炜告诉我，他跟全国各地的同行也有着密切的交往，长沙有一家述古人文书店，有四名员工，福利都还不错，老板不仅挣下了一屋子旧书，还赚取了几十万的利润，此家店能够办得好，就是因为老板的用心经营。阚炜也认为，不能只守在店里，一定要多出去走走。而后他又讲到了南京唯楚书店，他说这家的老板也很勤奋，并且经营有方。这家店把很大精力用在网上经营，故其业绩排在了孔网的前几位。所以阚炜认为，无论是网上经营，还是实体经营，爱书是第一位，如果不爱书，肯定经营不好。

讲到自己的店面，阚炜直言自己是租房经营，每年的租金有12万之多，占去了经营利润的很大一部分。我问他何以不买下自己的店面，阚炜告诉我，他也动过这个念头，但此前有位朋友开旧书店，因为业主不断地上涨房租，故这位朋友一咬牙花了 280 万元买下店面，但这些钱大部分是贷款而来，从此就有了很大的压力，这位朋友只好压缩书店的面积，腾出一部分店面租给他人，以此来赚取部分租金，而书店的经营状况就比以前差了很多。鉴于这种情况，阚炜不愿意压缩自己书店的经营面积，所以他宁可租房，也不愿意背负大额的贷款。

谈到现在的经营状况，阚炜说，因为网络的透明，现在收书很难，一旦有机会他还会大量地进货，尤其是名家旧藏的大批书，其中往往有意想不到的惊喜，但是能够收到的机会却很少。他坦陈这是自己的运气不到，而后他向我讲述了上海徐家汇出现的一大批典籍，因为特殊的原因，售书人不同意用信用卡，只能现金交易，而一般人又筹不到那么多的现金，所以这样的大好机会也只能放弃。在经营过程中，其实也有不少的收获，他说五年前市面上出现了一批陈瘦竹的旧藏，这批书虽然大多是石印本，品相却很好，经过一番联系，他也买到了一些。阚炜对未来很有信心，他说自己收到书后，并不急着马上卖出，而是喜欢放着一点一点地出售，这样让他觉得心里踏实。

南京的旧书店，我此前并没有太多的了解，尤其学人书店，我从未曾听闻过。然而我的无知并不代表它的无名，正说话间，我突然听到了熟悉的声音，接着从楼下上来了三位，虽然隔着屏风，我一下子就知道这三位中必有天津的王振良和罗文华。隔着屏风，我向其二人招手，他们也很意外能在这里相见，这让我很感慨，看来振良和罗先生对南京的旧书店比我熟悉得多。他们打过招呼后，继续淘自己的书，等我采访完毕下楼离开时，看到结帐处摆放着一大摞选购之书，而王振良正在写邮寄地址。

对于经营手段，阚炜说，他不开微信公众号，因为不喜欢搞宣传，他坚信酒香不怕巷子深，而宣传只会一瞬间管用，带不来常客，比如吃货间会互相转告哪个馆子的口味最好，这样的口口相传才最有信服力。此前南京的一些报社也来采访过学人书店，报道发出后，也有几位小资登门买书，但这些人只是一时兴起买几本书，而后一辈子也不会再来此店。薛老师说自己每过几天都会来一趟，因为南京的文化人去世之后，家中藏书大多会落到旧书店，而有些书店并不会把收得之书都挂在网上，为了找稀见史料，只能靠频繁地逛书店。

听闻薛冰的所言，阚炜笑了起来，他说这正是旧书店的魅力所在，所以他也不喜欢别的店上网售书。他说自己每到别人家书店淘书之时，若看到对方正在网上忙乎，他就知道歇菜了，因为上网之书都会查过市场的价格，基本没漏可捡。对于自己的售书方式，阚炜直言，他给书定价时，从不喜欢上孔网查价格，书价高低全凭感觉，差不多就卖。但这种卖法有时也容易卖漏，比如他曾卖出一部南京文献的稀缺本，他卖出的价格是 300 元，而买书人在网上一查，最低价格是 1000 元，得书人很高兴，很快就在网上晒了出来，阚炜看到后一点都不懊恼，他认为能让别人捡漏也是一件好事。

我却告诉阚炜，自己常从网上买资料书，因为写作的原因，要查找相关的著作，而到图书馆借书太过麻烦，如今有了孔网，我就可以在上面花不多的钱买到相关著作，但是我买这些书只是为了使用，故会在上面涂涂划划，按照旧书的标准，这样的书品相差，不会再有人要。阚炜却调侃说，我用过的这些书不要急着卖废纸，不如在上面写一段跋语，而此跋又与书中的勾划笔迹一致，这今后就成为了旧书店追逐的批校本。薛冰闻言大笑了起来，夸赞阚炜果真有经营头脑。

对于二手书的经营，阚炜认为，大出版社的书和名家著作比较好卖，但他也说，书的用纸很重要。比如有的社喜欢用大白纸来印书，这样的书看上去刺眼，读者会不喜欢。他的所言引起了海豚社朱立利的兴趣，而后朱跟阚炜探讨起了出版方面的问题。返回后，朱立利跟我说，阚炜的所言确实有参考性，因为他在经营的第一线，能够听到读者的真实反馈。

对于书店的销售对象，阚炜认为自己的经营品种只是面对小众，这样的经营思路跟出版社有时并不一致。他举例说，程千帆的《校雠广义》本是专业的工具书，对于学文献者乃是必买之书，但是出版社一直认为该书需求不够，所以始终未曾再版，学生只能来学人书店找老版本。但求者众，店里也找不到几本这样的书，故学生们只能买来后复印。这一类的书正是旧书店所喜欢者。市面上印量越大的书，旧书店越不愿意收。

谈到旧书店的经营策略，薛冰提及了天宫书店的小金，这位金先生开了600多平米的书店，曾经是南京旧书店经营面积最大的一家，但后来不知是听何人所劝，此书店开始大量回收大学教材，想做成教材流通中心。薛冰听闻后劝此人不要经营这类品种，但小金坚信自己的经营方向，花了一百多万元买进大批的大学教材二手书，仅卖出去了十几册，之后坚持了一段时间，小金只好把这一大批书全部卖了废纸。因此说，经营方向上的失误也会让旧书店受到毁灭性的打击。

阙炜认为薛冰的所言很有道理，所以他在进书方面有着自己的标准。阙炜明言古籍线装书更为小众，但价格昂贵，所以收这样的书会占压大笔的资金，更为重要者，他尚未培养出这方面的大客户，如果现在就以线装书为主营方向，很容易陷入资金周转困难。阙炜再举例称，芜湖有位朋友原本经营旧书，后来转而经营线装书，不久就发生了资金周转困难。

谈到各地的旧书店，阙炜称对北京的比较熟悉，而江南一带的旧书店店主他基本都熟识。上海以前虽然是南方的旧书中心，现在在上海开旧书店却很不容易，主要是当地人不买书。然而上海的书源却比北京还多，他觉得自己若到上海去开旧书店，分分钟就能办起来，只是不好经营罢了。阙炜直言，前些年他每周都去上海进书，连续坚持了五年，每次到上海都住在文庙附近的小酒店，而后凌晨三点起来，在鬼市内收书，他们行话叫"铲地皮"，此时收得之书最为便宜，有的时候赶上运气好，买到一两本书就能赚出所有的费用。阙炜说他也曾到北京的潘家园收书，同样是早晨开市之前买下一批，等天亮后找物流公司运回。所以有那么几年他每周从周五开始，就连续几天无法睡觉，但返回后看到自己所收之书，还是大感欣慰。

虽然搞旧书经营很辛苦，但阙炜却强调自己热爱这个行业，只要用心经营，旧书店就可以长久地开办下去。而办好旧书店，除了在定价方面要有把握，更多者，要培养出好的买主。他能长期观察一些主要买主所需之书，由此而了解到哪些书可以以何等价钱买进，以他的话来说，这是借买书人的眼来进货。

一上午的聊天颇为愉快，阚炜说话逻辑性很强，很快就能道明我想听到的内容，而我也希望能从他那里了解更多以前不知道的经营故事。可惜，聊兴正酣时，先锋书店来电话催我等返回，故只好向阚炜告辞，并且与之约定，下次来南京时，若有机会，再来此店，请其给我讲述他在经营过程中的有趣故事。

古旧巨擘　私馆最大
孔夫子旧书网

　　孔夫子旧书网可谓是古旧书行业中最为人熟知的网络交易平台，关于这家网站在旧书业界所处的地位，网站负责人子夏先生拿给我一份品牌简介，这份简介中列出了许多数据，我还是直接抄录下来吧：

　　　　孔夫子旧书网 (www.kongfz.com) 创建于 2002 年，是全球最大的中文旧书网上交易平台，是传统旧书行业结合互联网而搭建的 C2C 电子商务平台，并且连续 4 年荣登中国电子商务网站百强排行榜。

以上所言乃是指孔网的规模，对于该网站的专业特色，介绍中说："孔夫子旧书网目前以古旧书为最大特色，占据中国古旧书网络交易市场 90% 以上的市场份额；并且拥有自主研发的图书交易系统、实时拍卖系统、网上支付系统、即时通讯工具等，为图书在线交易提供全方面的保障。"其实国内有着多家旧书网站，孔网这家在经营方面有什么别样之处呢？这份材料中有如下描绘：

孔夫子旧书网匾额

孔夫子旧书网特点："珍本云集"、"书全价廉"和"不可替代性"。所谓"珍本云集"，是指大量的极具收藏价值的古旧珍本（明清、民国古籍善本，珍本期刊，名人墨迹，民国珍本，绝版书等）在孔网展示、交易，并且吸引了大量的学者、研究人员和藏书人长时间在线关注并参与。所谓"书全价廉"，是指网站展示的图书多达7000多万种，而且，因为旧书，所以价廉。这两大特色让孔网同时赢得了普通购书人和学术研究人员两大客户群的青睐，形成了远高于其他图书销售网站的用户忠诚度。所谓"不可替代性"，是指在孔网销售的旧书中有20%—40%，近几百万种是其他任何渠道无法买到的，因此，孔网买书、卖书的渠道具有不可替代性。

就网络销售而言，无论其经营特色是什么，点击量的多少是最为实质的问题。作为一位爱书人，读到以下这些数据可谓有喜有忧：

> 网站每日独立访客量 50 万人，页面浏览量 500 万次；Alexa 全球网站排名 6000 位，国内中文网站排名 568 位。孔夫子旧书网 APP 安装量达到 120 万人次。
>
> 2016 年中国电子商务排行榜，孔夫子旧书网名列 84 名；2017 年电商 APP TOP 100 排行榜，孔夫子旧书网 APP 名列 82 名。

全球有多少家网站我未查到具体数字，但作为世界上最大的中文旧书网站，其在全球排名中仅是第六千位，这样一天一地的反差，怎能不令人感慨。大多数人都是处在某个行业中的某个位置，因为对业界的熟悉，使得个人很容易放大本行业在社会中的普遍影响力，本能地觉得自己所从事的行业有着巨大的重要性，因此当别人对自己从事的行业表现出不了解时，其心态的不平可想而知。

难道旧书行业的顶峰就在这里了吗？当我跟和老师提到这个问题时，他对我的疑虑颇不以为然，他认为旧书交易确实有瓶颈在，但就目前市场的整体状况来说，旧书交易行业仍属起步阶段，而这个阶段最重要的问题是要落实相关的政策法规。他告诉我说，国家税务总局有明确的说法，那就是旧书交易全免税，然而，具体到各个地方却并未执行这样的法规，理由是还未制定出具体的实施细则，更为重要者，就是旧书行业还没有指定具体的主管部门，所以在某些方面，这个行业属于空白地带。

和老师的所言令我有些意外，我本能地以为旧书回收行业称得上典型的绿色环保，它使得一些废弃之书得以再利用，而书籍的载体主要是纸张，纸张又基本是靠木浆制作而成，因此重复使用旧书也就意味着种植出了一大片的森林。更何况，无论纸张的制作过程还是书籍的印刷过程都有一些污染，如果有大量二手书在社会上流转，就同样等于为环保作出了贡献。这样的行业怎能不大力予以支持呢？真希望相关部门能够尽快出台具体实施细则，以便让国家的相关规定落到实处。

　　当然任何问题都要看大方向，孔夫子旧书网能够存在，并且创造出这样辉煌的业绩，就足以说明这个行业的人心所向。然而，我却从中看到了自己对新兴经济形式是何等之驽钝。

　　我与和老师相识于二十年前，因为有共同的爱好，我们时常会一同在北京或外地访书。他买书的方式迥异于他人，一般的爱书人都会钻研古旧书的某个门类，熟悉之后，再根据个人的实力有针对性地系统搜集。但和老师的气魄很大，他收书的范围几乎涉及了古书、旧书、二手书甚至外文书，而在每个门类中，他也没有时间的上下限，只要喜爱之书价格上能够接受，通通纳入囊中。

　　这种买书方式当然会跟不同的专题收藏者产生利益上的冲突，有些藏者总认为我专收某一类，你和老师就不应当与我争。但和老师却绝不这么看，他认为买书尤其是在拍卖会上买书乃是一种公平竞争，以他的话来说："你喜欢的我也喜欢，为什么要让我让给你，如果我们有交情我让你一两件也不是不可以，但如果数量多或者总让我让，凭什么呀？"

他的所言看似不讲人情，但打交道久了，就能够感受到其实他的这种处事方式更利于书友间长期的交往。其实很多纠纷都是源于心态的不平，比如某人每到拍卖会都会跟我说，这里有多少书是他所喜欢的，暗示我不要与他相争。一次两次的相让当然没有问题，但总是这样说，也会让我心下不痛快：我跑那么远查了许多资料，也是为了得到一些心爱之本，狼多肉少让几件当然可以，毕竟还要维持一种其乐融融的气氛，但两人都喜欢的书，每次都是我来相让，我也同样会产生"凭什么呀"的心态。多年过后，我更加觉得和老师的为人处世方式很有道理。

和老师疯狂买书后的几年，他告诉我，自己办起了孔夫子旧书网。和老师的专业乃是经济学，他在这方面有很多的超前意识，故而他有什么新举措，其实我并不意外。但是建这样一个旧书网站，多少还是令我有些不解。虽然说，我也希望爱书人遍天下，但就现实环境来说，建这样一个网站能有多少用，我对此完全没有信心。而和老师却对这个行业十分的乐观，他说自己到处收书，接触到了古旧书行业的各个层次，由此了解到，越基础之书收藏的人越多，他认定随着社会的发展，旧书行业定然前途似锦。

我对他的所言将信将疑，十六年过去了，孔网所创造的业绩正如本文所列出的数据，而这一切都是我未曾想到的结果，这更加说明我对社会大趋势完全没有预见能力。而和老师对于新兴行业的前瞻性，我只能用"叹服"二字来形容。

虽然说，这些年来跟和老师有无数次的见面，而我也听闻到一些关于孔网的各种传闻，但我并没有正式地跟他聊过：是什么动机让他创造了孔夫子旧书网？2018年3月的最后一天，我到孔网去给一些毛边本和特装本签名，办完这件事后，我一本正经地给和老师搞了个采访，由此而让我对孔网的创建过程有了较为清晰的了解。

和老师明言，他不是孔夫子旧书网的创始人，该网的创造者乃是孙雨田先生，孙先生的网名就是子夏。子夏先生的专业是电子商务，虽然他对藏书没什么兴趣，然而他在网上聊天时，认识了胡同先生，而胡先生对旧书很熟悉，于是两人就结合在一起共同经营孔网。

也许因为那个时期网络交易刚刚兴起，所以孔网的经营规模很小，但是这种经营模式却让和老师大感兴趣，他也想办这样一个网站，于是就问胡同如何办网站，胡先生向他作了简要的说明。但和老师对网络并不熟悉，听到这些介绍后，他觉得摸不着头脑。不过当天晚上，胡同就给和老师打了个电话，说自己已经跟子夏商量好了，准备将这个网站卖给和老师，劝和老师不用再重新建造网站了。

和老师把这件事跟公司的人谈起，有人反对购买网站，认为建一个网站其实很省事，花费也不过就是五千块钱。但和老师觉得，如果建一家同样性质的网站，势必就跟孔网发生业务上的冲突。他经过考虑，决定还是收购孔网，于是他给出了20万元的收购价。这么高的价格令子夏和胡同大感高兴。而后和老师又想到他并不会经营，于是劝两人不要离开网站，让他们留下一些股份，以股东的身份共同经营该网。

两人留了下来，但后来胡同又卖掉股份与他人合办了布衣书局，而子夏跟和老师将这个网站一直经营到了今天。在这个时段内，孔网从一个免费的旧书交易平台渐渐开始收费，由公益平台发展成了商业平台，虽然到现在还有些问题未能完好地解决，但其在旧书界的影响力已经是家喻户晓了。

和老师在跟我聊天时，更多的是强调孔网的社会价值，他说这个网站的建立使得很多原本要化成纸浆的书得以留存，否则很多的历史典籍都会消失在这个世界上。而孔网的另一大贡献，则是解决了十几万下岗工人及进城农民工的就业问题，很多人在孔网开书店或者书摊，由此而解决了生计，还有的人通过个人的努力，成为了这个行业的佼佼者。而后和老师举出了潘家园旧书经营者王付和杜国立两位先生的实例，如今这两人已经成了旧书行业很具名气的人物，正因为有孔夫子网的存在，才使得他们的经营状况如虎添翼。

既然有这么好的社会效益，又有这么大的经营规模，我本能地觉得孔网的经济效益一定很好，这样就会使得和老师有更多的钱来满足他那海纳百川般的买书欲望。但和老师却称，孔网虽然有着如此的成绩，却并没有赚到多少钱。他给我算了一笔帐：去年孔网的交易额近九亿元人民币，为此得到了几千万的收入，但是孔网现在有八十多位工作人员，而网站方面的技术人员工资最高，不算各种开支，仅工资一项支出每年就有两千多万。我问他为什么会有这么大的费用，和老师说，搞网站维护的顶尖技术人员特别稀少。他同时强调其实每个行业能干的人都不多，而网络人才尤其是顶尖人才十分难得，这样的人哪个网站都需要，因此，孔网其实是在跟阿里巴巴等顶尖网站争夺人才，而这样的人高薪都难留得住，如果给的薪酬没有竞争力就更留不下人。

这天的采访，和老师特意请孔网负责新书经营的刘杰老师和负责古旧书经营的陈阁老师共同参加。和老师介绍说，她们二位都是中文和历史学的硕士，但她们的薪酬却要比搞网络技术的人低得多，不是说她能力不行，而是因为她们所学的专业决定了她们薪酬的高度。和老师的话让两位女士无可奈何地笑了起来。俗话说，男怕入错行，女怕嫁错郎，看来这句话需要修改，因为男女都怕入错行，而我也是学中文出身，难怪自己跟不上时代的步伐。和老师的所言，更让我感佩他对这个世界看得如此清楚，真应了那句古语：世事洞明皆学问。

虽然如此，和老师对下属依然有着要求，他说新书的经营额去年是六七百万，今年他给刘杰下达的任务是要将经营额提高到一千万。而对于古旧书，和老师说这个版块的经营孔网刚涉及不久，也就是说，在经营平台之上孔网也开了自己的网店，由陈阁负责，他要求陈阁使古旧书的经营额达到六百万。以和老师的话来说，这样的经营额扣除房租，扣除人员开支，其实也赚不到钱，这也更加突显出国家相应的税收政策对这个行业有多大的影响。

聊天的过程中，和老师带我参观孔网新建的"古旧书交流中心"。此中心位于著名杂书馆的斜对面，一楼则是刘杰的新书经营处，刚才我就是在这里签了两个多小时的字。对于新书的经营，孔

古旧书交流中心二楼，有人在挑书

$\frac{1}{2}$ 3

1. 胡林翼手札三页 1.1 万元　2. 赵万里手札　3. 郑振铎钢笔手札 9000 元

网主要是做毛边本等特装本，同时又将这些特装本进行签名钤章，以此作为提供给爱书人的新藏品。这里的二楼之上我却未曾留意，进内视之，里面摆放了大量的柜台，柜台内则整齐地陈列着一些名人手札。

和老师介绍说，这些手札有自营有代卖。我注意到，这些手札的标签有不少都写着"墨笺楼"的字样。和老师说，墨笺楼乃是在孔网上很有名气的名人手迹经营店，而该店如今也在孔网所在的区域内租房办公，所以墨笺楼主人拿出一些手札在此展卖。和老师告诉我，手札类的涨价幅度远远超过了古书和旧书，现在很多人都在追捧这类藏品。

在手札区浏览时，和老师向我出示了一份赵元礼的墨迹，他说此人在民国间挺有名气，可是今天他的墨迹没人认，价格一向不

我收到的赠物

高。而我则跟他讲到了赵元礼在天津书法界的地位，天津人在谈到当地大书法家时，言必称"华孟严赵"，而这个"赵"指的就是赵元礼。闻我所言，和老师大感高兴，说终于找到了赏识之人，于是他命工作人员拿出这件墨迹赠送于我。看来知识不止是力量，还能让人有意外所得。我推辞不过，只好接下他的馈赠。赵元礼的著作以及他题签之书我藏有多本，而他的墨迹我却是第一次收到，这当然令我感激和老师的慷慨。

随后来到三楼，这里也同样是敞阔的大卖场，摆放的物品主要是线装书，而这些书正是孔网的自营品种。陈阁向我介绍了经营的具体状况，我在现场还看到一位年轻人买走了一部线装书。这位年轻人看上去二十多岁，能够花不菲的价格买古书，瞬间让我感慨古书行业后继有人。

古旧书交流中心还经营一些名家签名本，我在这里看到了胡适和巴金的签名本，还看到了成批的老杂志。和老师对古旧书交流中

签名本胡适《四十自述》，
签名没有上款

心的规模颇感满意，他说从质量和数量两个方面综合来说，此中心继中国书店和博古斋之后可排名第三，前两家是公家的店，而私人店以此中心为最大。

参观完楼上两层后，又回到了一楼，我看到刘杰对新书的整理搞得井井有条，她谦称这都是作者们的支持。对于哪些书好卖哪些不好卖，刘杰也有自己的看法。就基本情况来说，高定价的书在销售上比不了低定价者。

聊到了书的成本，自然就提到了新书的售价问题。和老师对我写的书颇为关注，他说自己原本也经营新书，所以对新书的成本搞得十分清楚。他认为纸张方面对书的成本影响不大，故以纸张涨价为由提高书的售价，其实是一种托词。所以他认为，写书人应当跟出版社多作交涉，以便让书价降下来，这会使得更多的人愿意买这类作品。

参观完毕后，我跟随和老师与陈阁回到了办公室。我感慨于孔网在网站经营和书籍自营方面都做出了不俗的成绩，而我更关心于和老师怎么看待古书市场的未来。对于我的所问，和老师明显地沉吟了一会儿，这跟他以往的快人快语和滔滔不绝有较大的反差，看来，他在认真思索应该如何回答我的问题，而后他说出的第一句话是："古书的未来肯定比现在好。"

如何解释这个判断呢？和老师认为，古书是传统文化的载体，但这个载体在今天的作用却不像有的文章说的那么夸大。他觉得古籍是以封建文化为基础的，包含的大多是农业文明时所产生的思想，故而在以工业文明为基础的当今社会不可能成为文化的主流。

但即便如此，这样的思想当然也有其自身的价值在。而后他举出了古希腊和古罗马的例子，他认为古书永远会有价值，只是价值高低不同而已。

和老师强调古书的价值包括了思想价值和文物价值，就后者而言，古书的价值仍然处于较低的阶段，因此未来有大的发展空间。他预估短则五年长则二十年，古书的平均价格还会翻五到十倍。和老师说，当今中国的经济已经有了长足的发展，但当前的新经济模式对传统文化重视度不够，所以这种模式的发展反而造成了传统文化的滑坡，但这种局面早晚会得以改观，因为传统文化的价值在未来一定会得到应有的重视。故而现在虽然是古书的低潮期，早晚也会出现繁荣期。

和老师的所论听来颇为新鲜，但他却说，自己的论断并非只是猜测，因为孔夫子网统计出的数据都能给他的判断提供依据。比如名人墨迹在网上大为畅销，而买主又大多是年轻人，更为重要者，这些买主的分布地域特别广。以往人们都认为花高价买名人墨迹和古书的，基本上集中在京沪广深等经济文化发达地区，然而通过孔网的调查，事实并非如此。而后他举出了辽宁省某个偏僻的县城，那里有一人藏书量达到六万多册，其中有几千册的线装书。更令人惊异的是，辽宁省的朝阳市也有一位藏书家，其所藏线装书的数量达到了十万册。虽然说质量不会高到哪里去，但能有这么大的古书收藏量，已足令人惊讶。所以和老师说，民间藏书的力量远远超过了人们的想象，有很多偏僻的农村都隐藏着很有成就的藏书家。

关于书价问题，和老师举出了他这些年来关注的宝卷，他说这类书以前少有人问津，故而几年前他的收购价格大多是一百块到两百块，到如今购买宝卷的均价已经上涨了十倍，稀见的品种则上涨了几十倍。他告诉我说，虽然说宝卷是孔网的专藏，但网上的竞价者也不是有意跟他抬价，因为那些人也想买这类书进行研究，所以价格的上涨乃是市场需求的正常反应。

关于孔网的经营模式，和老师说主要有两大块，一是书店区，二是拍卖区。关于书店区，到如今开店者已经超过了一万三千家，开书摊者则有五万多家。我问他书店与书摊的区别，他说并没有实质上的区别，仅是经营规模大小不同而已。这两者加起来，书店区在网上的经营品种有九千多万种。

关于拍卖区，和老师用平板电脑给我做了演示，上面显示出孔网的在线拍品有四万多件，这些拍品都是由书主自行挂在网上上拍，每件拍品的展示时间为三天，所以到第三天的晚上，人们就争相出价，以便抢在结束前拍得心仪之品，因此，每天平均有一万五千件到两万件的拍品结束拍卖，同时也有相当数量的拍品重新挂在拍卖区。此区的繁荣，和老师说他事先也没有预料到。

这些数据令我也大为感慨，在正常的拍卖会上，每场的品种大多是在三百件左右，即使是小拍，也很少有超过一千件者，而孔网每天的上拍数量都超此十倍，这么大的数量如何看得过来？但和老师却说，网络有搜索功能，如果有空的话，当然可以一一浏览这几百个页面，如果没有这么多的时间，就可以通过搜索关键词来查找自己所关心的专题。

而我则担心网上交易的安全性，和老师告诉我，这种担心太过多余，因为孔网有一套制约措施，比如买家拍得之品发现是假货，可以通过孔网向卖主提出退货。孔网也有专门的鉴定人员，发现这种问题可以罚卖主三倍的佣金。此前也有人担心网上交易的安全性，后来孔网解决了一系列相关的问题，由此赢得了业界的声誉，以至于有些卖主直接在网页上声明："若有异议，可请孔网鉴定，无论什么结果全接受。"由此而增大了买主的信心。虽然有这样的保障，但和老师也承认单件十万元以上的成交数量就很少了，这类高端品种主要是拍卖公司来经营，而孔网主要上拍低价之书。几百块一件的线装书拍卖公司经营起来会赔钱，但孔网却很适合经营这类拍品，甚至几千元到几万元一件的拍品，在孔网上拍的数量也要比拍卖公司大得多。由此说明，古书的高端产品拍卖公司是主打，而中低价成交额之书则孔网最有优势。

对于买到假书的问题，我依然还有疑虑。和老师说，这个问题大可放心，因为所有网店都是要用身份证来注册，一旦有的书店卖假书，金额小的孔网有办法解决，如果是大金额那就更好办了，因为够了一定额度就可以报警，这种行为会被视为犯法的欺诈。即使同一个人注册不同的网站，但最终都能查到其本人，更何况每个人所上拍品的特色以及所写提要的文风，只要常上网站的人，无论你换几个网名，其实都能看出来。所以说，网上交易的透明度和诚信度，在今天已经不是问题。

在聊天中，我问陈阁，她原本在孔网哪个部门任职。陈阁笑着跟我说，她从刚进孔网开始就在纠纷调解部工作。随着孔网交易数量的上升，争议也渐渐多了起来，而很多争议在她看来都是一些书生意气。孔网乃是中间人的角色，她的工作就是两边劝，以便让纠纷得以平息。和老师插话说，正是因为陈阁在工作上的用心，才使得他把陈阁调到了古旧书交流中心。

任何问题有利也有弊，和老师说，因为他自己也长期在网上买书，为此跟很多人竞价，买不到的人就会在网上骂他，他对此也无可奈何。他觉得自己并不用化名公开在网上竞价，高价者得之，凭什么要被骂。但他又觉得网站是自己所开，没有办法跟这些人较真："如果网站不是我的，我早就找这些人去打架了。"和老师同时说，既然在社会上有了一定的名气，那就应当接受被别人骂："因为你占了别人的位置。"而后，他打开一个网页让我观看，原来是他跟别人竞争一部书，对方没能争过他，于是在网上开骂，说和老师有意抬价，因为他们已经查过记录，和老师买过同样的一部书。对于这种说法他解释道，自己已经忘了买过该书了，绝非是有意把某类书的价格抬上去："我只是想把自己的专题搞得更丰富一些，把价格抬上去对我有什么好处？"

有意思的是，城门失火，殃及池鱼，因为这位对和老师不满的爱书人说和老师与"韦某"不应当跟他竞价。和老师笑着说，看看把你也卷了进去。这真是冤枉乎哉！我虽然跟和老师相识这么多年，但直到今天我从没有在孔网上竞拍过一本书，孔网给我带来的最大便利，乃是可以买到一些写作用的参考书，对于买藏品这件事，我还是喜欢到现场看到原物，再亲力亲为地将其买下。所以，关于我在网上跟别人竞价这件事，确实子虚乌有，这才是现实版的躺着中枪。

为什么有这么多人竞争一些在我看来颇为偏门的品种？和老师给我的解释是："将小的门类作为专题很容易搭建成一份特殊的专藏，比如小唱本这类书一百多块钱一本，如果收得一万种，也就花一百多万块钱，但是这个数量已经成为了某个专题的重要收藏。"但和老师也承认，这类偏僻品种价格也越来越贵，即便如此，如果在北京卖出一套房，用这个钱还是足以在某个小项目上成就霸主地位，他认为这正是小门类之书涨价的主要原因。

可能是因为有这种意识在，和老师一直在买一些冷僻之书。但孔网的旧书经营跟和老师的个人收藏显然是两个体系，如何能做到公私分明呢？和老师说，在这点上他分得很清楚，凡是他在孔网上所售之书都会算古旧书交流中心的经营，他买得和卖出之书都要另付百分之二十的费用给交流中心。和老师说，只有这种做法才不会让股东间产生矛盾。

在超前意识方面，我的确佩服和老师的思维方式，因为他在孔夫子旧书网旁边又建起了杂书馆，并且聘请了很有影响力的社会名流高晓松来担任该馆的馆长。在开馆之前，和老师邀我前去参观一番，我感慨其规模之大，而后写了篇介绍文章，发在了公微号中。转年该馆建成后对外开放，很多记者都对这件事有了大幅的报道，有些报道还直接引用了我在文中的所谈。比如2015年12月5日的《京华日报》就有记者所写《高晓松"杂书馆"真的有干货吗？》

一文，该文中有如下段落：

> 这家名叫"杂书馆"的民间公益图书馆位于北京崔各庄红厂设计创意产业园，距离地铁15号线马泉营站约1.5公里。如果追溯其前身，可以查看去年11月底，藏书家韦力曾在其微信公众号平台芷兰斋中发布的文章《筹建中的孔夫子国学资源馆》，面对如此多的藏书，见多识广的韦力也感叹："就数量而言，这个馆所的藏书数量要比芷兰斋大许多。"

看来，我的感叹挺有价值，然而该文中我感兴趣的则是高晓松对于"杂书馆"一名的解释："因为我们收藏了最多的民间宝卷、鼓书、杂字、民国教材等杂书杂志，故取此名。"

杂书馆开馆之时，和老师在该馆举办了开馆研讨会，在那个会上我见到了高晓松先生。他为人之和蔼、访谈之睿智，都

杂书馆由此进入

给我留下很深的印象。在会上我还见到了《百家讲谈》的著名主讲人于丹老师，于丹从各个侧面夸赞了杂书馆所起到的社会功用，还有多位专家学者都从不同角度论证了杂书馆存在的重要意义。

对于该馆的报道，大多数记者关心的都是馆内藏书数量之大，路艳霞在《高晓松杂书馆宝贝多：藏有清朝和民国杂志所有首期》一文中说：

> 走进这家图书馆，一片安静，你甚至会为眼前所看到的藏书楼般的气派所震住。新书馆藏有新中国成立后出版的文学、历史、哲学、经济等各类图书共 20 余万册。直通屋顶的书架足有四米高，人被书架、图书所包围，瞬间觉得自身很渺小。特意辟出的儿童区域，有孩子们最爱的积木，还特别突出了连环画特色，《沸腾的群山》《白毛女》《宋江》《风云初记》等正静待小读者的到来。

而这些书也都是和老师陆续买来的。我以往到他那里看书只是留意古籍善本，而他藏有这么多的旧书，却是我未曾料到者。杂书馆在设计方面给人造成的视觉冲击力的确很大，的确用了许多的心思，2015 年 12 月 29 日的《北京晨报》载有张璐所写《高晓松"杂书馆"人气旺，提前四天预约未成功》一文，亦感慨杂书馆的高大书架以及幽雅的阅读环境：

新书馆书盈四壁，20多万册新中国成立后出版的各类图书，静立在高达四米的书架上等候取阅。这里虽名为"新书"，但大多是私人的藏书，有不少泛黄的"老书"，还有一些是公共图书馆淘汰的旧书，散发着陈旧的书香。书馆一层装修风格简约时尚，二层有不少茶座间，木质座椅古色古香。馆内不仅提供免费WiFi，还有免费的咖啡、茶和水果。

陈阁给我的一份材料中介绍了杂书馆各个分馆的情况。关于杂书馆，该材料中首先给出了如下的定位："杂书馆是一家大型私立公益图书馆，也是一所免费公开借阅的藏书楼。"而对于杂书馆的状况，这份资料中则有如下数据：

杂书馆馆藏面积三千余平方米，馆藏图书及纸质文献资料近百万册（件），存近千架。其中线装明清古籍文献二十多万册，晚清民国期刊及图书二十多万册，西文图书五万多册，特藏新书十万多册，名人信札手稿档案等二十余万件。新书馆馆藏新书二十余万册。

除新书馆外，这里还有"晚清民国期刊馆"，该馆的情况则为："本馆收藏晚清民国期刊近一万四千种，十万余册，囊括了当时绝大多数重要期刊。其中创刊号九千多种，晚清期刊数百种。其中，近四千余种期刊或其中若干期数未见公开著录。对研究晚清民国时期社会生活、文化变迁具有重要的文献价值。"

对于此馆所收藏期刊的特色，这份材料中列出了四点，其中第一点谈到的是该馆有创刊号九千多种，这应当是已知藏量最大的创刊号专题。而其第二点，则是提到该馆有未见著录的期刊四千余种："新中国成立后，虽然许多公私机构都在为抢救民国期刊做努力，但仍有大量资源散落于民间，没有得到认真保护。杂书馆所藏四千多种期刊或其中若干期数未见公开著录，此次经本馆首次公开，将为晚清民国研究注入新的史料。"

余外，这里还有"民国图书文献馆"，该馆的藏量为："收藏民国图书文献近十万册，涵盖文学、历史、哲学、经济学、社会学、法学、教育学、财政金融学等众多领域。其中十几个领域馆藏自成体系，在国内外公私馆藏中均名列前茅。"

除此之外，还有"西文汉学馆"，相应的介绍文字是："主要藏有17世纪以来以英文为主的西文书籍五万多册，规模在目前已知的国内私人馆藏中首屈一指。其中'西文汉学文献'、'詹氏旧藏西文图书'、'西方学术原典文献'及'名人藏阅西文图书'四大类馆藏独具特色。"

"特藏新书馆"则为："藏有建国后特色书籍及社会各界知名人士签名本十万多册。"

以价值论，当然是"线装古籍馆"最大："藏有从唐宋到明清丰富的古籍文献十万多册，是目前已知国内最大的私人馆藏，馆藏重要系列包括：明版书籍、清朝殿版书、清朝刻本、清末民国诗文集、明清丛书、清末西学新学文献、线装高等学校教材、唐宋辽元版本等。"

对于该馆藏书的具体特色，材料中有如下简述：

一、明版书籍存十二架，近五百余种，以明早期刻本、明藩府刻本、明版画、明版丛书为特色。

二、清朝殿版书存十架，近百种。清朝殿版图书为清朝皇家刻印，纸墨精良，是不可多得的艺术精品。杂书馆中殿版书的数量和质量在国内私人馆藏中名列前茅。

三、清朝刻本数量丰富，近三千种，基本涵盖了清朝各时期重要作家的作品，其中有众多珍稀版本，是研究清朝历史文化的第一手文献。

四、清末民国诗文集数千种。这些诗文集从不同侧面反映了清末社会文化、时局变化，有大量重要人物的初版作品，是研究晚清文化和思想的重要资料。

五、明清丛书近百种。丛书刊印在明清时期达到鼎盛，且多为大型综合性丛书，涉及领域广阔，保存了大量珍稀的历史文献。

六、清末西学新学文献四千多种，在国内外公私馆藏中数量名列前茅。西学新学文献是清末中西文化交流的历史存证，也是清末仁人志士救亡图存的真实写照，具有极高史料价值。

七、线装高等学校教材三千多种，在国内外公私馆藏中名列前茅。中国新式高等教育发端于清末，国内主要知名大学多始建于清末民初，而教材是一个学校教育思想和内容的代表性成果。这些教材涵盖了京师大学堂、北京大学、清华大学、燕京大学、辅仁大学、武汉大学、北洋大学等，即使现在看来也是教材中的典范。

八、唐宋辽元版本近二十种。这些早期版本具有较高的文物与艺术价值。

就我的了解，和老师其实最为看重线装古籍，这些年来，他一直在努力地买进，并且始终是以海纳百川的方式来购买品种。这日在其馆中，他向我出示了从拍卖行买到的西夏文残本。和老师调侃说，正是因为我写过相应的介绍文章，使得这类拍品价格大涨，他花了不小的代价才买得了这几件。我问他何必非得每类品种都要买到，他告诉我说，自己的目的乃是要建成版本博物馆，这个馆包括国学图书馆和图书文献博物馆，所以，他每个品种都要有样品。

其实在线装书方面，和老师下力气最大者乃是一些民间文献的收藏，正是这份收藏让他建起了"民族民俗古籍馆"，这个分馆的收藏情况为：

本馆藏有丰富的线装清朝民国民间地方文学、文化、民俗、历史文献，包括弹词、鼓词、唱本、宝卷、木鱼书、潮歌、小说、戏曲、幼学文献和地方杂字共三万余种，十万余册。这部分藏品为杂书馆最具特色之珍品，居中外公私馆藏之首。

陈阁给我的材料中详列出了该馆每个品种的藏量，比如鼓词有三千多种，弹词有数百种，唱本一万多种，不同版本的宝卷有四千多种，木鱼书数百种，地方杂字和幼学文献五千多种等等。正如和老师所言，他在很多小门类方面都达到了国内顶尖的水平，而这也正是靠他在藏书方面的独到眼光。就这点来论，我的藏书眼光太过落后，只是亦步亦趋地走传统老路，真想学得和老师的这种超前意识，让自己的藏书多一些花样也多一些乐趣。不知道，未来的孔夫子网还会玩出什么创新，我将作为一个旁观者继续看他的发展。

由红转旧　线上为优
刘国军桂林老书铺

以前从资料上看到，桂林也有家规模不小的古籍书店，然而我给广西师大出版社的徐俊霞老师打电话咨询时，她说经过自己的了解，桂林古籍书店早就不存在了，南宁是否有古籍书店，她不了解，但桂林的已然不存在，这是确定无疑者。

这个结果不免让我有些失望，毕竟桂林曾经是西南地区的文化重镇。隋唐之前，桂林已然是西南地区的重要都会。到了明清时期，其文化地位更为突显。可惜，对于桂林在这方面的成就关注的人较少，人们更多的是反复吟诵那一句："桂林山水甲天下。"桂林的山水诚然优美，但若缺乏人文的积淀，总会让我觉得缺乏一种灵性，尤其旧书店乃是读书人多寡的一个重要标志。虽然，我的这种挂钩方式早已过时，但我总觉得有着悠久历史文化传统的城市，不会被涤荡得如此干净。徐老师则劝我不要着急，她会帮我进一步地打听。

没过多久，徐老师给我发来微信，里面的照片上是一家旧书店的大门，看来，书店的寻找有了结果。我立即打电话向她了解详情。她说经朋友介绍，得知刘老师在花鸟市场内开了一家旧书店，虽然这家书店是私人开办，然其在桂林旧书界颇具名气。为了能够

桂林老书铺

了解到详细情况，徐老师特意到花鸟市场实地探访，巧合的是正赶上店主刘老师来到了店内，于是她向刘老师提出了有人要前来采访的要求，刘老师欣然同意。

桂林已来过几次，但都因为有公务在身，无暇转这里的旧书店。此前，我在网上搜索桂林旧书店的信息，仅找到一篇刊发在2015年5月17日《桂林晚报》上的采访文章，该文的题目是《桂林旧书市场寻访：旧书网上网下一块卖》。这篇文章写到了桂林市场的变迁，记者首先采访了桂林市文物鉴赏研究会秘书长马贵希，马先生称，在改革开放之初，桂林滨江路上形成了自发的旧货书画市场，当时有不少的人在那里摆摊卖旧书。除此之外，乐群菜市场附近的四会路也有一些旧书摊，后来这些旧书摊逐渐地汇集到了骝马山附近的打靶场和訾洲的旧货书画市场。

到了上世纪九十年代，訾洲的旧书市场分流到了三里店大圆盘附近，因为那里原本是一片空地，所以就形成了露天市场。而打靶场的旧书摊则转移到了蓖子园，再后来这部分书摊又转移到了六合路菜市场附近和花鸟市场。而徐俊霞告诉我，她所找到的老书铺正是位于花鸟市场内，她说，这个市场的全称是"桂林市花鸟市场古玩城"，但当地人只把它简称为"花鸟市场"，其具体地址则是桂林市七星区环城北二路 97 号。

徐老师打的带我前往此处，车停在了繁华的闹市区，穿过街边的楼房，视野豁然开阔，在马路边上看到了卖猫卖狗的摊位。我对这些小动物有着本能的亲切感，虽然知道摊主最烦我这种既不买又动手动脚的看客，但还是忍不住抚摸了几只小狗。徐俊霞笑着说，我看动物的眼神要比看人温柔。我没听明白，她这是夸我还是骂我，但我却享受着跟动物接触所带来的快意。

街的两边盖起来成排的门面房，门口摆放的大多是花草植物。其中一个摊位上的物品吸引了我：塑料箱子上放着一块三合板，三

此物叫"黄金"？

合板上用红色的塑编绳捆扎着一些木棍，前方悬挂的纸上则写着"黄金"二字。我仔细盯着这些木棍，没从上面看到星星点点的黄金。徐俊霞告诉我，这种木棍是一种吉祥物，很多人都会买上几捆放在家中的柜子上。这样的风俗我在他地未曾看到过，但我觉得这种木棍在家里放的时间长了，肯定会变得很脏。徐俊霞也说，每过一段可以更换新品。但把旧品扔掉不就等于扔掉了黄金吗？徐老师说，没人这么想问题。前往走了几步，我又看到其他的门面摆着这种木棍，到此时才知道木棍的正式名称叫"黄金财"，看来前面的那家丢了"财"字，仅凭这一点，估计就没人买。

进入花鸟市场，其占地面积之大，超过了我的想象：一排一排的大棚式建筑，每一排之间，都用透明的塑料瓦封闭了起来，这样的过道有许多排。徐俊霞说，我们到得有些早，离与旧书店老板约定的时间还有半个多小时，于是她带着我穿行在一排一排的市场之中。在这里既能看到绿植物店，也能看到旧家具店，还有成排的街区专门卖和田玉，但唯独看不到成排的旧书店。我在《桂林晚报》上的那篇文章中看到："在花鸟市场卖古玩旧货的门面中间的过道上，有四五摊是专门摆卖旧书和字画的。花鸟市场管理人员告诉记者，这些旧书摊已经存在十几年，有些摊主是从六合路的旧书市场过来的，如今来来去去的，已经换了几拨人了。"

但是，我用了半个多小时的时间把花鸟市场内的街区转了个遍，只在最后一排看到了老书铺一家旧书店。即便按照上文的所言，我在中间过道中也没有看到任何的旧书摊。徐俊霞说，可能是因为我们来得早，再加上不是周末，所以看不到摆摊之人。这样说来，在花鸟市场内，旧书店仅有老书铺这一家。既然我对这个市场内感兴趣的仅是老书铺，那只好转一圈后又返回了书铺的门口。

再次来到书铺门口时，有一位妇女正在打开旧书铺的卷帘铁门。徐俊霞介绍称，这就是刘老师的老伴儿，她主要负责本店的经营。我走上前，跟刘妻打招呼，她热情地说，老伴儿已经介绍过我的情况，他正在外面办事，过一会儿就到，我可先参观书铺内的情形。她边说边从屋内搬出几个圆凳，说看累后我可以在此休息。而圆凳的旁边，是一对呆头呆脑的石狮子，这是南方典型的镇墓兽，不知道为何摆在了这里。

老书铺的门楣上挂着匾额，匾额上写着经营范围及联系电话，上面标明"主营：旧书买卖；兼营：古玩纸品杂项"。而这个匾额的下方还有一个小匾，上面写着："百年书味。"但那个"书"字显然是后贴上去的，字形与其他三字不同，不知道这样的制作方式有着

杂件

书架摆列方式

怎样的特殊含义。

　　走进店内，里面的面积不大，我感觉在 20 多平方米上下，但一般门面房有较大的公摊面积，不知道这间房算是多少平米。里面的货品可谓琳琅满目，进门的位置摆放着许多新旧磁器，同时还有一些老照片及布告，甚至还有一尊佛头陈列在博古架上。将这些跨时空的物品集中摆放在一起，却又不同于小资们所讲求的混搭，让我感觉既怪诞又和谐。

　　店堂的后半部分则是以旧书为主，沿墙的一侧摆放着几个旧书架，上面的书已经将书架压弯了腰。而这个区域中间的空地，则以展台的形式摆放着许多旧书。我浏览着架上之书，其中有一架写着"广西图书专柜"。各地文人最重乡贤著作，广西当然也不例外，只是不知道这类书在当地是否畅销。陈列台上摆放的也同样是一些旧书，随手翻看，有不少是二三十年前的小说。从颜色看，柜顶上用塑料袋包裹起来的，应该是一些民国旧平装。细看之下，也有几部线装书，但从书根的颜色判断，这应该是三四十年前的影印本，而木刻板的线装书却未能看到。

在店铺的另一面墙上，以封面向外的形式挂起来一些民国旧平装，浏览一番，这些书均非严格意义上的新文学版本。在其下方的桌子上，还有一摞带封的信札，从颜色看也是近二十年之物。

浏览完店铺，我感到了本店的名实相符：这里叫桂林老书铺，而非桂林古书铺。虽然"古"、"老"二字经常并用，但从藏书范围而言，却属两个门类。尽管如此，这也是我来桂林多次后，第一回看到这么多的旧书。

正在参观期间，刘老师来到了店门口，徐俊霞介绍我们相识。由此得知，刘老师的大名叫刘国军。他看上去年龄在六十岁到七十岁之间，言谈举止颇有文人气息，让人感受很舒服。寒暄过后，我们坐在门口的方凳上，开始聊天。

与刘老师聊天的话题，还是从广西的旧书店展开。他告诉我说，广西本来旧书店就不多，到近些年就变得更少了，南宁一家也没有，而桂林也就他这一家。如此推论起来，说不定广西自治区范围内，正经的旧书店也就仅此一家。刘老师不加思索地说："很有可能就是这样。"他告诉我说，他是从九十年代末开始办旧书店，当时桂林市内还有很多旧书店，现在渐渐地都消失了。桂林原本也有古籍书店，此店归新华书店管理，原来在十字街，在上世纪九十年代底，这家国营的旧书店也消失了。

在此之前，刘老师常到古籍书店买书，但当时他主要对"文革"出版物有兴趣，所以他到古籍书店主要是去买这类的出版物。他同时告诉我，那时的古籍书店架子上就很少摆出线装书，都放在仓库里面，没有特殊关系根本看不到。

对于老书铺的来由，刘老师说，他原本在别处经营，而这个铺面当时是三个小伙子共同经营音箱，因为他们都是这方面的发烧友，后来不想做了，到了2013年，刘老师就将此店盘了下来。他说当时的房租是每月960元，但出租方每年都涨价，现在已经涨到了1200元。除此之外，每个月还要交水电费和卫生费，对这个小店而言也是一笔不小的开支。但刘老师说，就目前的情形，还是能够把这些钱赚出来的。不过，赚出这些钱来不能靠书，因为每月的收入，书仅是一小部分。他以前以经营书为主，后来销量越来越小，所以只好扩展其他的门类，这才有了店铺里的那些品种繁多的旧物。

关于老书铺的经营情况，刘老师告诉我，本地的爱书人很少，即使有他们也不到这里来淘书，因此来此店买书的人几乎全是外地人，而这些人又大多是北京人。这个说法让我感到意外，突然想到，我也是从北京来的，而我以个人的行动印证了刘老师的所言。他感慨说，桂林太小，文化重视程度也低，二百元到八百元一本的旧书，当地人就已经觉得很高，所以他的客户几乎都是外地人。

关于开旧书店的原因，刘老师自称，因为他没有别的爱好，自己不喝酒不打牌也不跳舞，以前就爱看书，后来就开始经营书。尤其他一退休，闲暇之余，就把经营旧书当成了自己的精神寄托。2001年时，他在另一个市场内经营一个店面，后来就找到了这里，因为这里位置靠后，租金较为便宜。好在买卖旧书主要是靠回头客，所以他并不太在意店面的位置。我问他在经营的过程中能不能收到线装书，他说根本不可能，但他也告诉我，自己经营旧书的过程中，曾经碰到过两个机遇。

刘老师说，他以前只经营"文革"出版物，某次，他在地摊内看到有人摆放着许多的旧书，经过了解这些书是从大学图书馆处理出来的，等刘老师看到时，已经是第三手。他翻阅之后，感觉这些书虽然破烂，但还是很难得，且数量在两千本以上，里面既有古籍也有民国旧平装。他经过一番筹划，终于把这批书拿了下来，从此之后，他转行开始经营旧书和线装书。

其实从《桂林晚报》的那篇文章上看，在桂林当地还是能捡到一些好书的，该文中讲述了这样一个故事："家藏三千多本图书的桂林图书馆读者协会的邹铁君，非常热衷于淘旧书。邹铁君上世纪80年代来到桂林工作生活，业余时间就喜欢逛旧书市场，当时线装书、民国时期出版的书随意摆放在地摊上供人挑选，价格也不贵，十元二十元就能买到品相不错的好书。邹铁君淘到了陈宏谋《训俗遗规》《通鉴纪事本末》等不少清朝刊印的古书以及许多民国出版书籍。他在地摊上还发现了一部刘半农的书稿，用北京大学的信签写的，标价五十元人民币，他看到保存完好，纸张又不显旧，生怕是复印的，踌躇着没有买下来，等到过了一段时间下定决心要买的时候，结果早已被人买走，他为此惆怅不已。"

看来，桂林当地清刻本还不少，价钱也十分便宜，而那部标价五十元的刘半农书稿，价格可谓是到了地板以下。如果这部手稿是真的，并且部头不小的话，而今的售价应当是这五十元的一万倍。刘老师也承认这样的机会千载难逢，而他经营旧书这么长时间，也未曾收到过这么好的货色。但他讲到自己的另一个机遇时，还是明显地提高了声调。

在 2008 年时，刘老师花了几万元又买到了一批书，他说自己听到信息时，错过了黄金时间，等他见到原物，已经是转到了第四手。这批书总计有 20 麻袋，原本整批的价格仅几千元，据说是某人从废品收购站里买来的，而后每转手一次加价一倍，加到一万七千元时，他才得到了信息，于是赶紧前去看货。但是第四手买家不让看，告诉他说，买下后才能看货。看来，这就是旧书圈内店家与店家之间惯常进行的"打闷包"。虽然如此，刘老师不愿意放弃这样的一个机会，依然决定将其买下。

刘老师的痛快，反而让对方犹豫起来，对方称要放一晚上再卖，面对此况，刘老师也没办法。第二天，他还是将这批书买了下来，后来他打听到那个人连夜开包从中挑走了一些民国书。虽然如此，刘老师依然觉得这批书买得值，因为能够一次性地遇到这么大批量的书，其实机会很少。

谈到现在的经营方式，刘老师说，如果完全靠门面经营很困难，所以他就把店面交给夫人打理，而他的主要精力用在了网上售书。他说 2003 年孔夫子网开始注册书店，而他注册时，仅有 40 多家。谈到这一点，刘老师颇引以为傲。而《桂林晚报》上的那篇文章，也谈到了网上开旧书店的事情：

点开号称全球最大的中文旧书网上交易平台"孔夫子旧书网",你会发现广西人在里头开设的108家旧书店当中,桂林就有46家,几乎占据半壁江山,其中广西书店排名榜的前十名都被桂林卖家牢牢占据,且大多数桂林的旧书店都排名在前列。广西最早的一家网上旧书店就是桂林人在"孔夫子旧书网"上线不到一年开的。在六合路旧书市场里头最早网上开店的"99长江店"排在第六位,其他人的排名也都在前列,记者采访的曾小刚的"久久白沙店"在广西排名第14位,她的书店是在2010年开的,她说开设网上书店纯属偶然,当时有朋友来玩,朋友说起自己卖书很多,但没有自己的摊点,好奇之下就问原因,原来是在网上卖书,这让他们也开始试着去接触电脑这个新事物了,于是旧书市场里头懂电脑的人就先开起了网上书店。尝到甜头后,陆陆续续地大家都开起来了。

关于书店货品的来源,刘老师说,他以前主要是到六合路地摊去淘书,他利用自己的版本知识,能够以较便宜的价格买到书,然后再以合适的价格卖出去。但他说,现在这种机会很少了,正是因为网络的发达,这些书贩们都先从网上查价格,同时这些人也会在网上自己开店,所以现在已经很难从地摊上买到像样的书。

虽然是经营旧书,但刘老师也有自己的收藏专题,他说自己在家里藏着很多老课本。前一段,黑龙江牡丹江某家学院想办课本博物馆,找到了刘老师。刘老师将这些人领到家中,他们却只挑自己没有的品种。刘老师说，因为自己当教师，所以对课本有着特别的感情，故而在经营的过程中只要遇到没有的品种他就会留下来。而今这些老课本从时间上说，清朝、民国、解放后的他都有收藏，到现在还有几百本之多。他说自己一直想编一本关于老课本的书，可惜材料不充分，到现在也没编成。我问他所藏的老课本中，最早的年代到了何时，他说是道光。但他听说，别人有乾隆年间的老课本，可惜他收不到。

说话间，刘老师拿出了一包书，他说是从家中带来，特意让我看一看。我看到的第一部书，乃是一部清代所抄的《结桂山房五七言律》，此书虽然有些虫蛀，但从墨色及批字来看，很有可能是一部稿本。刘老师说，桂林因为天气潮湿，保存书不容易，所以收到的书大部分都会是这个模样。

《礼记集注》虽然多见，但刘老师所藏的这一部却有着明泰昌元年的牌记，这个年号仅存在几个月，因此有此牌记之书颇为罕

《结桂山房五七言律》封面及内页

《礼记集注》书牌　　　　　　　《司空诗品注释》

见，但刘老师更重视牌记上的"天一阁藏板"。不过，此牌记所标明的内容，尤其是作者项，与正文题款儿颇不相类。

《司空诗品注释》也是一部钞本，虽然钤盖着晚清状元王寿彭的藏书印，但墨色与时代不相符，尤其印章的刻制手段，绝非民国时篆刻家之风格。然此书抄写工整，能够感到抄书人为此也下了一番功夫。尤为难得者，是本书完全没有虫蛀的痕迹，想来这是刘老师从外地收购而来的。而后，他又拿出来一些碑帖让我欣赏，看来老书铺涉及到的门类确实不少。

刘老师说，现在这样的书很难收到了，而在八十年代之前，这类书却很多，可惜错过了机会。虽然如此，他还是对旧书行业抱有信心。他告诉我说，广西电视台给他做过节目，报道他的藏书事迹。看来，这也是爱书人的荣耀。

采访完毕后，向刘老师道别，我又看到了门楣上的那个匾额，于是忍不住问他，为何上面的第三个字看上去很别扭。他笑着跟我说："这个匾原来上面写的是'百年香味'，可我觉得没有书哪来的香，所以就把那个字挖掉，而后贴上了一个'书'字。"

转战南北　所聚唯善
李锣笙笙歌精舍

到达南昌的前几天，我问毛静先生南昌古籍书店的情况，他说确实没有了痕迹。这个结果我早已听闻，之所以有此一问，只是不死心罢了。我在电话中的失望口气，显然被毛静洞悉。他告诉我说，当地有一家私人旧书店水准较高，如果以藏书论，该店店主所藏的精品也堪称今日南昌质量最高者，往大里说，甚至在整个江西，该店主的所藏也能称得上是首屈一指。

毛静的这番话的确勾起了我的好奇心，在我的概念里，除了极少的有心人，大多书店经营者手中的精品，有如过路财神，他们经手善本无数，但真正能留在手中的，也确实没几件，而今这位店主却被当地文史专家毛静先生称为"江西最大的藏书家"，这两者的结合太过难得，因此当我到达南昌后的第一件事，就是提出前往此店一看。

毛静与他的同事带我来到了南昌古玩城，严格地说，这里应当叫"古玩街"：在一条不宽的马路两侧，排布出了近百米长的商铺，这些商铺基本都是经营古玩与黄金珠宝。毛静带我进入了右侧的这座大厦，沿着楼梯登上三层，里面竟然全部是一间间的古玩商铺。

笙歌精舍店堂全貌

此时已是下午四点多，这些商铺大多已经打烊，看上去颇为冷清。

在三楼的中段，仅有一家商铺亮着灯、开着门，毛静在此店的门口称："这就是我带您来看的旧书店。"抬头一看，此店的匾额上写着"笙歌精舍"。旧书店的名称中不带一个"书"，并且称为"精舍"，多少有点儿修行的味道，能给书店起这样的雅致之名，倒也足见店主对自己所从事的行业有着很强的底气和信心。

毛静首先介绍我认识了旧书店的店主李锣笙先生。李先生看上去四十多岁，其谈吐颇为直率，在他身上没有看到大多古玩行业经营者身上所散发出的精明。他递过的名片上，头衔写着"艺术品玩家——"笙歌精舍馆主"，而这张名片同时也是一张凝练的小广告，上面印着"大量收购：古旧书、书画、碑帖、信札、年画、宣传画、连环画（原稿）、手稿、功牌、布告、票证、徽章、委任状、老照片、老报纸……各类纸品"，而这段话也正表明了笙歌精舍的经营范围。

虽然品种繁多，但他还是把"古旧书"排在了最前列，我将这些排列顺序视为他对这些品种依次递减的重视程度，这种排列方式颇能契合我心。令我意外的是，这张名片下方印了两个地址，一是这次南昌古玩城内的所见，二是北京潘家园的具体房间号。他竟然深入敌后打到了北京，我马上向李锣笙确认这个问题。

李锣笙说他在北京潘家园经营旧书的时间不到两年，而今已经撤回南昌，不在北京那里继续搞经营了。他的轻描淡写显然没能满足我的好奇心。我进一步追问，他才说在北京并不能收到太多的精品，因为潘家园里高手如林，好东西能到手的概率极低。

但李又称，他撤离潘家园并非这个原因，因为他到潘家园开店经营时，就没有抱太高的期望值，更多的是把潘家园作为一个了解信息的窗口，而今他已经建立起了自己的收购渠道，尤其网络信息越来越发达，这使得潘家园的作用渐渐降低了下来，而他是江西人，长时间地漂在北京也不是个办法，于是乎，他就转而返回南昌，把主要精力都用在了经营笙歌精舍上。

笙歌精舍的面积不大，我估计在 20 平方米左右，但古玩城是个商厦，里面是中空式的环形走廊，这种设计的建筑面积与使用面积会相差较大。站在走廊望过去，每家商铺的面积基本相等，而笙歌精舍处在商厦的中段。从经营角度来说，此店所处并非金角银边。我问到经营情况，李锣笙坦率地说在这里开店卖不出去大价钱的东西，其开店的目的更多的是建立一个收购的窗口，以便卖主送货时有一个落脚处。

我注意到该店的玻璃门上也贴着经营范围，第一项则改为了"名人书画"，接下来才是"古籍善本"和"碑帖"等物。李锣笙瞬间捕捉到了我的眼光，不等我提问，他就解释称：名人书画的收藏者要比古书和碑帖多许多倍，并且经营价格也高得多，所以在这里经营名人书画最能招揽生意。但李又强调，他个人更偏爱古籍善本，而对于名人书画他只是做经营，绝不搞收藏。

环顾这家旧书店，无论是墙上的悬挂还是柜台里的摆放，确实少有名人书画，我所得见者，更多的是整裱的碑帖。显然，古书上墙不太可能，所以有些线装书摆放在了玻璃柜内，由这种摆放方式

墙上的展示

就能印证李锣笙的所言：他确实是对古书、碑帖更为喜爱。

此店内的物品最能吸引观者眼球者，乃是一幅"大清万年一统地理全图"。此图乃是蓝色拓本，装裱在八个竖条板上，一眼望上去，应该是一种实用的小屏风，但我恍惚在某场拍卖会的预展上看到过此物，李锣笙直率地说他就是从拍卖会上买得的，而后他聊到了北京和上海几家古书拍卖公司的情形。看来，他与此行业的著名经营者之间都有着密切的联系。

在我浏览时，李锣笙打开了一个包袱，从里面拿出了一些包裹仔细的书样物。李锣笙解释说，虽然这家古玩城的安保设施很好，但他还是把真正的善本都放在家里面，这样能让自己更踏实。

说话间，他打开了其中一册书所包裹的宣纸，我赫然见到里面是一册元刻本的《诗传大全》，此书前扉页上有罗振常整页的跋语。对罗的字迹我颇为熟悉，因为我不仅在拍卖会上见过多件，并且自己也得到过一些罗振常所跋之书。有意思的是，近三十年来，我在市面上看到的罗振常跋本，大多是宋元版中的残本，而这些残本大多又版本稀见。

元刻本《诗传大全》，书签背面有"蟫隐庐"字样

就我的了解，无论在古代还是当今，完缺之见乃是爱书人的痼疾，而罗振常在近百年之前却能突破这种陋习，这正是他眼光前瞻的地方。时至今日，稀见难得的宋元本基本上都到了公共图书馆的善本书库里面，市面所见的宋元之物，完整者极少；即便有之，也属于宋元本中的常见品种；而罕觏之书能够得到残本，已属万幸。

罗振常所跋的宋元残本，如果从数量来论，近三十年来出现在拍场上的，大约不足十种，余外则是罗所跋的稀见明刻本及旧钞本。我曾听朋友说，这些罗振常跋本都是出自罗家后人，其家的销售方式乃是每过几年就卖出一点儿，而这些书每次出现在拍场上都会引起多方关注。李锣笙的这一册，我却未曾得见，看来他不是从拍场上得到的，我本想向他探听来源，然转念想到，他是古玩从业者，得书渠道当然属于商业秘密，于是这句唐突的问话未曾张口，我就又咽了回去。

翻看这册书，在前端扉页上钤盖着上海图书馆退还之章，由此可知该书已经被《中国古籍善本总目》所著录。更为难得的是，该书所贴的侧签，依然是罗振常蟫隐庐的旧物，可见此书乃是当年其在上海所开旧书店中的商品，经过这么多年进入了上海图书馆的古籍库，这张侧签竟然被保留了下来，这在其他的罗氏旧藏中不多见。李锣笙所藏的这一册书是元刻本中较初印者。仅凭他给我看的这一册书，就让我感到毛静所言确实不虚。

李锣笙给我看的第二本书乃是一册《崇宁藏》。虽然此书的品相略差，并且缺少了首页的年款儿，但依然能令我眼亮。流传至今

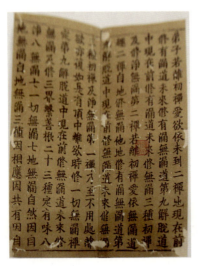

《崇宁藏》，钤有一方"读杜草堂"

的中国古籍，真正能被确认为北宋刻本者极少，而《崇宁藏》零本却大多带有北宋的年款儿，这正是其难得之处。遗憾的是，部头巨大的《崇宁藏》今日所见者，均为零本。在中国，无论公藏或私藏，能有这样的零本已属难得。

而李锣笙所藏的这一册，还钤盖有日本藏书家寺田望南的"读杜草堂"印，可见该书是从日本回流者。一般而言，寺田望南在其所藏的《崇宁藏》零本上，都会加盖两方印章，除了以上的这方，他还会以上下排列顺序，再另钤一方"天下无双"，这两方印都会钤盖在佛经的首页。可是李锣笙所藏的这册却打破了这个惯例，其卷首未见这两方印，而只在内页钤有"读杜草堂"一方。

这样的别格引起了我的兴趣，于是将这册佛经一折一折地翻到尾，还是没能找到另一方藏印。看来，寺田望南对此经的残损有些遗憾，他虽然收藏了这册佛经，但他却认为这样的残零本够不上"天下无双"，于是只钤盖了前一方印记。当然，这只是我的大胆猜测，一时也找不到相应的证据来印证。而李锣笙能够藏有这样一册佛经，这当是他所藏和所经营之品中年代最早的印刷品，仅凭这一点就足可以骄傲了。

在此所见的第三部书乃是明藩府刻本《律吕精义》。此书开版阔大，乃是用近似开化纸的一种薄棉纸所刷印。李锣笙问我这是不是活字本，我说并非如此。但即便是这样，也丝毫不影响该书的价值，虽然从稀见性而言，这部书难称罕觏，但如此完整原装品相上佳者却也并不多见。

有一段时间我对明藩府刻书颇感兴趣，在市面上尽力收购了一些，因为这类书流传较少，所以也没收到几部。再后来，国家图书馆的赵前先生出版了研究明代版本的专著，从书中所收的藩府刻书的书影上看，这类书的存世量并不小，可叹的是，到了我辈已经没有太多机会能够分得一勺羹了。而李锣笙竟然能藏有一部该类品相上佳之本，可见其对今日市场上哪类善本更为稀见，有着洞若观火的识见。

《隋唐经籍志补》，此书乃是现代目录版本学家王重民的钞本。前一段，孔夫子网的韩悦思跟我聊天时讲到了这样一件事：某次，他们一帮同学共同到颐和园的万寿山游玩，无意间走到了山后的某个洞口，其中一位同学不经意地说了一句："我爷爷就是在这儿上吊去世的。"他的这句话吓了同学们一跳，在众人的问询下，这位同学才说出他的爷爷就是王重民。

韩悦思虽然经营旧书，但她说自己对此没什么兴趣，只不过随着几年的浸染，也对旧书界的掌故有了一定的关注，于是她问我王重民自杀的真实原因。我向她讲述了自己的所闻，同时建议她到海淀古籍书店去看一看，因为近几年市面上的王重民稿本和钞本，大多是从此店流散出的。

而李锣笙得到的这一册，我却未在拍卖会上见过，不知他是从什么渠道得到的书。因为近些年王重民的旧藏集中地出现在市场上，而李锣笙也称是近两年买到的，所以该书也很可能是从海王村中国书店散出之物。能买这样专业的钞本，可见这位李锣笙并不只关注市场上的热点，目录版本学中更有文献价值之物，也在他的视野之内。

《文氏通谱》乾隆三十二年木活字本。流传至今的家谱，尤其

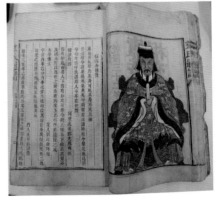

《文氏通谱》书牌及书内覆彩像

是清代民国间制作的家谱，九成五以上都是木活字本，我在励双杰家欣赏他的家谱时，更加印证了这个结论，然而乾隆中期的家谱却较为少见。李锣笙说，他对家谱并没有太多的关注，但这一部却不同，因为此谱乃是抗金英雄文天祥的家谱。更为难得者，是该谱内的画像都已着彩。翻看这部家谱，确实如其所言，每一页的画像，所着之彩都一丝不苟，可见文氏后人对其祖上有着何等的崇敬之情。

可能是李锣笙觉得我对覆彩本有着偏好，于是从柜台内拿出了一部《耕织图》。该书翻刻本众多，而对于何为翻刻、何为原刻，业界大多是以每图上所刻的御题钤章为依据，因为御题落款儿的钤章有红色刷印者、有墨色刷印者，究竟哪个在先，业界争论不休。有意思的是，李锣笙藏的这一部，无论朱色、墨色，全都没有，而书中的每一图都被后世填了彩，其填彩水平颇为高超，若不细看，几疑是套色印刷。《耕织图》有如此精细的覆彩，我这也是第一次见到。

近十年来，唐人写经大火，价格也随之飞涨，李锣笙向我出示了一卷。从书写风格来看，他所珍藏的这卷唐人写经，年代已近中唐。他竟然能收购到这等早期之物，让我颇为惊异。李直言这是从拍卖会上得来的，因为他觉得敦煌藏经洞所出之物很有价值，他无论如何都应该藏有一件。这样的情怀已经脱离了市场经营的概念。我不好意思问他得到此经的价格，若是他前些年所买，放到如今，价格已经翻了数番，从经营角度而言，他也该出手了。但李锣笙却直言，他所收到的好东西只要不是万不得已，绝不会出让。

《华阳山房集》明蓝格钞本。李锣笙问我该书首页所钤的"广

1. 唐人写经　2. 明蓝格钞本《华阳山房集》　3. 清影钞本《文章正宗》

运之宝"是不是明司礼监的真印，我对其直言：这是后人的伪钤，无论篆刻水平、所用的印泥还是钤盖的位置等等，都与明司礼监所钤有异。但即便如此，却丝毫不影响该书的价值，因为这的的确确是一部难得的明蓝格钞本。

关于明蓝格钞本的价值，就传统观念而言，自清中期以来一直将此视为善本，但近些年有些学者提出了不同的看法，认为明蓝格钞本乃是那个时代书估所为，因此抄写质量不高。且不说是否符合历史事实，该结论倒是间接承认了这样的蓝格钞本乃是明代人所抄。即便抄写者是书商，因为年代久远，这种钞本依然有其特殊的版本价值在，更何况钞本要比刻本稀见得多，因为抄书只能是一个字一个字地写，刻书则可以一页一页地来刷。而今的藏书家能够庋藏几部蓝格钞本，已然是值得标榜的事情，而李锣笙所藏的这一部，虽然算不上是同类品中的稀见物，但已经称得上颇为难得了。

《文章正宗》清影钞本。虽然说这仅是一册零本，但该书影抄之精已足让人眼亮。关于影抄方式是谁所发明的，未见有相应的研究成果，而后世视"毛钞"为这类版本中的白眉。虽然李锣笙所藏的这一册并非汲古阁影抄之物，套句行话来说，他的这册书也算得上是"下毛钞一等"，我指着这册书跟毛静调侃说："看来此书跟你也有关联。"

毛静先生是潘旭辉介绍我相识的，潘在电话中说到毛静时，就读成了"毛晋"。闻听此名，当时我就吓了一跳：看来这个人从事目录版本学研究是一种宿命，因为他的父母在其一出生时就给他起了这样一个名字。后来得到名片时我才知道他是"毛静"，而非

"毛晋"。但毛静笑称，江西话"静"、"晋"不分，因此很多人就直接叫他"毛晋"。而在李锣笙这里看到了这样一册影钞之本，虽说不是毛家钞本，但大致也可以肯定，这基本是仿汲古阁影钞之法而来者。毛静笑称，他还真不知道李锣笙藏有这样一部书。

接下来，李锣笙又给我看了一函碑帖。从这一函碑帖的每册封面来看，这是一位明末藏书家所装裱者，其所用织锦虽然因年代久远而褪色，但从织锦的花色，却能够感受到那个时代相应从业者的工匠精神。

在店里还看到了一册明代的宝卷——《巍巍不动太山深根结果宝卷》，虽然这只是《罗祖五部》中的一种，却有其特别之处，因为其卷尾牌记乃是套硃印刷者，这在宝卷中颇为罕见。更让我感兴趣的是，这段套硃文字乃是一个书铺广告，此广告起首即言："北京崇文门里单牌楼观音寺胡同……"整个广告竟然有百字之多，这可是难得的北京出版印刷史史料，料想相应专著一定未及收录，真希望相关的采风官或研究专家能够关注到李锣笙的这册宝卷。

近几十年来，明代瓷青地泥金写经一向价格高昂，而李锣笙却藏有这么一册。明瓷青地泥金写经大多为高广大册，而李锣笙所藏的这一册却开本小巧，可谓是该类品种中的别格。尤其该经卷尾有"正德"年款儿的尾题，这也正是其难得之处。

李锣笙还向我出示了几十张砚拓，因为仅靠记忆我难知这些拓本是否为已成书中的零篇，但仔细翻看，确实拓工精致。余外，李锣笙还让我看了一些日本写经、刻经以及其他几部书，而他最想让我看的一部元刻本却始终翻找不到。无论在他人家中还是店内，若发现某物寻找不到，这显然不是件舒服事，虽然李锣笙说我们先去吃饭而后他再慢慢找，但我觉得在未找到之前，最好所有人不要离店。

几经翻找，终于在一些包装纸堆中找到了一函书，打开一看，正是他所说的元刻本的《皇朝名臣言行续录》，该书卷首即是黄庭坚，黄山谷正是江西人，想来这也正是李锣笙坚决要找到这部书让我欣赏的重要原因。李称该书是一部后印本，细翻此书，确实有些晚刷，但就我所见，这已是所见该书中刷印最好者。而李锣笙一再向我强调，里面收录了黄庭坚的著作，可见其与毛静先生一样，凡是乡贤著作都本能地关注。

众人准备离店吃饭时，我无意间看到门口的一个架子上摆放着一些雕版，李锣笙拿下几块让我观看。这些雕版既有笺纸，也有地

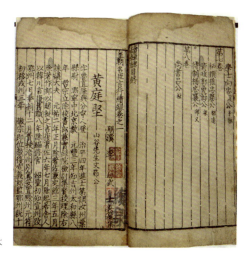

终于找到了这部元刻本

形图，更为难得者，还有一块是天主教的徽章，我对此没有研究，不知这块徽章是天主教哪个门派所用。在吃饭时，我好奇地向李锣笙请教，他为什么能收到这么多的宝物，于是李向我讲述了他的从事经历。

李锣笙称，十几年前，他在老家无意间遇到一位卖连环画的老人，这些连环画的品相都很好，这让他产生了兴趣。因为多次购买，他跟老人熟识了起来。再后来，老人将其带到了家中，他从那里买到了大批的连环画。之后李锣笙渐渐不满足于只收藏连环画，于是开始关注旧书，而后又渐渐对古书感了兴趣。他对古旧书市场的了解，则缘于偶然看到了河北省所办的《藏书报》，此报早期的名称是《旧书交流信息》，他从该报上了解到了旧书的价格。再后来，他效仿别人在该报上做了广告，通过这个广告，他跟许多旧书售卖者取得了联系。

李锣笙不满足于仅是通信交往，为了获得更多的咨讯，他来到

笺纸雕版

天主教徽章雕版

了国内最大的旧书集散地——潘家园。他在这里租店经营，由此而开阔了眼界，同时他也把自己的经营重点转到了古籍善本方面。随着对古书了解的深入，他对此的兴趣越来越浓，逐渐产生了惜售的心理，同时他又有着很强的精品意识，所以每当收到一批古旧书，他往往是将一般的品种售卖出去，而将精品留存下来。经过这些年的积累，才使得我来到南昌时有机会看到他沙里淘金的结果。

　　对于古旧书行业的整体形势，李锣笙有着清醒的认识，他说现在市场情况并不好，而这恰好是进货的好时机，虽然资金有些紧张，但他依然咬牙购进，他相信古旧书行业一定有着美好的未来。

旷达人生　无为而治
马—我们书店

　　薛原书房的名称为"我们书房"，我问他何以起一个这样奇怪的堂号？他说这个堂号来源于"我们书店"。而那个书店为什么要起这样的名称，他让我直接去问店主马—先生。于是我跟着薛原走出我们书房，稍后来到了我们书店。

　　我们书店处在青岛市的一个商业街区内，这组小型的商业街区有点像迷你型的 SHOPPING MALL。这组建筑前后有两排，中间有纵横交错的回廊相连接，我们书店处在前排房的三楼。从外观看上去，这家书店未见大的匾额，仅在门口一侧的橱窗白纸黑字地写着店名。书体有些像战国文字，只是那个"们"字略显特别，估计《说文解字》中没有这个字。

　　走入店堂，里面是复式结构，一楼三面是书架，中厅也摆放着满满的书，二楼设计成了中空的模样，一、二楼中间的位置仅以一根方木做顶梁柱，我颇为担心这根立柱的负重能力，仅管俗语说"立柱顶千斤"，但以我的目测，二楼书的重量恐怕十个千斤都不止。

　　我觉得自己有强迫症，因为来这里是想了解我们书店的来由，并不是来检查该店的承重与安全问题。在我端详这个柱子的阶段，

书店招牌颇为简单

薛原介绍我认识了马一先生。马一颇为瘦高，看上去没有商业气质，但也说不上有多少文艺气质，总之我一时间难以给其归类。他对我的到来，既没有显出有多热情，也谈不上冷淡，对店堂内的摆放方式，他也未作介绍。与我同来的绿茶兄马上在一楼店堂浏览一番，而后挑到了一本书，问马一多少钱，马兄一笑："这些书都是从北京运来的，你确认自己要再买回去吗？"绿茶正色地说："我每到一店必买一本书，并不介意它从哪里来的。"

马一把我等几人让上二楼，在二楼拐角处有一张不大的茶桌，众人围坐在这里，看着马一给众人沏茶。而我注意到在二楼的书架间，一位二十多岁的年轻人正在选书，我跟马一说，请他去照看。他却头也不回地说：不用管他，让他随便去挑选。

喝下第一口茶，我还是惦记着店名的来由。于是直接向马一提出这个问题。他却郑重其事地说："这件事应当请店主来回答。"我一愣："你不就是店主吗？""我当然不是，真正的店主在这里。"他伸手就指向了薛原，而后是一串爽朗的笑声。而薛原一点都不意外，他点点头说："那就是吧。"

这两位的说话如此之不靠谱，让我搞不清楚这些话中的真真假假。但既然他们一个的堂号跟另一个的店名如此一致，里面肯定有故事。于是我顿了顿，认真地跟马一说："您能不能说话靠谱一点。"他闻我所言又是一通笑，而后说："你跟我这样的不靠谱人说话，还想让我靠谱？"但不知什么原因，无论他怎样调笑，我却隐隐觉得他的这种调笑不是其本来面目，而后的聊天印证了我的判断。

我当然是从他何以开书店问起，马一说他开书店跟北京布衣书局的胡同有一定的关联性。这句话让我略感意外，猛然间觉得马一又是把球给我踢了回来，我觉得他应当知道我跟胡同很熟，没想到马一却告诉我："咱们十年前就见过面，就是在胡同举办的第一届蠹鱼会上。"

闻其所言我瞪大眼睛端详他一番，可惜我记人的水平太差，确实在脑海中搜不出相似的身影，于是向他表示歉意。马一说他完全不在意，因为那次聚会来了好几桌人，而他并不跟我同桌，所以只是远远地望了我一眼。蠹鱼会的举办日期我已想不起来，而后我给胡同去电话问之，他告诉我说：第一届蠹鱼会举办的时间是 2006 年 12 月 22 日。而那个阶段也正是布衣书局声名鹊起之时，难道马

分类方式

一也加入过布衣书局的队伍？

　　马一称并非如此，他说自己原本在青岛的某中学当语文教师，在 2003 年前往北京师范大学读研究生，2006 年毕业后，不知出于怎样的心理，他不愿意返回青岛，于是就住在了北师大同学的宿舍内，这一住又是两年。而这个阶段，他在北京的一家出版社工作，因为工作太过清闲，于是他常在网上泡着，从天涯了解到了胡同在经营旧书。有一个时段胡同在天涯网上写贩书日记，他读来很有兴趣，而后两人见面成了朋友。

　　正是这段经历让马一也开始业余经营旧书，他说自己从 2005 年开始就摆地摊卖书。我问到他书的来源，他说主要是从本校老师手中收购他们不用的书，而后在校园内摆摊出售。后来有一次，胡

二楼布局

同半卖半送了一面包车的书给他，有近千本之多，并且直接把书送到了校园内，卸在通往学校食堂的路边，就地甩卖。他说这批书是两块钱一本买进，而后五块钱一本卖出，当然买得多也有优惠，于是很快就卖完了。马一感慨说，那个时段卖书还是利润颇高的行业。

这些缘份使得马一对经营旧书发生了兴趣，他说自己在青岛教书时家里没有几本书，自从认识了胡同，他也开始买各种书来看，一有空就去转书摊，同时也喜欢转书店。而正是这个阶段，他认识了该店的合伙人老马。老马对书的经营很是在行，因为他在北京著名的万圣书店工作过十年左右，后来辞职离开万圣，又跟他人开办了一家"内在书店"，而后他还开办过"书铺胡同"等等。总之搬迁过很多个地方，也开过多家书店。从这一点来说，老马跟胡同颇为相似。

我问马一，老马是否也是青岛人。他说不是，老马是内蒙古乌海人。在马一眼中，老马跟胡同一样都是理想主义者。

既然老马所开各个书店都是在北京，那为什么马一的书店却开在了青岛？马一称这件事跟2008年的奥运会有关系。在奥运开幕之前，马一所在的出版社管理严格了起来，要求挂工作牌坐班，不能到处乱逛了，同时美国队要用北师大的场地训练，所以学校管理上也有了很多的规定。这样的管理让马一觉得很不自由，于是他萌生退意。

马一离开北京的另一个原因则是跟老马有关，因为老马满脸络腮胡长相颇凶，所以在奥运前期走在街上多次被查身份证，这令老马很不爽，两人一商议决定离开北京。于是马一辞掉了工作，带着老马来到了青岛。他们在青岛混了一个星期，觉得有些无聊，于是马一就带着老马在青岛转书店。在这个过程中，老马鼓动马一在青岛也开一家书店。而马一觉得自己没有这个能力，于是提出要与老马合伙经营。他们说干就干，两人共同开起了这家书店。老马负责在北京进货，而马一则负责店铺的管理和销售。说到这里，马一跟绿茶说："我没骗你吧，这些书大多都是从北京运来的。"

书店开始经营后，二人对此也是全身心地投入，马一也常跟着老马跑很多地方进货，当年他们去得最多的地方就是北京西南物流和王四营特价书市场。马一承认他们开业之前的几年是特价书最红火的一个时段，到他们开店之时，其实特价书已经开始走下坡路。而在他们之前，青岛也有几家专门卖特价书的书店，后来都逐渐关门了。

既然老马对经营书那么有经验，为什么在特价书走下坡路时还要开办呢？马一说这正是老马的眼光所在，因为他看了几家青岛特价书店后得出个结论：这些书店经营书的门类太杂。他们要开一家更纯粹的特价书店。因为北京的万圣所经营书的品种主要是偏学术，所以他们开的这家书店也本持着万圣风格，只是后来由于销售压力的关系，才逐渐加入了中医和儿童类的书。

说到这里，马一讲了个故事，他说过了几年才发觉他们所办的这家我们书店，竟然跟万圣书店的店庆日是同一天。他马上意识到，这是老马有意为之，为了纪念其在万圣的日子。然而当他质问老马的时候，老马却立即回了他一句："这个开张的日子是你定的呀。"老马的这个回答更让马一觉得自己不靠谱。

对于这样的不靠谱，马一说这可谓是物以类聚。而后的岁月中他认识了更多位不靠谱的人，比如说他认识的小米，在豆瓣上很有名，这位小米给他们的书店出了很多主意，因为这些主意大多是在网上聊天谈到的，书店的豆瓣小组也是小米创建的，维护也是他，以至于不少的网友认为小米才是我们书店的幕后老板。而马一就借此对外说，确实如此，所以小米就成为了我们书店的第一任店主。

我还记着进门时，马一说该店的店主是薛原这个梗。于是我再次问他这到底是怎么回事，马一说我们书店开业半年之后他才认识常来逛书店的薛老师，可能是性格的原因，两人之后成了很好的朋友。而薛原也尽自己所能来帮助此书店，因为薛原在《青岛日报》编读书版，结识许多外地朋友，这些外地的朋友来青岛找他时，他就会把他们通通带到我们书店来。说到这里，马一指着我说："你不也是被薛老师忽悠到这里来了吗？"他说正是因为这种情形，使得很多外地朋友都认为我们书店跟薛原有很深的关系。于是马一就借此对外称，薛原是该书店的第二任店主。

马一告诉我，正是认识了薛老师，才使得他对书的所有流程有了清晰认识，因为他看到薛老师是如何的组稿又如何的审校，薛老师还带着他到印刷厂去看书的印刷过程。而后他们又共同地了解书籍的物流，以及商家的销售。这个过程中的每个环节都很有意思，但有时也会遇到伤心之事。

马一说唯一一次薛老师跟着他们一起前往特价书市场进货，在那里赶上一大批湖南出版集团的特价书。不知什么原因，原本颇为兴奋的薛老师看到这批书后却瞬间沉默不语，只在那里一本本地翻看，默默地不说一句话。马一问薛老师是否身体不舒服，薛也仅是摇摇头。等回来后过了很久，他才打听到实情，原来湖南出版集团的那批特价书中，有一些是薛原参与过出版流程的书。当年他为了编这些书费了不少的心血，没想到过了十年之后，他责编的这批书却被处理了出来，这让他大感伤心。

聊到书业的朋友，马一强调胡同对他的影响颇大，他说自己在北京某出版公司的工作就是胡同帮他找的。马一认为他跟胡同聊得来，重要的原因是两个人有相似的经历，他们都是北漂，长期住在北京就是不愿意回到家乡。马一说，他当时认为自己的这种心理是为了追求自由自在的生活，但多年后细想，并非这么简单，但究竟是怎样的心态呢？马一说，直到他认识了一位网名叫"食货"的朋友，才想明白自己症结所在。

马一告诉我，他跟食货的相识也是在布衣书局举办的那场蠹鱼会上，因为他们两人正好同桌，于是就渐渐熟悉了起来。后来，食货教给他"家庭系统排列"这样的算法，而这件事对马一影响至深。马一把这种知识体系简称为"家排"，我没有听清楚是食货给他算的家排，还是他从食货那里学会了家排，总之他通过这样的排列产生了顿悟，看到了自己问题所在。他说自己长期漂在外地不愿意回家，潜在的心理是不愿意长大，不愿意背负更多的关系，是在家庭之外寻找安全感。

马一强调家排其实很准，因为他也给别人做过，比如有糖尿病的人，如果向前追溯，几代之前必有饿死的家庭成员。除此之外，还能算出其他的很多问题所在。而经过这样的家排，也让马一意识到，有些事情是命中注定，人应当顺从这种关系，而不要与之抗争。正是因为这样的关系，使得他对书店经营变得不像以前那么努力，用他的口头禅来说，后来的书店经营也越发变得"不靠谱"。他明说自己也变得神神叨叨，以他的话来说，搞家排有如成为了心理学家，但心理学家往往也都是因为自己家庭系统有问题，才成为助人者，因为家排不讲道理，它针对的都是命中注定的生死问题。这让他觉得，很多时候要顺其自然，看到背后的问题。

关于家排这个说法我是第一次听到，我向他直言自己的孤陋寡闻，而马一强调，一旦懂得了家排，就能看明白很多问题。比如他认为很多不愿意返回故乡的人，大多数是跟父母亲的关系处理不好，而这样的人在外做事也绝不听别人的劝告，因为这样的人背负了许多不属于自己的包袱，他本人用了八年的时间才慢慢地放下了不属于自己的包袱。他说自己从北京返回青岛是很正确的决定，他在京时胃一直不好，而返回青岛后，这些毛病也慢慢痊愈，以他的说法，则是家庭乃是力量的来源。

我仍然好奇于此店为什么起这样一个名称，难道"我们"乃是二人之意？马一说这个店名是老马起的，而老马却说这是马一起的，他们两人到今天也没搞清楚究竟是谁起的。按照老马的说法，店名稀奇古怪才能引起别人的注意，因为他们两人都姓马，所以有朋友建议他们叫"二马书店"，但老马觉得这个名称没有特色，当时老马起了个"马各马它"也就是骆驼的意思。因为骆驼两字中都带马，但后来他们还是觉得"我们"二字更明了，于是就定下了这个店名。

可是当他们到工商部门注册时，工作人员说"我们"二字不能注册为店名，正是这种拒绝，使得他们觉得"我们"二字很是特别，于是他们就变换方式，将店名起为"入我门来"，这样将"我们"二字的谐音巧妙地嵌了进去……

我们在书店聊天的过程中，店里始终仅有一位顾客，而这位年轻人可能是听我们聊得热闹，也放弃了选书行为，转身找个凳子凑过来听讲。我问马一这样的经营状况是否会有压力，马一很轻松地告诉我，他一点都不觉得。他自称我们书店营运费用较低，并且没有固定员工，这些年来只要他有事外出，他就会让顾客帮他看店，因为该书店的钥匙至少有五个以上的顾客拥有，这些顾客都是自由工作者，所以只要马一不在店，这些朋友自己会开门来帮他看店。

其中有位身份是律师的朋友曾经问过马一，关于此店的投入，马一告诉这位朋友说：该书店经营这么长时间以来，他们两位合伙人竟然没有任何纸本合同，所有一切都是口头协议。某次老马来到我们书店时，这位律师朋友也提起此事，老马回答得也很干脆，他说书店经营不下去的时候就散伙，存书一人一半，现金也一人一半。很简单，万一两人打起了官司，那就说明本店挣到大钱了，这也是好事情。所以说，他们到今天也没任何的手续。

马一承认，近几年他对书店经营并不用心，而恰恰是薛原给予该店很多的帮助。如前所言，薛原会不断地把读书人带到这里来，但马一却把书店当成了朋友的聊天之所。他说曾经有一天，书店内聚集了22人，其中21人都是来聊天的朋友，仅有1位是顾客。我说今天的情形不也是如此吗？这天坐在这里聊的，有薛原、绿茶还有青岛新华书店集团的袁赟等人，当然还有我以及那唯一的顾客。而这位顾客听闻我的所言，马上笑了起来，看来他也觉得一帮人坐在这里谈天论地，仅有他一人选书颇为滑稽。

马一说他对这件事倒不以为然，他认为随缘就好，但薛老师认为这么下去不行，于是薛老师决定另办一个朋友聚会之所，这就是我们书房的来由。马一笑称，他跟老马是真实的店主，然而却从不对外搞宣传，宣传方面的事情主要是靠薛老师等一众朋友。后来无论是我们书店还是我们书房都影响力渐大，来的人越来越多，致使我们书房也坐不下，于是他们就另开了一个书吧，这就是离我们书房不远的"繁花·我们图书馆"。

前几天，深圳书城举办了第三届民间藏书展，深圳的欧海先生寄给了我一本相应的图册，我在该图册中看到了"我们书房"字样。难道马一也拿出自己的书前往深圳参展？他告诉我并非如此，因为深圳书展上的那个"我们书房"乃是一位深圳人所办的，而此书店最初的创办也是与薛老师的旁观者言有一点关联。马一说薛老师在策划方案方面很有一套，但他也承认有时候市场的好坏乃是靠运气。薛老师所编之书最令世人所熟识者乃是《独立书店，你好！》。马一说薛老师原本只想编一本，但没想到该书还有不少读者，所以应出版方之约他就陆续又编了续集和再续。可是薛老师发现，他每出一本，里面所谈到的独立书店就会倒闭一批，以致出到第三本时，薛老师想将书名改为《独立书店，再见！》。马一发现这些书店虽然倒了，但薛原编的这个系列却"火"了起来。

马一承认他从薛老师那里学到了很多做事的态度，薛老师一再跟他讲，开书店是一种商业行为，既然如此，就应当尊重商业规律："你不能让别人为你的个人行为来买单。"这样的观念在马一这里起到了很大的作用，他说自己已经跟老马约定好，只要交不起房租时书店就关门。

对于书店行业，马一也明确地说，这是夕阳产业。虽然如此，但他还是认为要经营下去，以他的说法，船到桥头自然直。他还说按照佛理就是向死而生。所以说顺其自然乃是他此刻的心态。马一认为，这个行业虽然注定会消亡，但离真正消亡的那一天，还有很长的路，有些事情不要太过惶恐，他说当年遇到过很多的大事，当时觉得很严重，但过后想想也没有想的严重。

正是因为这种心态，所以他在成批的独立书店倒闭的过程中生存了下来。

马一承认，我们书店能够生存到今天，一个主要原因是费用较低，因为该店处在三楼，所以房租很便宜。他说这一点自己跟胡同不一样，胡同的压力更大。虽然有大小之别，其实同行间遇到的问题都是相似的，既然要开书店，就应当顺应这个时代的潮流。马一觉得，他愿意开书店，其主要原因是开店没有上班的压力，更为重要者，是家人对他的支持和理解，因为家人没有对他抱更高的期望，指望着他通过卖书来买房买车。前一阵房东想卖房，问他愿不愿意将此铺面买下。但马一觉得而今一年几万块的费用并不是很高，要买房就要去贷款，就背上了大包袱，一年几十万的还贷压力让他觉得不值得，如果真那样，他就不能在这里从容地喝茶聊天了，所以他决定不买，继续这样经营下去。

马一也承认，人的心态在不同的时段会有所变化，比如说他近一段突然又想好好来善待我们书店，准备把店堂仔细地整理一番，而这些事情，以前全是老马来干。老马每次来青岛都闲不住，要么仔细打扫卫生，要么重新整理规划。但真要整理起来，又让马一觉得累，比如老马又发来了一批书，他自己拆包让马一录入，马一录了几包又烦了起来。他觉得有些事情舒舒服服地来做才是最佳状态，而有些事不用那么费力也不会差到哪里去。他的这种心态使得有些朋友认为，他开书店就是做着玩，但马一不承认，他觉得这是一种生活状态，而并非是懒惰不努力，有些事不用努力也会自然得来。说到这里，他用手指着我说："你看，你不就送上门来了吗？"

说话间，楼下进来了一位妇女，她冲楼上喊道，要换零钱。马一瞥了一眼，坐在那里并没动，只是让对方自己拉开抽屉去换钱，他说这是邻居不会有问题。众人感叹，他的这种经营方式，简直是某种理想奋斗的现实版。

　　马一跟我的聊天中，不断把话题往薛原身上引，但薛原既不反驳也不搭话，只是在那里貌似认真地听讲，他俩的这种默契，如果说相声倒是很般配。马一说薛老师从来没有跟自己生过气，可能是脾气相近的原因。薛老师有句话他牢记在心："做有些事情可以不挣钱，但绝不能赔钱做事。"马一笑称，这些年来他办了许多文化活动，都本持着薛老师的这个基本方针，这使他成为了一个奸商。我说自己也认可薛老师的观念，因为我就有大包大揽的恶习，这种恶习使得有些事后来变得不开心。所以我认为薛的观念乃是前人所强调的"先小人后君子"。

　　虽然这么说，但马一认为，薛老师为人十分诚信。他说前些年，薛有一位朋友来，说要给自己父亲出一本画册，但画册印出来之后，那位朋友的父亲发现里面有一幅画印倒了。这令老人很生气，于是找到薛原，薛原二话不说，立即跟老人讲问题在自己，他提出两个方案：一是赔钱，二是重印。薛原的态度让对方马上消了气。当时薛原并没有跟印刷厂沟通此事，他不想推卸责任，而后他们查了所印出的两千册书，发现其中有一百多册装订时把一页给颠倒了。于是他们只让印刷厂重新印刷装订这些印倒的部分。这件事传开来，反而让薛老师有了声誉。

　　尽管马一对薛原很佩服，但他说自己对于薛老师的话也不是全听。以前薛老师经常安排他校对书稿，他都是在晚上一一核对，但近来他觉得自己看完之后很疲惫，所以薛老师近期给他安排的活他都回绝了。以马一的话来说，只要感觉不好的事，就不做。有的朋友说他是星座派，而马一纠正对方说，自己其实是感觉派，所以凡是感觉不好的事情，他都会予以拒绝。

我们书店虽然成了朋友聊天聚会之地，但马一强调朋友来聊天可以，但是到这里来倒垃圾却不行，在马一看来，抱怨于事无补，还破坏大家的心情。某次，有位朋友来我们书店大倒苦水，这让马一听来很烦，他立即跟那位朋友说，你必须交100块钱的倒垃圾费。没办法那位朋友真递给他100块钱，而后生气离去。马一说他的这个个性得罪了不少朋友，黑店的名声也就传出去了。

马一也承认今天的我们书店，开得有些四不像，但他自己却觉得很舒服，他认为这一点很重要，而通过朋友的聊天，他也有一些借鉴。他觉得这些朋友都是镜子，给自己新的启迪。这样的开店方式，我从未遇到过。马一的所言，也同样让我看到了人生姿态的丰富。我觉得整齐划一的模式会让人生缺乏色彩，而有马一这样的店主，能够让中国特色书店中展现出一道奇异的色彩，故而我真心地希望，他的店一直能够开办下去。我倒想看一看，对有这样异类思想的人，社会给予怎样的包容？

十三入行　乐观现况
欧阳文利神州旧书店

　　大概在十年前，孔夫子旧书网举办了一场大型的书友聚会，事后我从所拍照片中得知，香港神州旧书店老板欧阳文利先生也来参会。我虽然没有见过欧阳先生，但由此而记住了神州旧书店之名。关于该书店的情况，黄晓南所著《香港旧书店地图》一书有着如下一些形容："在香港旧书业江湖，'神州旧书'有几个'最'字——面积最大、藏书最多、经营最具规模、招牌最响当当等；即使放眼华文书坛，亦属数一数二之重镇。而神州创办人欧阳文利先生，也是香港最资深、备受同业及书迷尊崇的一位旧书店老板。"

　　这段话中连续用了几个"最"字，而对于这些"最"字的实际佐证，黄晓南在书中将其总结为四点：

　　一、面积达 4000 平方呎，藏书逾 30 万本，均为全港之冠。

　　二、书本分类井井有条，并设特大货仓，随时迎合潮流更换货色。

　　三、店主经验丰富兼擅于待客，会根据客人口味作出推荐。

　　四、自 2004 年起登陆内地拍卖网站，高价放售珍罕书籍。

神州书店正门

如此的藏书量，的确令人咋舌，更何况香港乃寸土寸金之地，若要堆得下这么大数量的书，显然需要与之相匹配的房产来盛放。在我的概念中，香港无论是新书店还是旧书店，营业面积都不大。毕竟旧书行业产生不了暴利，何以能承担高额的房租呢？显然有这种疑问者并非我一人，几次听书友们聊到这个话题，有人说神州的房产已经买下，但也有人认为即使是买下了面积较大的房产，如果将其租出去，其所得房租恐怕比自己经营赚钱还要多。究竟实况如何呢？这也正是我的好奇之处，此次来到香港，当然要到现场去探看。

我自然知道，经营旧书乃是辛苦的营生，欧阳先生应当把很多精力投到了具体的工作当中，冒然去采访显然会打扰对方的工作，于是我请香港的马家辉先生事先征得欧阳文利的同意，与其约定在某天下午的三点前往神州。而在我成行的前几天，马先生临时有事，他要赶到北京来录制节目，于是他请自己的助理王昊先生带我前往神州。

按照查得的地址，神州旧书店位于港岛柴湾利众街 40 号富诚工业大厦 A 座。柴湾在港岛地铁钱的最东头，我与王昊分别从不同的地点前往柴湾，约定在地铁内见。因为我的距离较近，原本想到达柴湾后找个地方坐下来等候王昊，然而在地铁站内兜了一大圈却看不到座椅，无奈只好出站，出站之时留意了一下出站口为 E 口。

这天天气晴朗，我在出站口不远处找到了街边的座椅。一位老太太吃着北方惯常见到的烤红薯，香味飘过，瞬间勾起了我的馋欲，老太太很和善地与我聊天，但她并没有分我一半的意愿。好在王昊打来电话才转移了我的注意力，然而他在 E 口竟始终找不到我所言的位置，我只好重回站内，到此时方看清楚 E 口与 A 口相距不过三米，其实我是从 A 口出来的。

经过这一番折腾，已经到了与欧阳先生约定的见面时间，王昊用手机导航，我们匆忙地赶往神州。而越着急越找不到地方，兜了大大的弯路总算走入了一片高大厂房的工业区，在这片区域内东看西看，却完全看不到神州的招牌。正焦急间，一位倒车的妇女问我们是否在找神州旧书店。她的这句问话让我二人顿时感觉有了希望，看来这家旧书店在这一带颇具名气。这位女士顺手向侧边一指，让我们走入一座大厦的卸货区。

因为是工业厂房，这个卸货区高大宽敞，不分区域地作停车用。走到这里面，颇有前来提取货物的工作状态。一直向内行进，走到尽头右转，看到了三个宽大的工业电梯，而附近却没有相应的指示牌。我跟王昊四处探看，一位女士和善地问我们是否来找书店，而后告诉我们去乘坐对面的客梯。

看来，这位女士是此区域的电梯管理员，我看到她指挥一些人在工业梯内用板车拉上拉下。王昊有些着急，他叫我一同去乘工业梯，那位女士立即制止，让我们到那唯一的一台客梯前等候。我站在那里寻找着标志，而那位女士很明白我的心思，她走到电梯口的侧边，给我指出楼层名牌上所标示出的神州旧书店金属牌。此牌写明书店位于二十三楼，正式名称则为"神州旧书文玩有限公司"，后面括弧内又写着"收买中文书"。看来神州只经营中文旧书，这样的经营范围略出乎我的意外。

来到二十三楼，神州书店门上的招牌竟然是大面积的金属牌，仅门刷成了木色。推门入内，瞬间感到走入了书海。我向店员表示自己来找欧阳文利先生，我的话音刚落，在前方的书堆内站起了一位老先生："我是欧阳文利。"欧阳先生看上去六十多岁年纪，而他爽快地告诉我，自己已七十四岁。他说马家辉跟他打过招呼，所以下午在等待着我的前来。我对于自己的晚到向他表示了歉意，欧阳说完全没关系，因为这个时段他还在忙着给书分类。

神州书店的布置与寻常所见的超市略同，进门的右手位置以纵向的方式密密地排列着一排一排顶天立地的书架，每排书架之间的空隙仅容侧身而过。而在书架顶头的位置，则是一条柜台，柜台后坐着四位工作人员，看上去像是商场内的收银员。欧阳先生的座位则与这排柜台打横，他的桌上以及四围同样摆满着一摞一摞的书。

1
—
2

1. 工作人员坐在书堆内　2. 每一排的过道都如此狭窄

欧阳说店里地方小，只能在这里将就谈话。而后他让工作人员拿过来一个塑料方凳，我站在那里仔细地寻找一块空地安顿坐下，王昊先生则只能坐在两排书架的夹空内，他说自己尽量坐得近些，以便给我翻译欧阳先生的粤语。

落座之后，我想起之前听说神州在香港市中心另有店铺，于是直奔主题地问起来。欧阳称确实如此，他原本在中环还有一家店，但五年前撤掉了，原因就是房租越来越贵。对于自己的从业经历，欧阳颇为自豪地说，到今年他已从业六十一年，因为他在十三岁时就已经到书店工作。

我问欧阳为什么那么小的年纪就参加了工作，他坦然地说，当然是为了生活，他在上小学之时，就到书店打工，那是 1956 年左右。欧阳打工的书店名叫汲古斋，他在那里工作了八年。他说汲古斋最初主要经营线装书，所以他的所学也是从线装书开始。虽然说在学徒期间他整天要打扫卫生洗厕所，但毕竟也学到了不少的版本知识。然而汲古斋后来的经营方向有所转变，这家著名的老店转向了字画的买卖，重点则是现代名家，比如齐白石、傅抱石等等。

正因为如此，欧阳离开了汲古斋，继续从事自己喜欢的古旧书买卖。到了 1966 年，他在香港深水埗鸭寮街创办了自己的书店，当时所起店名就是如今的神州。为什么起这样一个名称？欧阳先生称，因为自己只经营中文古旧书，所以他希望书店的名称让人听上去与中国有关。比如他最初想到的名称有"中国"以及"震旦"等，但最后还是觉得神州叫起来最响亮。

此后的神州因为房租问题搬过多次家，随着存货量越来越大，他决定找一个固定的场所将这些书堆放在一起，而后就买下了现在的这处房产。欧阳说，原本这里只是仓库，后来因为在其他地方租房越来越不划算，于是他就将仓库进行改造，将此处腾出一半面积来搞经营。

展眼望去，此处的营业面积至少有二百多平方米，但依其所言还另有一半是仓库，如来说来，神州的确是我所见过的自营面积最大的私人旧书店。一位经营旧书者，能在房价昂贵的香港买下这么大的物业，这多少是个奇迹。我好奇地问他，这处房产是何时买下的。他说那是 1978 年的事。

那个时代虽然房价不像今天这么贵，但毕竟收入也没有这么高，他何以能花钱买下这么大面积的房产？欧阳先生直言，当时是以分期付款的方式买下的，他记得每平方英尺的价钱是一百元港币。

香港卖房均是按平方英尺计价，一平方米约等于十平方英尺，这样算起来他买此楼的价格每平米约一千元港币。这样的价格真是便宜得惊人。而欧阳告诉我，他买房时并不觉得便宜，那个时代大闸蟹的价格很贵，一只大闸蟹的售价相当于一平方英尺。他进一步告诉我，那个时代若请一位伙计，每个月的月薪也是一百港币。但他买下的这处房产到今天已经不知道翻了多少倍。

近几十年来，中国内地出现了大量的私人书店，很多书店没经营多久就关门了，重要的原因就是房租的上涨。香港几十年来的经验也能证明，房租是书店的终极杀手，而欧阳先生的这个实例，却能给当今的旧书店经营者提供借鉴，看来早买早安生。虽然说房子贵，但分期付款应该还能负担得起，如果有志于坚守这一行，那么买下房产才是真正的王道。

为了能够让我看到神州的全貌，欧阳先生带我进入仓库内参观。这间仓库与店面一墙之隔，面积同样很大，但存书量却比外面多了许多。因为这间库房的主要区域安装了图书馆内常用的金属集成书架，展眼望去，这些书架大约在二十排以上，这种书架可以不留缝隙地排列在一起，因此省掉每一排之间的过道，若以二十排来计算，至少能够省出几十平米的面积。唯一的问题，则是将这些旧书集中在一起会产生巨大的压力，一般的楼房很难有这样的承重。但转念细想，该店乃是处在工业厂房之内，其房屋承重能力要比住宅楼强得多，而站在仓库内，果真能够看到房顶上粗大的横梁。

欧阳先生给我摇开其中一排集成书架，我看到了里面整齐的排列。他说这里虽然是仓库，但他仍然会做基本的归类，以便让爱书人前来找书的时候能够有一个大约的方位，否则的话，几十万册书一一看过来，会耗费很长的时间。欧阳先生也会记住一些爱书人的收藏专题，有意地将这些书归在一起，以便某人来找书时，能够较为集中地看到自己的所爱。

欧阳先生告诉我，虽然自己的家人已经有几位从事了旧书行业，但他个人不想退休，他觉得整天与这些旧书打交道是很舒服的事情。他指着地上的一些书给我看，原来他正对几捆书进行分类。我看到他将一些较为珍贵的版本挑选出来，而后套上塑料袋，之后再分类上架。

集成书架内每一排都做了分类

在这堆书的侧旁，还有一排窄窄的书架，我感觉此架之后同样是书，然而这架书却与后面的书架紧紧贴在一起，后面的书如何取放呢？欧阳先生立即演示给我看，原来外侧的这排书架上下两侧都有导轨，不费力气就能推开，其推送方式与金属集成书架不同，因为集成书架是横向移动，而眼前的这排书架的移动方式则是纵向。欧阳先生说，这是他自己的发明，这样的话更能有效地利用空间。看来，神州的面积虽然已足够大，但欧阳依然在节省面积方面动脑筋，以便能够盛放下更多的书。想一想这倒是节约成本的好办法，否则的话，越来越多的书就需要找其他地方租库房存放，这又会产生新的费用。

我注意到每一排集成书架的侧旁都贴着纸签，通过上面的所写，能够了解到每排书架内所放之书的内容。能够将仓库搞得如此井井有条，这跟我在他处所看有很大的差异。可见，欧阳先生不只是有着很好的经营头脑，他的勤勉也很令人佩服。

在仓库内所见主要是数量巨大的旧平装和杂志，这让我想起欧阳刚才的所言，他是从经营线装书入行的，那为何不坚持走自己最熟悉之路呢？欧阳坦言，线装书虽然利润大，但是收购困难，而且南方的天气本来就不适合存放线装书，所以南方藏线装书的人数也较少。这两项原因加在一起，使他决定转向经营洋装书，也就是俗称的旧平装。

欧阳先生说，旧平装货源在香港十分丰富。几十年前，很多文化人来到了香港，他们带来了大量的书，后来这些人又纷纷移民美国、加拿大，以及英国、法国、日本等等，而他们在离开之时，都会处理掉大量的藏书，所以那个时段收书很容易。

然而那个阶段经营旧书的也多，1949 年之后，一些在上海等地开旧书店和新书店的人来到了香港，这些人有不少都在香港从事出版业，由此而繁荣了香港的书市，以至于影响力扩展到了南洋。到了上世纪六七十年代，外国相关专家为了研究中国的形势，来到香港大量买书，同时香港各大学也开始大量收书，所以那几十年，香港地区的出版业形成了供销两旺的局面。

但是这样的局面会使得很多书流入香港以及国外的图书馆，而入馆之书很难再出现在流通领域，因此旧书的数量迅速地减少。欧阳先生却想出了另外的办法。他说从六十年代起，香港人就开始了移民热潮，早期的人们在出国之前，都会把藏书处理掉。可是到了美国、加拿大等地之后，他们发现生活变得简单，房子也很大，这使得后期移民不再处理香港的藏书，他们把这些书托运到国外，留着自己慢慢地翻看。然而多年之后，这些书看得差不多了，他们的后代又喜欢洋文，对中文书有兴趣者较少，所以这些书又会被处理出来。但中文在国外处理，显然没什么市场，故书价极其便宜，而欧阳先生通过国外的朋友，尽量地打听这些信息，一旦有机会，他就将这些从香港运走的书又买回到香港，使得他的货源又得到了充实。

欧阳先生果真是有办法的人，他竟然能够让一批批旧书经过越洋跨海的乾坤大挪移而后再返回原地，难怪神州书店能够有如此丰富的货源。但是我此程来香港，却发现从业者不如以前那么多，我问欧阳先生如何看待这件事。欧阳先生说，以前内地的书来港者较少，主要是台湾的文史书在香港售卖。但是，因为台湾当时没有加入国际版权协会，所以台湾所出之书大多是翻印，且校勘质量不高，而内地专业出版社所出文史之书则质量高许多。改革开放之后，内地出版物进入香港，香港的读书人发现，这些书质量又好价格又便宜，所以就不再买台湾的书。虽然说内地所出之书有不少是简体字，但对于香港的读书人来说，看简体字也没问题，所以内地出版物渐渐风行于香港，这样的结果让爱书人受益，却影响到了香港本地的出版社，因为无论从哪个角度，这些出版社都无法与内地的专业社进行竞争。

欧阳先生认为，近些年兴起的网络交易，对开书店也有影响，但他觉得影响主要在新书店，对旧书店其实冲击不大。他反对人们认为经营旧书是夕阳产业，他认为这个世界上不存在夕阳行业，因为任何一个行当都有朝阳，只要用心用脑去经营，旧书业依然会有很好的未来。

我们的所聊主要是旧书业，而我也很想了解欧阳先生是否还经营线装书。他把我带到一个书架前，而后拿出了一些装在塑料袋里的线装书，原来这是几部江西的族谱。欧阳先生说，这也是顺便收来的，有时在收书的过程中依然能够遇到线装书，只要价格合适，他当然要将其买下。我问他是否曾经成批地收到过线装书，他想了一下说："机会当然有，但有些卖书人不愿意说出自己的姓名，我只能给你讲讲已经有过报道的故事。"

欧阳先生称，孙中山的女婿戴恩赛在澳门藏有大量的书，1955年戴恩赛因脑溢血去世，几年之后，他的书卖了出来。欧阳文利买到了其中的一批洋装书和报纸。因为那时报纸的价格太过便宜，他就以半卖半送的形式给了中山大学，这主要也是因为当时的大学没钱。欧阳说戴恩赛所藏之书品相都很好，因为他很想跟冯平山藏书一比高低。

书业经营者最希望能够收到数量巨大的整份藏书，只有这样才能捡到便宜卖出好的价钱。但欧阳文利告诉我，香港的情况不同，因为买下大批的书最发愁的问题是没有地方存放，所以香港旧书店经营者并不喜欢一次性地成批购书，而他因为有自己的仓库，所以能够批量买入，这也是成就神州的原因。

欧阳文利的经营思路还有一点也与众不同：古旧书经营者成批买下一份藏书后，都是要先处理最垃圾的部分，而把最好的书放在最后，以此来卖得高价。而欧阳称，他没有这样的心理，他不会从中间选出好书留下来，只要有东西就卖。他明确地说："年轻经营者都想保留一些好东西，这个不卖那个不卖，这不是好的经营风格。"所以他收到书后，全部公开售卖，按照以往的规律，卖到五分之一时，就能收回成本，剩余的部分他就堆在仓库里，于是才有了这样数量巨大的货底。

为什么要用这样的经营方式呢？欧阳说，人们对书的概念是有变化的，不同的时候会出现不同的畅销书。几十年前新文学版本很便宜，三十年代出版物都不贵，但后来都贵了，尤其周作人更贵，叶灵凤的书以前也不贵，但现在很难便宜收得到。然而现在到其店中找书的人，有不少都是年轻人，年轻人的偏好显然不在这些新文学版本上，他们到本店是来找一些老的漫画书和杂志。他说以往这是最便宜的书，如今却变成了畅销品。

我问欧阳先生如何解读这种现象，他说年轻人现在喜欢寻觅一些古物，他们认为这样带有旧味的东西有神秘感，所以他们买到这些旧漫画和旧杂志，更多的是为了好玩。书店在经营方面当然要抓住这个商机，所以神州书店专门拿出几个书架来卖此类书。但欧阳也称，说不定哪天年轻人的爱好又转移了，真正的文史书还会受到人们的追捧。

参观完仓库后又回到店堂，沿着书架一排排地看过去，可以看到神州的分类方式。我在这里还发现了几架古玩，看来多种经营也是一种补充利润的方式，只是不知道有多少人会到旧书店来买古玩。

参观完毕后，我们坐下来继续听欧阳先生讲述相关的故事。我好奇于香港有哪些大的藏书家，我所认识的本地藏书家，仅林章松和叶健民两位先生，他们都是藏线装书者，而藏平装书的人我却完全不了解。对于我的提问，欧阳先生也不愿多说，他只是告诉我，饶宗颐先生虽然藏线装书，但也藏有数量很大的平装书。欧阳同时告诉我，其实香港还有不少的藏书家，但他们不愿意与人交流，因为家中住房紧张，所以也不愿意让人去参观。

神州书店也有网上售书业务，早在2004年该店就在孔夫子旧书网开了网上书店。然而我却觉得虽然单本旧书的售价较为便宜，但香港寄到内地的邮费，显然比内地本地所寄要贵不少。欧阳称确实如此，因此他在卖书到内地时，都会在邮费上予以补贴。我问他神州所售之书是卖到内地多还是香港本地多，他说这要看具体的情形。

谈到古籍拍卖会问题，我问欧阳先生如何看待。他说内地的拍卖会对香港书市有影响：一者收书更不容易了，因为卖主都想拍到高价；二来也有好的一面，以前香港人并不在意本地的资料性文献，有了拍卖之后，香港资料书价格迅速上涨，有些书都贵过了线装书。

欧阳承认线装书很难做，因为卖主都看得贵，所以很难以合适的价格收到。于是欧阳就想出了新的经营方式：有些卖主不愿意直接出面跟拍卖行打交道，神州就帮着这些卖主将拍品送到拍卖行，由此也能赚到一些费用。

通过谈话让我感受到，欧阳先生对旧书业有着很好的信心，而他的这种姿态在其他旧书经营者那里颇不多见。虽然欧阳先生与我聊天语调平和，但我却能够感受到他对这个行业的挚爱，他认定这

神州书店主人欧阳文利先生

个行业只要用心，依然能够长期地经营下去。欧阳先生是位乐观的人，他说自己努力经营好神州就可以了，至于到几代之后会是怎样的情形，他不想做那个预估，他明确地称，年轻人有他们的观点，只要愿意，神州就会一直经营下去，如果后人不喜欢，他也不想将这个重任强加给子孙。这份达观，正是其令人佩服之处。

偷艺宝岛　书陈民宿

冉大缥缃书局

我听闻缥缃书局之名乃是从朱晓剑所写《成都旧书店风景线》，此文载于阿滢主编的《中国旧书店》。从此文中得知，缥缃书局主要是经营旧书和二手书，以及当地名人的签名本，主人冉大曾买过两部大部头的线装书，那就是《皇清经解》和《皇清经解续编》。对于前者我颇感兴趣，此书乃是阮元在广州所刻，原装三百六十册，然而因战火的原因焚毁了部分书版，到同治年间又进行了补刊。近三十年来，我见过近十部该书，然大多为补刊本，道光年间的初刊初印之本我仅看到过一套，这让我好奇缥缃书局买到的这一部是原刊本还是补刊本，可惜我不认识店主冉大，无法验证我的猜测。

朱晓剑在文中说，冉大后来将这两套大书转让给其他书友了。我不知道这两部大书是否送到了拍卖会，也很有可能就是我看到的近十部之一，虽然书不见了，但我对其来龙去脉还是大感兴趣。而我的这份好奇心，直到 2018 年 3 月初才得以满足。

几个月前，湖南株洲的舒凡女史在当地搞了一场旧书展销会，她请去了不少国内著名的旧书店，而我在她所发的介绍中又一次看

缥缃书局匾额

到了缥缃书局，于是我向舒凡要到了冉大的联系方式，而后凑了几件事一并前往成都办理。

此次成都之行所拜访的第一家旧书店乃是蒋德森先生的淘书斋，该店处在成都市玛赛城古玩市场内。玛赛城乃是一个巨大的地下商城，我在里面走了一圈，感觉其面积在一万平米以上。我是乘熊先生的车来到这里的，停下车后，熊先生带我走入商城，还未到淘书斋就迎面遇到一位壮汉。熊先生告诉我，这就是缥缃书局主人冉大。

这个邂逅让我略感意外，因为冉大看上去也就三十多岁，他那圆圆的头仅留着不到半寸长的头发茬儿，而他的络腮胡跟他头发的长短相仿佛，我总觉得他身上有着一股梁山好汉所特有的江湖气，好在他还戴着一副圆圆的眼镜，这使得那一身的江湖气得以收敛。因为是初次见面，我没好意思跟他调侃，但是朱晓剑在文中描绘冉大的形象就要比我直率得多：

现在成都的旧书业中，他的本名已经被大多数人所忘记，江湖人称：冉大。其人长得很粗，光头，一点都不像与书有关联的长相。跟其叔冉云飞一样，都是一个土匪像。

也许是思维定式，我总认为经营旧书的人多少要有些斯文气，我不知道冉大是不是八零后，但他这身装束让我怀疑他是否能够耐得住旧书店的寂寞。为什么缥缃书局在业界名声这么响呢？这让我有了些许的疑惑：这样的年轻人真的能经营好一家旧书店？

按照我的计划，先与淘书斋的老板蒋德森先生进行采访，转天再去看缥缃书局。但我没有想到成都的这两家旧书店竟然处在同一个商城内，这当然给我带来不小的便利，于是我跟冉大寒暄之后称，等我采访完蒋先生接下来就去他的书店。

缥缃书局处在玛赛城的一个安静角落，也许是时间较晚的原因，商城里已经看不到什么顾客，沿途所见的商铺有一半已经打烊。在那条长长的通道上，仅有一家店透出了亮光，走近一看果真是缥缃书局。透过玻璃窗向内望去，店里的光明更衬托出这条走廊的黑暗，这让不务实的我又发出了一阵文艺青年式的感慨。

我站在门口拍照，冉大迎了出来，我跟他说等拍照完毕后再坐下来聊天。眼前所见的缥缃书局跟我的想象有很大的差距。关于旧书店的印象大多是书满为患，因为书多地狭，很多旧书店都会将后得之书到处堆放，道不容身乃是国内旧书店的标准形象之一。而缥缃书局却与我的印象完全相反，这里明窗净几，虽然厅堂的正中也摆放着两排书，但是这里的书不仅摆放得齐整，更重要的是品相都很好，能够看得出都经过精心挑选，并作了仔细归类。

摆在中厅的两排书架不太像一般书店内的陈设架，为了让顾客更好地发现自己的欲得之书，无论新书店还是旧书店其陈列架都会是单层，而缥缃书局的这两个书架却是双层，里面那层显然翻找费力，故店主将外层书横放，且只放半格，以便能露出里层的书名。

一般来说，这样的书架大多属于家用，因为爱书人的欲望无限，而居住面积有限，只能想出各种办法在有限的空间内盛放更多的书。缥缃书局为什么会用这样的书架来作厅堂陈列呢？我忍不住问了冉大一句，他坦然地跟我说，该店的用具不仅仅是书架，包括桌椅板凳都是二手货，他为了买到这些合用的旧家具，曾经花了几

厅堂中的摆设

个月时间到处去寻找。如此说来，厅堂所摆放的书架应该是某个爱书人家中的用品。对于为什么在整洁的厅堂内一律用二手家具，冉大给我的解释是："如果用新家具，甲醛味太浓。"而我的解读则是用旧家具更符合二手书店的定位。从某个角度来说，二手书原本就是旧物利用的环保概念，如果拿旧书架作为陈列，显然更突出了绿色潮流。冉大虽然貌似凶猛，但在言谈举止上还不会往脸上贴金，这样的为人处世方式，做朋友难得，但在营销方面似乎是个短板。

我当然知道以貌取人不靠谱，但我总觉得以店取人，似乎有些道理。缥缃书局给我的感觉更像一家百年老字号的古玩店，然而这家书店却没有老古玩店里那种隐隐存在的暮气。我感觉店内的灯光应该由专业人员进行过调适，明亮而不刺眼，更加衬托出店内立柱旁所摆放的一块太湖石的婀娜，而几盆假石山以及些许的绿色点缀，都能够体现出店主颇为阳光的生活心态。

旧裱碑拓

缥缃书局的书架后方墙面上悬挂着不少字画，但都是当代人的作品，我比较喜欢其中的几张青铜器颖拓。虽然我知道这并非原拓本，但仍然喜好这种拓片所表现出的低调的富贵气。在一排书架的顶端，悬挂着的是一张旧裱的残碑拓片，遗憾的是这张拓片有了些许的虫蛀，而这也正是南方卷轴装几乎难免的情况。

店堂内左手的一边摆放着一排玻璃柜，向里面张望一番，有线装书也有民国出版物，玻璃柜的后墙上则是一排不及身高的旧书架，从这些书架的制式看，显然出自某公共图书馆。玻璃柜内的线装书当然最令我感兴趣，冉大谦虚地说，这些书不能入我的法眼。其实他哪里知道，我转旧书店并没有那么大的功利心，虽然俗话说"贼不走空"，但我走入旧书店中，体验到古书带给我的心理愉悦，这份满足就足以让我展颜了。虽然我还没有达观到"曾经我眼即我有"的境界，但是生活就是个过程，这份洒脱却是庶几近之。

我在玻璃柜内看到一部《唐文粹诗选》，此书的选者王士禛的"禛"字不缺墨笔，也没有改成"祯"字，这显然是康熙原刻本。近年的古书市场上，此原刻本颇不易觏，而此店却陈列着一部。从刷印程度上看，这是一部较初印本，因为该书的后印本有大量的断板，此本却未见这种情况，只是有些许的虫蛀，而每卷的首页则钤盖着日本人的藏印，看来此书是从日本回流者。

我在缥缃书局还看到了另外几部日本回流之书，我猜想冉大有日本购书的渠道，难道他买到的《皇清经解》及《皇清经解续编》也是来自日本？我直接提及这个问题，冉大坦诚地告诉我，那两部大书确实来自日本。他说那时开店不久，有位朋友告诉他自己在日本看到了两部部头很大的线装书，这两部大书加在一起有680册之多，而且书的品相很好，每一函都有原装的木夹板。然而朋友并不懂这两部书的价值，就问冉大要不要。冉大直觉感到这样的书很难得，于是他就立即飞到了日本。他看到此书时，眼睛为之一亮，以

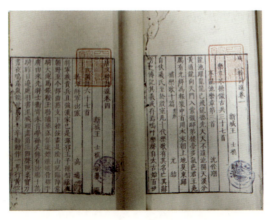

康熙原刻本《唐文粹诗选》

他的话来说，成都的古书少，完全没有办法跟北京上海相比，因此这是他第一次看到这么大部头的线装书，更何况价钱并不贵，他没犹豫就将此两套书买了下来。之后是经过一番折腾，再加上运费等各种杂费，合在一起总共花了 13 万人民币，才把这两部大书摆在了缥缃书局内。

这件事让冉大很有成就感，他告诉我说，这两部书在店堂内摆了短短的三个月，他每次看到都为之兴奋。而我则关心其中《皇清经解》究竟是道光原刻本，还是同治年间补刊本。冉大遗憾地告诉我，他当时没有留意这样的细节，后来因为资金的压力，就将这两部书卖了出去。我不知道此书离店时冉大有没有"挥泪对宫娥"的惆怅，但事过这么多年，他跟我聊起这个话题时依然是一脸的不舍。他说这两部大书如果能够留下来，陈列在店堂之内，显然会给此店增添不小的视觉冲击力。

我将店内的书橱一一打开，而后翻阅了这里的线装书。从书的装帧及书体上看，缥缃书局所购之书并没有太多的偏好，因为各个门类均有之，而这也正是开店经营与个人藏书的最大区别：藏书是买自己喜欢者，经营则是要捕捉别人喜欢者。料想冉大也是这样的经营理念。

拍照完毕后，我坐在收银台前对冉大进行采访，此时方注意到收银台后还坐着一位与冉大形象颇为酷似的年轻人。冉大介绍说，这是他弟弟冉二。从外观看，冉二是小号的冉大，他两人不止是长相酷似，连头型和装束也如出一辙，只是冉二没有络腮胡，故比冉大看上去多了三分的斯文。

我跟冉二寒暄说，你是来给哥哥的店帮忙？冉二说他在此店不是帮忙，按照商业法上的界定，他跟哥哥是合伙人关系。冉二说此话时一点都不笑，我揣摸不出他的这句回答是冷幽默还是事实。但这又有什么关系呢，至少我所走过的旧书店中，兄弟二人同开一店还是第一次见到。

我直率地跟冉大说，自己对缥缃书局了解甚少，我的所知都是本自朱晓剑的那篇文章。比如该文中说过这样一段话：

> 后来与冉大的聊天中得知，他最开始的时候对旧书并不感兴趣，跟大多数旧书从业者一样都是作为谋生的手段，但在酷爱藏书的叔叔冉云飞的影响下，渐渐地喜欢上了这个行当。当他真正地投入以后，却发现这个旧书的行业中另有一番天地。缥缃书局由冉大的白手起家，十年苦心经营，从各种赶场摆地摊，到现在已经成为在成都具有相当规模的二手书店品牌，

流沙河先生为书店题店招。"卖书做人，多读些书，以求做个明事理、正直善良的人"一直以来是缥缃书局冉大的信念。

我为此向冉大求证，冉大说，朱先生的所言基本就是事实。他说自己从 2000 年来到成都，原本在网络公司上班，后来帮着叔叔处理重复的书，渐渐对旧书有了兴趣，所以从 2002 年开始他就专职地做古旧书，而后开了一家实体店，当时店面很小，仅有十几平方米。在这么小的面积内堆满了旧书，其杂乱情况可想而知。

虽然国内旧书店的情形大同小异，但冉大觉得这毕竟不是不可改变的情形。他一直尝试改变旧书店给人的脏乱差印象，可他并不知道如何下手。后来，他听闻台湾有些旧书店十分的整洁，于是就有了前往学习的打算。

聊到这个话题，我当然有所感触，于是就向冉大谈起自己对日本和台湾旧书店的不同感受，当然也提到了春节之前所去的台湾茉莉二手书店。冉大告诉我，他在台湾时不仅看了茉莉二手书店的总店，该店的几家分店也都一一去过，这些店的整洁以及清晰明了的分类方式，给他留下了深刻的印象。

但冉大觉得，茉莉二手书店更像是企业所做的书店，他说西西弗、言几又都属于这样的性质，这样的旧书店对冉大的现况来说，他认为不具参考价值，所以他更在意个人所办的小型二手书店。他给我举出了台南草祭二手书店的例子，冉大说此店开得十分成功，为此很多人都跑到这家书店来参观，这些人不是为了买书，更多是为了拍照。人满为患的状况显然已影响到了书店的经营，于是草祭书店开始收一百元的门票，但是收这个钱并不是为了增加收入，因为店方规定此门票款可以抵买书款。书店能够火到这种程度，全在店家布置上的良苦用心。

冉大印象深刻的台湾二手书店还有城南旧事，他说此店在布置上也很特别，回到成都后，做梦都想开那样的二手书店，所以当他听闻玛赛城招商时，就早早地租下这个店面，而后按照自己的想法布置成如今的模样。他对此店的状况颇感满意，以他的话来说："这就是我想要的生活，所以我坐在店内，哪怕一整天一个客人都没有，我依然感到很满足。"

追求雅的生活，当然是大多数人的梦想，但总要有支撑雅生活的经济后盾，至少我在该店采访的两个多小时内，没有看见一位客人走进店中。这样的状况下书如何卖得出去呢？冉大笑着告诉我，他们店不止是兄弟二人，另外还有三位同事，这些人在仓库内负责处理网上订单包装及邮寄，所以缥缃书局的主要售书渠道还是在网上。冉大说网上售书赚的钱，他会拿来补贴该店的店租，两两相抵虽然收入不高，却足以支付生活所需。他告诉我说，成都人追求生活安逸，觉得能够过平安的小日子就很满足，他到成都生活这么多年，也渐渐适应了这里的小康心态。

冉大的这番话，突然让我理解了缥缃书局何以如此的窗明几净，原来在这光鲜的店铺之外，另外有堆满旧书的仓库。而缥缃书局的这间店铺，如果套句官方的语言来说，乃是冉大"对外交流的窗口"。当然这家实体店也是冉大刻意营造出的精神巢穴，他在这里以境由心造的心态享受着红尘包裹下的书式生活。冉大说当

摆放齐整

地有一句俗语："少不入川，老不出川。"言外之意，四川尤其是成都的生活太过安逸，不利于年轻人创业奋斗，这里更像一个舒适的养老之地。冉大又提到了布衣书局的胡同先生，他说自己跟胡同表明过心态：虽然不如胡同挣钱多，但他觉得自己比胡同的生活质量高多了。

我依然好奇于兄弟二人同开一店这种情况，冉二告诉我，能够与哥哥很好地相处，这源于父辈的遗传。他说父辈是三兄弟，这三兄弟相互间非常团结，所以他跟随哥哥来做旧书，从来没有为钱而吵过架。在经营方式上，兄弟二人各有主张，他们为此发生过争论，但最终都能得到协调。冉二告诉我，虽然是亲兄弟，但他们性格差异较大，冉大像父亲，脾气有些火爆，而自己性格内敛，做事比较注重细节，故而缥缃书局能够搞得这么好，跟他二人在性格上的互补有很大的关系。以冉大的话来说："二手书店的灵魂是店主。"

对于这个结论，冉大向我解释说，二手书店与新书店不同，店主与客人的交流十分重要，如果客人聊得舒服就会常来此店，否则的话，就不可能有长期的老客户。为此他准备调整店内的布局，将现在的收银台调到另一个窄长的角落，将此地空出来放沙发，给客人以更好的交流体验。冉大指着橱窗前的一排桌椅说，那是刻意给客人留的，来店里看书全免费。冉大说他的梦想就是把缥缃书局开成民国时期琉璃厂旧书店的样子，因为那时的旧书店给客人以殷勤的招待，凡是熟客都可以到书店的客房内喝茶抽大烟，无论买不买书，店家都会笑脸迎送。现在虽然不能抽大烟了，但进来喝茶聊天总还是不错的选择。

对于店堂内的摆设，其实有朋友劝过冉大，让他多摆线装书，少摆洋装书，因为洋装书虽然数量多，但一本书也卖不出多少钱。而冉大并未听从这样的劝告，他认为这里摆出很多线装书，就成了古书展，而实际上到店铺买古书的人并不多，他所经营的古书主要是网上交易，所以，他还是觉得多摆放一些读者买得起的书比较好。

冉大告诉我，他以前对经营古书十分勤快，有时凌晨两点就起来到外面收书，如今岁数大了，再起这么早会十分难受。我问他究竟多大年龄，他说自己已经三十七岁了。如此的年龄就发渐老之叹，这让我情何以堪。

冉大说他以前主要是做旧书，对古籍很外行，在他开办缥缃书局时，成都古籍书店还没有倒闭，于是他就常到古籍书店去看书。那时的成都古籍书店还有大量的线装书，各个门类的古籍都能够看到，而古籍书店经理张启政先生也很有耐心，当时冉大仅二十岁，但凡不懂的问题他就向张经理请教，张经理都会一一地给他讲解相应的版本知识。

冉大说，他对于古书的了解也得益于蒋德森先生的指教。当年收到一些善本时，曾特意向蒋老师请教，蒋老师很有耐性地向他讲解残页的问题所在。冉大说，他还收到过《永乐北藏》，向蒋老师请教时也学到了不少的知识。

真应了那句俗语：说曹操，曹操就到。冉大刚跟我聊到蒋德森先生，蒋先生就走了进来。我在淘书斋采访时，看见其门前摆放着大量被水打湿之书，蒋先生说前一天晚上商城的管道跑水淹到了他的书，而商城的管理方服务很好，主动来过问情况，并且提到了赔偿问题，这种做法让蒋老师变得不好意思，故而只象征性地收了六千元了事。

　　蒋先生到来后，我们的话题自然就转到了成都旧书市场方面，蒋德森经营旧书已经有了三十年的历史，而冉大也做了十七年。蒋先生从事旧书本来是为了处理复本，冉大则说他的起步只是为了谋生，后来渐渐地成为了生活的主体。蒋德森说成都旧书摊曾经很风行，但这么多年过来，摆旧书摊的人也换了无数茬，当年跟自己一起起步的摆摊人中，有的至今依然摆摊，一摆就是三十年，这种情况令蒋也觉得不可思议。蒋先生认为经营旧书业这么多年，到现在已经不是为了谋生，更多的是把自己的情感融入了其中。但也有人并不喜欢这样的生活，冉大告诉我，原本有位堂弟也跟他一起经营旧书，干了十年之后，那位堂弟不愿意干了，转而去经营别的行业，这样的转舵令冉大很有些失落。可见，冉大也是位重感情之人，希望自己身边的人也能像自己那样深爱着古旧书，当这样的愿望落空时，难免令他情有所失。

　　冉大认为成都的旧书业主间关系都很融洽，这正是难得之处，而重庆的旧书店主刚好与成都相反，如果某家旧书店主走入别人家的店铺，会当场被骂出去。他说成都的旧书店之间，更为重要的是还会相互介绍生意。缥缃书局乃是玛赛城古玩市场内开办的第一家旧书店，而后他把这个信息分别告诉了同行，渐渐地这里就来了多家旧书店。而我对他们之间的融洽也深有感触，因为我的确看到其他的店主走进别的书店内看书聊天，这样的氛围也让读者感到轻松。

　　关于淘书斋受水损失的问题，我则关心一大套书仅湿一本，其他的书如何出售。蒋德森说这正是问题所在，要将残损之本配齐绝不是件容易的事情，而后他讲到自己在四川大学开书店时的情形。他说当时有一屋子残本，他努力地要配齐一部书，结果将这些书翻了一过，仅配成了一套半。由此可见配残书之难。而冉大则讲到他想配《云南通志》的事情，此书1948年出版，全套为140册，他有两套想配齐者，但都缺其中两册，后来他只好以八十年代的影印本配入其中。冉大觉得，这样的补配本看上去总是不舒服，他听说某位书友也有该书两套残本，于是他跟此人商议，希望买来配套，但那人坚决不卖，只提出可以交换自己所缺之本，故直到今天也未能配齐原本。

我对配书之难也有切身感受。爱古书之人大多有完缺之见，所以残本要便宜许多，我年轻时贪便宜喜欢买一些残本，认为日后一旦配齐则价值大增。非典期间，因为不便出门在外，我下了很大的功夫将自己的残本编成了一本目录，而后复印多份散发给几家古旧书店，希望能像刘谦那样出现见证奇迹的时刻，可惜这个美梦未能成真。十几年过去了，我欲补配之书配成套者不足百分之一，看来蒋德森和冉大也同样做着这样的梦。

晚上冉大请客，我们共同乘熊先生的车前往一家成都有名的火锅店，店门口排满了等座之人，我对这种情形一向缺乏耐性，于是建议到隔壁的串儿店。这里虽然也食客满满，但毕竟还有座位。这是我第一次走进串儿店，里面的串儿十分丰富，一律六毛一串儿，而后通过数签子来结帐。这些食材中有价昂的海鲜，也有普通的蔬菜，一律六毛一串儿岂不赔钱？冉大告诉了我其中的奥秘：你注意贵的食材有的穿着两根签子，还有的穿着三根签子。而我的确未曾留意到这个细节，看来串儿店是六毛一根签子，而非六毛一串儿。俗话说细节决定成败，而冉大却有着这样细致的观察，可见他是位有经营头脑之人。

在吃饭期间，冉大告诉我，为了拓展书的销路，他将自己的一部分书摆放在了一家民宿内，这些书在那店内既有装饰作用，又可以作为商品销售，为此，他取得了不错的销售业绩。将民宿与旧书经营相结合，不知道这是不是冉大的发明，但至少让我佩服他在经营上的用心。他又告诉我，这家民宿店恰好离吃饭之处很近，步行不超过五分钟。闻其所言，我立即提出前往一看的想法，而蒋德森先生也没有看过民宿内的陈列，于是我们用餐完毕后，一同来到了这间民宿店。

此店处在一座写字楼内，一路走来却看不到招牌。冉大说现在有些民宿不靠招牌来招揽顾客，更多是在网上宣传，而这家民宿的经营则更为特别，因为他们连网上宣传也没有，仅靠朋友间的口碑相传，这样的做法使得住店的客人有一定的层次，不会出现乱七八糟的住客。

走进店中，果真在店堂内看到了一排书架，有客人正坐在书架前聊天，我当然不便拍照。而后冉大把我们带到封闭的阳台内，这里摆成了茶吧的形式，侧墙上同样摆着几架二手书，冉大说这也是他运来之书。我们坐在这里聊着书界的故事，舒适的环境加上喜爱的话题，真让自己不知今夕何夕。

等客人离去后，我马上赶过去拍照，正在此时走进来一对情

厅堂的陈列方式

侣，那位男士显然是冉大的朋友，他们相见后立即拥抱，而后冉大介绍说："这是白磊先生，白先生是西安著名的藏书家。"在民宿内遇到藏书家，当然是欣喜之事，我走上前与之握手。冉大报上了我的姓名，那位朋友很兴奋，他的女伴则跟我说："我知道你，读过你的《琼琚集》。"她说这本书很好看，为什么不继续写下去，我则告诉她下几集的进展情况。白磊先生提到他藏有我多本著作，希望今后我到西安时，能给这些书签名，我说当然没问题。他乡遇故知，原本就是中国人所认为的人生四大喜之一，而他乡遇爱书人于我而言不输于故知，我们约定下次在西安见。

离开民宿店时天上下起了雨，站在雨搭前等熊先生去开车，我等四人依然聊着书界的故事，来来往往汽车的灯光，使得成都的雨夜时不时地展现出一种斑斓之色，真盼望着成都的旧书业也能在蒋德森和冉大等人的共同努力下，在中国旧书业绽放出更多的异彩。

返回北京后，我准备撰写此文，翻看自己的采访记录，竟然未曾问及冉大在走入旧书业之前的情形，微信冉大问之，而后他给我回了很长的一条微信，这条微信可谓是他的人生简历。为了表述上的完整性，征得他的同意，我将这条微信一字不改地抄录如下：

> 我是重庆酉阳人，酉阳地处重庆、湖南、贵州三省交界的地方，在大山深处。以前属于黔江地区，我们当地有句俗话：养儿不用教，酉秀黔彭走一遭。就说明了地理环境的恶劣。在现在看来老家是山清水秀，当时长期居住在那里觉得就是穷山恶水。

初中毕业后想尽快的工作，就没有读普高，97年去黔江的一所中专上学，学的是会计专业，当时上完学可以回老家在村里或者乡里做个会计工作，那时不想回农村了。刚好99年底中专的最后一个学期学校安排到重庆市江北区一家望远镜工厂实习，说好的是去实习会计，到了以后工厂安排到车间工作，用机器打磨望远镜两个镜筒中间连接的铝片，半个月后因和工厂的老员工发生冲突（因为是计件算工资，老员工说我们打磨的不合格，然后他们拿去上交当成他们的劳动成果），我们同去的几个同学和几个老员工打了一架后跑出了厂区，那天是99年的12月28号。出厂后在重庆市区流浪了五天，也在灯火辉煌的街头度过了千禧年。前几晚上都是睡在街沿或者地下通道。第五天实在没办法了，找家叔冉云飞求救，我叔在重庆的朋友给我200元钱。拿到钱后还了我同学100元，当晚找了一个五元一晚的小旅馆，感觉从未有过的舒服。第二天下午在朝天门坐车往成都投奔家叔，到成都城北客运中心下车仅剩一元钱，找公用电话打了传呼后就身无分文了（那天是2000年元月四日）。

到成都玩了些天，经家叔介绍到四川的门户网站"天府热线"做一名打字员，两个月后学习做网站的文字编辑。因为工作关系可以经常上网，就泡在各个社区玩，包括天涯社区。当时天涯社区最火的关天茶舍、闲闲书话，社区里面的人经常交换一些书籍，慢慢就有了买卖，后来又在闲闲书话中开辟了一个天涯书局，因信息的不对称，家叔当时在天涯书局买了好多四川买不到的书，我又经常帮他整理买回来的书，发现他有好多买重复的，就把他买重复的书开帖卖掉，发现这个还可以挣钱。我也就从公司辞职，到成都的旧书市场淘书回来卖。最开始的时候我对书也是一窍不通，家叔教我就是背书名、作者、出版社等，慢慢的入门。自己跑得最多的地方就是在成都春熙路上的成都古籍书店，家叔带了一年后开始自己单独卖书至今。

冉大的这条微信说得真诚而坦率，他能直面人生，讲述到自己的"走麦城"。其实，没有人能轻轻松松地取得成功，只是能不能讲得出而已。俗话说："不如意事常八九，能与言者无二三。"像冉大这样能够直率地讲出自己经历之人，必是有大勇气者，料想他在未来的经营中，定然能将这样的勇气贯彻下去。不知道未来的缥缃书局还能给爱书人以怎样的惊艳。

后起之秀　位居厂甸
任一峰一峰线装书店

　　我从八十年代开始在琉璃厂看书买书，那时候琉璃厂有十几家旧书店，但名称都叫中国书店，以后多年都没有丝毫的变化，这使得我觉得琉璃厂的古旧书店其实只有中国书店一家。这种格局的形成缘于五十年代的公私合营，其实原有的各家分别都有着自己的店名，比如来薰阁、松筠阁、汲古阁等等等等，公私合营后，这些家都并入了中国书店，成为了中国书店下属的门市部之一。

　　这年年初翁连溪兄来电话，说琉璃厂多了一家私人经营的古书商店。这句话当然令我觉得很新奇，还有谁能够到这狼群之中来经营？随后，我又渐渐听到多位朋友提到这家后起之秀。直到几个月前，我收到一张邀请函，是一峰线装书店所发，邀请我几天后去参加开业仪式。这家书店处在琉璃厂的街口位置，店面的占地面积不小，上下两层，营业面积我感觉有上千平米，店里面已经到了几十位朋友，熙熙攘攘的，感觉很有人气。

　　店经理的名字叫常银昌，是位四十岁上下的年轻人，长得很是憨厚，让我到内室去喝茶，我说自己对看书更有兴趣，于是先在他的店里浏览起来。整个书店成一个大大的"L"形，进门之处是

一峰线装书店正门

"L"的拐角处，右手位置用玻璃橱窗摆了一些线装书，有些书看着眼熟，常经理告诉我，这些书是老板从拍卖会上买来的，然后陈列在这里。这种说法多少让我有些奇怪：在拍卖会上买书，再放到店里作陈列，这如何才能卖得出去？常经理解释说，还有一些书是朋友放在这里代卖，他提到了几个人的名字，我有一大半都认识。

在"L"的另一个边上，正中的位置摆着许多拓片，大多是摩崖刻石，另外还有一些跟佛教有关的绘画。顶头的位置是一个月亮门似的博古架，上面陈设着一些工艺品，穿过月亮门是一个十平米大小的茶室，茶室的两侧玻璃橱内摆着一些线装书，常经理说这些书都是善本。我请他拿出几套来观看。他首先拿出的一部是民国陈三立刻的《山谷内外集》，书还算初印，但函套是后做的。常经理问我此套书如何，我说当然不错，只是没说出下半句：此书虽然刻得漂亮，但毕竟刷印量较大，并且书版今日还完整地留存着。我也没告诉他，此套书版就存在天津图书馆，近期已有几个朋友动议，准备拿出来刷印，并且天津馆已经同意了这件事。

我不知道那种新刷印本出来后，会不会影响该书的价值。但听刷印的朋友告诉我，如果用真正的宣纸，那新刷本的成本也并不

$\frac{1}{2}$

1. 摩崖刻石拓片　2. 民国陈三立刻《山谷内外集》

便宜，如此想来，很可能会将这些老版本的市价提上去，这也是说不准的事情。几年前，有人在嘉德搞了一场于右任书法专场，几百件于右任书法搁在一个场次中，对我而言，浏览一过，岂止是审美疲劳，我觉得举办这种专场的人，真是大失误，这么多东西汇在一起，谁还敢高价购买。然而拍卖结果却让我大跌眼镜，这个于右任专场成交结果出奇的好，所以，有些事情反向思维，可能有意想不到的结果。有朋友曾经跟我调笑说：买东西，一定要问韦力，如果他说这东西不好，劝你别买，那你买下来，过一段时间肯定能升值，为什么要这样反其道而行之呢？因为韦力只会看书好不好，完全没有市场概念。因为这个缘由，我后来再也不敢毁人不倦，也恰因如此，我学会了闭上嘴，没有给常先生乱支招。

参观完展室不久，书店组织邀请来的客人前往广安门内大街另一个会所，这个会所处在临街的一个底商，占地面积很大。我在门口看到了悬挂的牌匾上写着"北京翰林一峰文化艺术中心"，门口站着一位气质颇佳的中年人，常经理介绍说，这就是他的老板任一峰先生。任先生递过名片，我由此得知那个旧书店就是以他的名字命名的，任把众人让进会所之内，里面所有墙上都挂满了当代名人字画。任先生介绍说，自己原本是搞字画的，后来觉得古书没人搞，于是建了这个线装书店，请到众位就是想听听大家的建议，究竟这个书店应当如何搞下去。

这个会所内我最喜欢的一件物品，是那个至少十米长的条案，是由整块的楠木随形制成，这么大块的整料真是少见。众人围着条案坐下，就算是开研讨会，所有在座挨着个一一发言。这些发言中，我觉得中国书店的总经理于华钢先生的讲话最为特别，他说自己在这个店筹备期就去看过几回，他没有暴露自己的身份，只是作为一个普通顾客进里面浏览图书，因为在于总的观念中，琉璃厂就应当是中国书店的天下，现在突然杀进来了第二家，他想进内探探虚实，看过之后，就觉得放心了。于总在会上没有说他为什么放心，然而所有在座者会心一笑，说明大家都听懂了潜台词。于总接着说，他觉得琉璃厂又来了一家同行，对他而言这是好事，第一是证明了古籍事业的繁荣，第二是有了竞争，也会让中国书店做得更好。于总的这番话当然近似于高大上的官话。

嘉宾中的罗琳先生提出了不同见解，他说看到那么大的营业面积，却没有像中国书店那样，有着强大的后援作保障，恐怕今后难以为继，所以他提出，应该以影印古籍为主要营业方向，逐渐打开公共图书馆的购书渠道，才能使这家店生存下去。

那天我倒没有只捡好听话说，提出了一些具体的建议和方式，以我自己的心愿，谈到了一些买书人的心理。当时我也在想，以任总这么大的经营规模，这个书店难道真的是想让它营利吗？我感觉恐怕更多的是醉翁之意不在酒，但因为跟任总并不太熟，在会上我没有讲出自己的真实想法。

那场会之后，我有一段时间没有去过书店，也没有去过一峰线装书店。一天，我给任总打电话，说想到店里拍照，他马上给常经理去了电话，我来到书店门口时，常经理已经带了两位员工在等候。

书店里还是上次开会时看到的景象，只是没有看到什么顾客，这对我拍照当然是个便利，但多少有些替常经理担忧。不过他告诉我，经营情况还不错，因为主要的利润并不能指靠门市销售，并且他说，近期内要搞碑帖展，同时还在筹划一个私人藏书展，已经问过多位藏家，大家都同意提供展品，他也希望到时候我能来参会。我说自己尽量安排。

　　常经理给我出示了几种店里的新品，其中之一是豪华装的木刻《金刚经》朱印本，此经是由非物质文化遗产继承人陈义时先生按照法国所藏底本摹刻而成。陈先生刻的《金刚经》，我曾见过多次，但以往所见是卷轴装，这一部却改成了线装，并且加了楠木板，板面上刻着一诚和传印两位佛教大师的题词。虽然刊刻得绝对漂亮，但毕竟是新东西，我还是对古物感兴趣。

豪华装的木刻《金刚经》朱印本

店内陈设的印章

　　常经理听我这么一说，拿出了一套明白棉纸本，乃是明隆庆间所刻的《沧溟先生集》。这当然是一部名书，干净原装的白棉纸本，确实也算难得，但稀见的确称不上，不过在旧书店中能够看到这么一部书，也总算慰我看书之渴。

　　二楼的另一侧展卖着许多印章，细看之下，均非古章。常经理告诉我，这是当代著名篆刻家的作品，里面刻的都是佛语，每个印章旁都放着一纸印兑。浏览下来，我还真没找到自己喜欢的式样，也许今天的篆刻界中，没人再喜欢刻那种既费工又费力且难有表现力的铁线篆。

　　书店另一头陈列的都是新印线装书，其中还有几十函新刷板的乾隆大藏经，常经理说，这些品种倒比较容易卖出去。看来我要逐渐更正自己的固执观念了。

　　以上参观一峰书店的日期是 2014 年 11 月 15 日，此后过了三年半，也就是 2018 年 4 月初，我准备将此文整理进书稿之中，由此而想到关于一峰书店的细节并未了解透彻，尤其是它后来的发展状况，也未有更多的关注，于是微信该书店经理常银昌先生，他的回答让我略感意外："我已经一年多不在书店了，现在在河南许昌。"我犹豫了一下，还是向他提出："能否将书店经营时的状况向我讲述一些，因为我想将此整理成文。"而他回答我说："书店仍然在运作，我们都希望书店能长长久久。"看来他是希望我采访该店的新经理，但我觉得这位新任经理恐怕难以了解以往的经过，于是我还是向常先生提出，希望能由他来向我讲述该店的过往。他同意了我的要求，并且说，我有什么问题可以径直提出，等他忙过几天后，会用邮件答复我。

这倒是个好办法，于是我临时想出了三个大而空的话题抛给了他：第一，开店期间的趣事，比如与藏书人交往的故事；第二，对于这个行业的看法，包括古旧书在市场上的利与弊；第三，他何以走入了这个行业，为什么又离职而去。我在给他发信的同时告诉他，关于书店的故事我知之甚少，所以提不出太多的问题，在不涉及隐私、不妨碍他人的情况下，也请他给我讲述一些。

4 月 10 日，我收到了常银昌的回信，他很礼貌地客气了一番，而后告诉我许多未曾听闻过的故事。我在回信时向他表示了谢意，同时问他微信中的所言是否可以直接摘引，他回微信说："荣幸之至，只要您觉得合适就好。"如此之大度，让我在引文之时没有了顾虑。

其实在那次开会之时，现场就有人提出，为什么任总要投资建一家线装书店，虽然他有过正面的回答，但并未提及此店的缘起，而常银昌在信中却明确地告诉我：

> 任迎峰老总发心动念创投一峰线装书店始于一个商人对文化的敬畏和情怀，缘于任总与其好友陈真老总和阳泉兄的一次探讨，书店的经营定位和装修改造亦离不开三位的思想交流和相互启发。所以在书店数年的经营过程中，每逢陈总和阳泉兄到书店相访，遇各地老师在店，或购书，或喝茶交流，我总是发自内心地向其他老师介绍：这两位是我们书店的创始发起人——陈总，李老师。

常先生的这段话，让我得到了两个信息。一是该店老板名叫任迎峰，而非名片所写的任一峰，看来后者是他的笔名，但也恰如其分的表现出了他的心态：做事一定要独占高峰，一览众山小；二者，书店的建立跟琉璃厂杰云轩纸店的老板陈真以及书界达人李阳泉先生有直接关系，正是在他二人的鼓励下，任总才建起了这家书店。而这两位先生并不只是撺掇任总建起店后坐视不理，后来还对该店的发展提出了许多建议和相应的帮助，而他们的所言给常银昌留下了很好的印象：

> 陈总作为豫北文化商人，纵横琉璃厂东西街书画市场十数年，秉承河南人憨厚可信的优良品行，每每羞涩作拒，至今想来，那种谦虚不傲的神态和言语让人倍感温馨；阳泉兄才情

高纵，儒雅善谈，总能很好很快地与到店的古籍、书画爱好者老师们打成一片，好像多年未见的老朋友一样，让我油然而生敬佩之情。

任何事情，理想和现实之间都有着差异，常先生以前做什么工作，他在信中并未提及，但从他的表述来看，他对古籍善本的鉴定以及古旧书行业的经营并不在行，同时他招聘来的一些员工在此方面也为空白：

> 书店创建伊始，我们缺乏专业，没有经验，阳泉等老师积极地为书店介绍和引进专业人士，而我们几个作为从河南老家带过来的员工，必须要积极地学习，一方面向老师们学习，一方面加强自身的修养提高和专业知识学习。当时书店每天要召开早晚班会做好当日的计划和总结，每人每天要分享一本书，每周进行一次书面传统文化知识点测评并纳入月度考核。

针对这种状况，陈真和李阳泉两位先生又伸出了援助之手，他们把古籍收藏界的两位资深人士——翁连溪和李嘉波介绍到了一峰书店，正是在这两位老师的指导之下，常银昌结识了更多业界朋友，从而让他开阔了眼界：

> 但是我们的底子毕竟很薄，后来任总通过陈总和阳泉兄的朋友关系，为书店找了掌眼的老师，其中对书店帮助最大的

和能够经常到书店指导的有两位老师尤其让我记忆深刻，就是翁连溪老师和李嘉波老师，通过两位老师又接触和认识了更多的老师，所以在 2014 年底的时候，我想着编个书店对各位老师的祝福短信，自己诌了个对联，上联是"阳泉连溪泛嘉波"，下联是"心慧文大懂光合"，可后来还是觉得，一来直呼老师名讳不敬，二来对仗也并不工整，所以作罢。今日提起此事，只是因为一直内心深处觉得这几位老师确实对书店帮助不少，包括书籍引进和销售，也包括论证立项古籍新印业务的开展等等。

懂得了业务知识，并不等于懂得了书店的经营，尤为重要者，古旧书店的经营又与新书店大不相同，以上的几位先生其实都没有开办过古旧书店，所以他们的建议大多是凭自己的理解，而如何将古旧书店经营好，这仍然需要经理常银昌先生动脑筋，而他在这方面果真下了不少的功夫：

> 书店经营开始，也是传统的坐销模式，等客上门，后来逐步致力于实体书店的平台打造，建立了微信平台，在孔网注册了网店。但是书店经营远非一时之功，几年来一直处于亏损状态。经营过程中，特别得益于琉璃厂良好的书画市场氛围，认识了很多书画圈的朋友和老师。在与老师沟通、向老师学习的过程中，对书店的经营范围和侧重进行了梳理，加大了碑帖拓片以及书画类书籍的引进范围和陈列面积，又进一步在书店

一二楼的四壁书柜上方统一做了展线，以悬挂陈列书画作品和题拓作品。一是广泛地结识书画家老师们，因为他们都是文化行业的精英，每个人都有一些很好的资源和人脉，都是书店的贵人，并能为书店带来很多可能的机会。二是增加和延伸了书店的产品类型，几年来这一块的销售和创利对于书店整体经营功不可没。我对平台打造的目标有了进一步理解，即建造一个大家互利共享的文化平台，相融共生，同时也逐渐清晰了书店的经营定位和经营理念，即以书为媒，以文会友，结缘天下，相融共生。再后来书店又与其他机构合作延伸了传统文化体验活动，我把书店的收益标准定在了双方合作净收益的20%，别人贡献了智慧和创意，别人投入了精力和人力，而书店呢，就是要发挥一个平台的作用，并且所有通过这些活动带来的人群，都是书店免费的口碑推介人员，也是书店现实和潜在的客户。

其实，旧书店与新书店最大的不同乃是货源问题。一峰书店开业之时，古籍版本专家罗琳先生就提到了一峰书店的这个短板。中国书店能够在琉璃厂一家独大，当然有诸多的天时地利人和，其中有一点他人所不具备的优势，那就是货源问题。从公私合营时，很多家旧书店积累下的货源全部成为了中国书店的库存，而此后的三十年间，中国书店的库存不但没有减少，还始终处在增加的过程中。虽然近二十余年中国书店卖出了不少的库存，但与其总的库存量相比，售出部分只是很小的比例。之前的中国书店每年都会向每个门市部进行分货，虽然近些年减少了这样的经营模式，但其长久经营的口碑，使得很多老的卖家依然愿意把藏书卖给中国书店，所以货源问题对中国书店来说，始终用不着动脑筋。

然而一峰书店则不同，它原本就没有库存的储备，虽然说店堂内摆放着一些线装书，但经过了解，那些书除了从拍卖会少量买入外，剩下的则属于代销品。尽管中国书店的有些门市部也会从拍卖会上进货，但那属于有潜在客户需求的状态下进行的拾遗补缺。而一峰书店则不同，其老板从拍卖会购买古籍之时，只是买些适合自己口味的品种，这是藏家的眼光，而经营者需要根据市场眼光来进货，故一峰书店摆放的古籍难有价格优势，也更难符合某位藏书家的口味。针对这种情况，常银昌先生也在动脑筋想办法，比如他在信中告诉我：

> 有一年老师带着我到潘家园寻书，在一家古旧书店里，老师发现了一本清后期抄经写本，字迹端庄楷丽，装帧一派皇家范度，当时与店主谈妥了5万元，老师主动说，小常买吧，当时我犹豫了。市场随机购买，要的就是眼力和效率，但公司自有一套财务流程，怕还是要耽误一些时间的。老师也看到我的犹豫，也表示理解，最后，老师拿下了这本书，一个多月后吧，这本书据说卖了30万。这件事我一直记得，念念不忘，总在想如果要是书店拿下，最起码书店大半年的房租不就解决了么？可是后来我又想，自己没那眼力，再好的东西也会失之交臂，再者书店平台影响甚微，即使有好书放在书店，倘若没有老师们促成，怕

也没能力卖出好价钱来。这让我对"流传有序"这句古籍收藏圈中大名鼎鼎的话有了更进一步的理解，经手过眼不同的人，其故事不同，其价可能也会不同，当然这只是一个揣度而已。

至少近二十余年来，潘家园一直是中国最大的旧书交流场所，虽然这里以旧书为主，但也有几家经营古书者在此开起了古旧书店，而常银昌把眼光投到了这里。自古至今的古旧书店都有着相互串货的习惯，在信息不发达的时代，这种行为很容易营利。不少的旧书商都会到南方去进货，尽管橘过江北则为枳，但古书则不同，转换一个地方，利润可能增加几倍，就是由于信息的不通畅。到如今，资讯的发达使得天涯若比邻，故潘家园的旧书店对市场的价格了如指掌，从这些店买书来经营，显然不是件容易的事。虽然说常银昌也跟随老师到外地去访书，但他依然难以买到差价很大之本，更何况，买古旧书，鉴定真伪是个关键，如何能保证买得之本不是假货，这同样需要长期的磨练才能练就眼光。

对于旧书行业的利和弊，常先生在信中说了一段客气之语，他谦称自己对古旧书行业至今是个门外汉，因为机缘巧合他才走入了这个行业，所以他不敢对这个行业指点江山。而他离开书店的原因，他谈到了两点，一是谦称自己在经营上没有做出成就，二者因为有添丁之喜，为了照顾家庭，他放弃了自己所钟爱的行业。而返回家乡后，他在从事哪个行业，我没有多问，想来，以他做事的执着，一定能够在新的事业上有所开拓吧。

两代沉醉　拓延异域
苏赓哲新亚书店

我对新亚的了解源于业界的口碑，凡是谈到香港旧书店的文章，大多会提到新亚和神州。大约在七八年前，我第一次来到此店，印象中这是我所去过的最高书店，因为它处在一座大厦的十六层。那天的新亚之行没什么收获，我所喜欢的线装书未曾看到几部，而大量的文史平装书又难以让我静下心来一一翻阅，故在该店浏览了二十分钟后，我悄然离去。

就当时的感觉而言，与我事先的想象有一定的差距。后来与书友聊起我的首次观感，朋友们都说我期望值太高：毕竟经过几十年的淘换，香港在市面流通的线装书已经很少，尤其是文物级的善本在这里更是难得一见，但是，近些年火热的旧平装，尤其是新文学版本，却不难淘到，有些是内地也很少见到。可惜这不是我的着眼点。

另外的朋友跟我说，到新亚去看不到好东西，还有一个原因，那就是没找对人。按照香港人的习惯，需要有朋友的引荐，店主才会从密室内拿出一些秘不示人之物，冒然闯到店中，所见当然只能是寻常之物。我觉得这个说法有道理，于是想到了香港的马家辉先

入口

生。马先生是两岸三地颇具影响力的读书人，料想他跟新亚有一定关系。去电问之，果然。

看来找对了门路，而后我报上在香港停留的日期，遗憾的是这个时段马先生与我换防：他将来京与梁文道录节目。但他劝我别急，他会安排自己的助理带我前去看书。

马家辉的助理是他的学生王昊先生，王先生虽然是内地人，但粤语说得不错。按照计划，他带我先转旺角的西洋菜南街，这是香港有名的书店街。马先生告诉我，他已经事先约好了新亚书店店主苏赓哲先生，与之约定的时间是这一天的下午三点。故而，我请王昊带着我先在西洋菜南街转三个小时，近三点时再去见苏先生。

香港的这条著名书店街，根据我个人的观察，十几年来一直成衰减态势，至少街面上的招牌跟书店有关者少了许多。也许是这个原因，原本定的转书店时间富余了很多，而且看过的几家均为新书店。我问王昊，他是否知道该条街上除了新亚之外还有没有其他的旧书店。王昊想了一下，他说马先生带他去过一家，而后带着我前往。我提醒王昊说此时距下午三点还有四十分钟，我们不要晚了约定的时间。王昊告诉我不会，因为这家旧书店也处在西洋菜南街上。

走到了一座大厦的入口处，我看到这里挂着许多的招牌，却没有看到跟书店有关者。进入大堂，有不少的人排在电梯口，乘上了电梯，轿箱内的七八个人竟然都是到16层，真希望这些人都与我为同道，古人说："百年修得同船渡，千年修得共枕眠。"古代没有电梯，但同乘一个轿箱应该不属于同船，不知算卦的人有没有这种

店堂状况

解释。

　　到达十六楼后，电梯门一开，我就看到了新亚书店的招牌。我马上跟王昊说，这不就是下午要去的地方吗？王昊猛然醒过味来，他说自己来过此店却忘了店名，没想到把我带到了同一个去处。然此时比约定时间早了不少，想一想又不知道到哪里去打发这段冗时，于是决定进店内先不打招呼地等候。

　　因为来过，我对新亚书店内的情形有着没由头的亲切感。眼前所见，其摆设方式没什么变化：四壁皆为到顶的书架，正中则是堆成了正方形的书堆，在书堆与书架之间，仅余下窄窄的过道。而与我同乘电梯之人竟然有一大半都在这里翻书，看来新亚书店的存在，使得这间大厦的电梯增添了不少的磨损量。

　　对于这件事，黄晓南在其所著《香港旧书店地图》一书中有如下描写："好望角大厦是一幢有四十五年楼龄的旧式商厦，楼高二十一层，却只有三部缓慢的小型电梯。每天日间，都可见到长长人龙在地下大堂轮候电梯，动辄要等上十多分钟，而人龙接近一半都是为了到访新亚书店。"这本书是我后来从神州书店买得的，看到这段话时，瞬间有了深得我心的愉快感。

我在这里边翻书边磨蹭时间，按照规矩，我请王昊先去问一位中年女士：店内可否拍照？此女士正在与一位老太太聊天，她闻听王昊之问后，反问为什么拍照。好在这句粤语我还能听懂，于是马上走到近前向其解释，自己已经与苏先生约好，只是到的时间早了一些，故而要拍几张照片。

老太太闻言马上说拍照没问题，于是我尽量避开翻书之人，在店内拍一面面的书墙。就面积来说，新亚书店不大，以我的估计，应该在六七十平方米大小。然而这里的书摆放得十分整齐，一排排地浏览过去，这些书也做了基本的分类。店堂的内侧还有几间房屋，在房屋与店堂之间摆放着一张小桌子，老太太坐在那里边聊天边给一摞书标价。这摞书封面相同，看来是新收进者。老太太翻看着版权页，而后观察下书品，接下来用笔在版权页下方标出一个价格，能够看得出，她对这项工作颇为娴熟。从外表看上去，我感觉她有七十多岁，如此年纪还能对旧书业这么熟悉，令我有些惊讶。以我在古旧书圈混迹三十年的经历，似乎少有见到女性对定价如此熟悉者，更何况是上了年纪的老太太。

可惜我的粤语水平仅停留在简单的两句话，否则真想与老太太细聊聊，以我的感觉，她应当知道很多的书界故事。而此时她

定价中

打起电话来，之后将电话递给我说："苏先生跟你讲电话。"我马上在电话中向苏先生表示了歉意，因为我比约定时间早了半小时，苏先生则客气地称，他正在赶来的路上，请我先在店内等候。

通话之后，可能老太太了解到我不是前来闲逛，于是跟我聊起天来。她看我拍摄店内的字画，于是特意挪开些书以便让我能够拍到全貌。她同时跟我说，新亚书店还有一个房间。而后带着我步出书店向走廊的深处走去。

我在走廊的横梁上看到了"新亚图书中心拍卖部"的招牌。前几年就听朋友们议论新亚举办的拍卖会，最引人津津乐道者，则是这里曾拍出过一页张爱玲的信札。那张纸拍了四万多港币，乃是张爱玲手札首次出现在拍卖会中，故而这个价格成为了张爱玲手札的定价标杆。而这里的拍卖会也就成为了爱书人常常议论的话题之一。

这个房间在新亚书店的同一个楼层约往前十几米处，面积比刚才所见还要小一些，里面的陈设方式与刚才所见略同：同样是四壁书架，而中厅摆成一个书堆。在这里也有两位刚才同乘电梯之人，他们看我走进来，瞥了我两眼，继续翻看手中的书。也许是来此看书者有着太多次相遇，使得他们没有我的那种同船渡之感，但这并不妨碍我看到他们时的亲切。

老太太把我带入这间书店后，与一位工作人员打了个招呼就又返了回去。这位工作人员看上去四十多岁，我向他请教：店堂内摆满了书，拍卖会举行时是否另有房间。他说如果来人太多，他们会另外临时租大的房间，一般来说，都在这个房间内举行。我环顾此店，感觉到这里除了书架，剩余的空间恐怕坐不下十几个人。他却告诉我说，这里每过三四个月举办一场拍卖会，而在举办前他们会将这里的书与书架全部清空，即便这样还是有很多人站不进门。

就旧书业经营的历史而言，虽然内地比香港悠久得多，可是从上世纪五十年代直至八十年代之间，内地的旧书业几乎完全停滞，而香港旧书业却未曾断档。1993 年左右，内地兴起了古籍拍卖会，自此之后，这种古书流通方式越发地普及，以至于有几十家拍卖公司都涉猎这一方面，虽然香港的艺品拍卖一直很红火，可是直到今天也未曾听闻香港哪家拍卖公司开办过古籍专场。我私下向多位朋友献疑，他们都认为这是由于香港没有书源之故，可是，难道其他的艺术品就有着拍不完的货源吗？

好在新亚从十年前搞起了这样的拍卖会，虽然说规模不大，拍品也不是太多，主要是旧书和手札，当然也包括一些字画，但就香港而言，也可谓首创之功。而这也正是我佩服店主苏先生的地方：他为何有这样的才情，能够率先在香港办起这样的拍卖会。

眼前所见基本上是平装书，不过还是看到了几函线装书。虽然说，这些书的质量并不高，但在香港能够看到古董书，还是让我略感兴奋。我将这个店的书架一一浏览过去，无意间看到了林怡老师的大作《榕城治学记》。大概七八年前，徐雁先生在北大图书馆举办了《观澜文丛》新书座谈会，我在这场座谈会上得以认识林怡，她的这部《榕城治学记》也是《观澜文丛》中的一种。我立即用手机将此图拍下，而后发给林老师，告诉她其大作与胡兰成的作品并肩而立。

本店中还摆放着不少的古董，标价都便宜得出奇，于是我特意跟店员求证：上面所标价格是港币吗？他告诉我确实如此。隔行如隔山，这些物件能够走入书店本来就是一件趣事，而书店内面积有限，我看到这里的棚顶之上都会吊上隔板，以此来增加放书的空间。在这寸土寸金的商业区还摆放着这么多的古玩，想来也有其道理在。

正当我胡思乱想之时，有位风度翩翩的中年男士走入了店堂，店员介绍说，这就是苏先生。眼前的苏先生看上去约五六十岁的年纪，穿着颇有老派绅士的风度。他对我的到来表示欢迎之意，接着带我参观店堂。他拿出一个纸包，边打开边跟我说，自己的小店无法拿出真正的好书，但既然马先生介绍我前来，他还是找出了几本有故事的书与我分享。

苏先生给我看的第一本书是一册旧装的精装本，翻开第一页，有着大号铅字排印的无框印刷文字，显然此物我难知其妙处。苏先生解释说，这关涉到一段有趣的历史，一百多年前，英国传教士理雅各准备带王韬前往欧洲，但是那个时代去欧洲需要不小的一笔费用，因为理雅各在当地很有影响力，故而香港本地人和洋人纷纷捐款以便让他们成行。而眼前所见，则是当年的捐款人名录。

这册名录上既有中国人的签名，也有不少是外国人，每人都会列明具体的捐款金额。而当年的有心人将这些原始文本搜集在一起，装订成了这样一本书，这当然是十分难得的史料。苏先生的讲解，令我对此大感兴趣。我对王韬这个人有着特别的兴趣在，出于各种原因，他在近代史中起到的作用并没有得到充分的肯定。比如他为什么从上海特意赶到苏州去给太平军呈上自己的建国大纲，他的动机究竟是什么，至少我未看到令自己满意的解释。

他的这个举措被举报到了朝廷那里，慈禧太后下令通缉这位狂妄之徒，这才有了理雅各带其前往欧洲之举。但是，他如何到达的欧洲，这之前经历了哪些事情，相应的史料也同样阙如。如今眼前的这份珍贵史料恰好弥补了这个空白。王韬的手稿虽然我已经搜集到了不少，但所得仅是翻译稿本，从中无法了解到王韬的那些奇特经历，而苏先生的这件藏品却能让人了解到不为人知的历史细节。

苏先生让我看的第二件藏品则为《遐迩贯珍》，此为香港英华书院在 1853 年所印，是当地著名的出版物。虽然说，此刊并不是

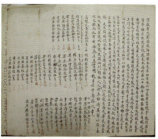

捐款人名录

中国最早的汉文杂志，然其却在中国刊物史上有着十分重要的地位。而苏先生的这份藏品为该刊的创刊号，这应当是搞旧杂志收藏的朋友最喜得之物。可惜，我对此知之甚少。

苏先生又给我看了一件雕版，虽然说雕版的版片我见过不少，但此版片却刊刻于香港，也是我见到的刊刻于香港的第一块雕版。为了保护这个版片，苏先生特意制作了塑料盒，并且附有原书的影印件，可见他做事十分之细腻。

以上所见足令我开眼，新亚虽然是一家旧书店，却有着这么多的难得之物，而每一件都能引起我们的话题，这让我跟苏先生之间迅速拉近了距离。我跟着他又回到了主店，苏先生告诉我说，看店的这位老太太是自己的母亲，今年已经 92 岁高龄。苏先生的介绍令我大感意外，因为怎么看这位老太太也比实际年龄年轻二十岁。老太太热情地向我打着招呼，而我也高兴地跟她说：她是我所见到的年龄最大的书界女性。而后我问苏先生可否给其母亲拍张照片，得到他的允许后，我迅速地抢拍了两张。

拍照完毕后，苏先生跟我说，因为书店内地方狭窄，故想请我与王昊到外面去谈话。他问我在吃喝方面有无忌讳，我告诉他长年在外奔波之人，不会在意这些细节。于是他把我们二人带到了一家披萨饼店。

因为不是正点的吃饭时间，故店内客人较少，能够看得出苏先生是这里的常客，他打过招呼后，店员把我们带到一个僻静的座位，而后我请苏先生给我讲述他的从业历史。

苏先生说，他从 1968 年就创办了新亚书店，到 2018 年该店就有五十年的历史了，在这么长的时段内，他一直未曾离开此行。为

92 岁高龄的曾淑贤

什么旧书业对其有着如此的魅力？苏先生称，因为他从小就喜欢看书，每天放学后，他就会跑到书店内去翻书。等到他大学毕业后，感到旧书业的从业人员基本上学历不高，自己既然如此爱书，应当将所学用到旧书业上。

对于书店名称的来由，我却忘了向苏先生请教。后来在《香港旧书店地图》中看到了黄晓南记录的苏先生的所言："当时跟我合伙的一位股东，是从钱穆、唐君毅的新亚研究院毕业，而且'新亚'意即'新的亚洲'，很有不断向上、革故鼎新的感觉，我们觉得也能代表书店理念，不过这位股东在很早期已经退了股。"

1968 年，苏先生创建新亚时年仅 22 岁，这么年轻就从事这样的行业，会不会有人对其提出质疑呢？苏先生称确实如此，当年他在洗衣街开办新亚时有一位老先生从其门口路过，他看到苏先生时摇头叹息地说："这么年轻就干这个行业，真是浪费人才。"

我原本以为新亚书店乃是苏先生母亲所办而后传给了他，苏先生明确地告诉我，并非如此，书店乃是他个人所创，只是后来自己移民到加拿大，故让母亲看店，自此之后母亲也爱上了这一行，一直从事此业到今天。他告诉我说，母亲的名字叫曾淑贤。

我跟苏先生讲到了这天转香港书店街的感受，我说书业在加速度地衰落。苏先生也认为我的观察基本符合事实，接着向我讲述起当年的辉煌。他告诉我说，自己大学毕业的时候，香港有不少的书店都不向本地人开放。他的这句话让我略感吃惊，苏先生向我如此解释了这其中的原因。

苏先生称，"文革"时期中国内地禁书，但香港还有不少的书，这个阶段内地的书不能来港，而外国的相关人士很想了解中国内地的情形，又无法到内地去买书，于是香港就成为了他们寻找资料的宝地。香港的旧书业为了迎合这种新变化，很多书店都开始专门做外国人及国外图书馆的生意。

但是，国外的这些图书馆和研究者们只是想寻找研究中国的资料，而并不在乎这些书是否为原版。因此，香港的旧书店就专门搜集到这些书后用复印机来复印，而后将这些影印之书卖给外国，这样钱赚得很容易，同时这些书店不愿意再把书卖给本地人，因为卖给外国人赚得更多。那个时段，影印的费用也很贵，因此旧书店卖书时都把价格标到影印的成本之上，所以即使愿意将这些书卖给本地人，本地人也不能承受这样高的价格。

在高峰时，香港的旧书店有一百多家，从事的都是这样的生意。"文革"结束后，内地又重新开始出书，而这样的书店就无法生存，故后来渐渐消失了。

直接将书影印后就卖钱，这种做法也确实奇特。但这么做，会不会牵扯到版权的问题呢？苏先生称确实如此，他说当地也有些旧书店想到了版权问题，有人就找到三联书店想去买版权，三联书店的人答复说，现在"文革"了，这方面的事没人管，想印就印吧。于是各家书店纷纷翻印绝版书，而这些翻印本其实都没有版权。

我问苏先生他当年是否也有着这样的经营。他说正是如此，他告诉我说，当时有一家龙门书店，该店的规模比较大，苏先生有一度跟龙门书店合作，共同开了一家集雅图书有限公司，苏先生就在这家公司专门负责把书卖给外国人的业务。

我当然更为关心香港的线装书流通情况，苏先生告诉我，他也曾遇到过真正的善本，印象最深刻的一次是经了手四册《永乐大典》。这句话吓我一跳，《永乐大典》已然成为了中国书界的神话，虽然这仅是明代中早期的写本，然而其价值却超过了一些宋元版。我到今天也没能得到一册《永乐大典》，这对我来说当然是个大遗憾。而苏先生却经手过四册，我当然想听听他的这个故事。

新亚书店刚开业不久，就有人来卖四册《永乐大典》，卖书者是著名的学人卫聚贤。当时，卫聚贤开价两千元。此书为张大千旧藏，因为上面还有张的题记。苏先生说张大千在题记中称，《永乐大典》是国宝，要沐浴焚香后才能翻阅。而苏先生是文科毕业，当然明白此书的价值，但当时这个价格对他来说很高，他不敢筹资买下，于是马上联系一些爱书人以及国外的图书馆。但是香港没人肯花这么多钱买四本书，国外图书馆则提出只买影印件不要原件，苏先生没办法，只好又将书退给了卫聚贤。

他的这段话让我感觉大有吸引力，马上问他这四本书是否还能够找到。他说事情已经过了近五十年，早已不知这四本书去哪里了。我告诉苏先生：前几年国家图书馆收购到一册《永乐大典》，收购价是八百万元人民币，但是很多人都说买得便宜，而他所遇到者则是五百港币一册，这两者之间有着太大的空间在。

然而苏先生却告诉我说，他遇到《永乐大典》时，当时书店的店租是六百块一个月，在九年前也就是 2008 年他从那个店迁了出来，此店的店租已经涨到了十二万元每月。如果按照房租来折合，当年的这四本《永乐大典》相当于四十万元。所以说，书价没有便宜过，而那时他刚从事此业，不可能花这么大笔的钱留下这样四册书。

对于现在的书市变化，苏先生认为，虽然自己已经看不懂，但他觉得这都是一种必然。而后他向我阐述了这样一个观念，他认为整个宇宙其实只存在两样东西：有和无。无充满了宇宙，而无又是一种感知，它会进入人的脑中。他觉得无就像看不到的电，电进入了电灯，于是就能照亮，而无进入的脑中，就成了人的灵魂。当人离世后，无又会进入别人的脑中。苏先生举例说："洗衣机的电和电灯的电无法区别，所以说无是没有目的性的。"他认为这个世界就像宽大无比的录影带，而人脑在经历某种事情时就如同录影带的同步扫描，一切都是上天的注定，录影带只是放出来事先录好的内容，所以天下的所有偶然其实都是必然。

苏先生的这番话已经达到了哲学高度，显然我难以跟上他的思路。于是我还是把他拉回到现实的书业中，他告诉我说："有些人很傻，他们认为书店的减少跟电脑有关系，其实这样的说法需要修订一下，新书店才跟电脑有关系，旧书店与之关系很小。"那么旧书店的减少会跟什么有关系呢？苏先生给出的答案是：房租。

我十分好奇于香港的藏书情况，我所认识的两位香港藏书家所藏都是线装书，而藏旧平装的情况我却不了解。苏先生直率地跟我说："我常说我们店的客人大多都是不看书的，也正因为如此，这个店才能经营下来，如果这些客人都要把买到的书一一看完，那我们书店早就关门了。"而后他以女士买衣裳为例向我阐述着自己的观念，他说很多女士大量买衣服，其实并不是为了穿，因为她们平时穿来穿去就那么几件，而很多买书人买了一屋子的书，其实也不是为了看，他们像女士买衣服一样，只是陶醉于这种拥有感。有不少的买书人前来书店翻书，享受的就是这个过程，书买回去高潮就过去了。而女士买衣服，拿到家后，也同样过了高潮期。

为了证明自己所言不虚，苏先生告诉我，他们从一些爱书人那里整批收回之书，在整理上架时，有的还贴着店家封起来的胶带，也就是说，某人把书买回去后，放了几十年根本就没有打开过。所以，苏先生的观念是："这些人不是以藏书为乐，而是以走书店为乐。"他说当今的很多买书人都是这样。为什么会是这样呢？他的所言正是我好奇之处，而苏先生则称："我有这么多书，显然我很有学问，这是大多数买书人的想法。"

他的这段话让我略感惭愧，几十年来，我也买了几屋子书，但说实话，我真觉得自己没啥学问，因为读到那些重要的著述，看到那些学人们能写出如此的传世之作，真让自己望洋兴叹。总之，我的感觉是自己买书越多，越能看到自己的无知与渺小。而苏先生所言的这种心态，我自己有没有呢？细想之下，似乎也有些影子，而这个影子则来源于获得感给自己带来的充实，也许其他的爱书人也像我一样吧。

关于货源枯竭问题，苏先生也有着他的看法，他说这种事情的确存在，有些书店关张就是因为书卖光了。他说自己刚入行时，书源还比较充裕，现在的确少了许多。但他却对此保持乐观，他认为民国旧书虽然少了，但五十年代的出版物又顶了上来，过几十年，今天的这些出版物又成了人们寻找的目标，所以从理论上来讲，旧书是卖不完的。

相比较而言，香港的古籍的确不多，苏先生也承认这一点。他说自己刚入行时，澳门古籍很多，所以香港的旧书店主都会到那里去进货，但近些年澳门的古籍也基本卖光了。奇特的是，澳门始终没有产生长期经营的旧书店。苏先生也承认，旧书业属于夕阳产业，但他认为如果认真经营，还是有很大的生存空间。他说新亚能够生存这么多年，其主要原因之一，就是他本人一直在想办法。

苏先生说，一般的旧书业经营者都是在店里等客上门，收到什么就卖什么。而他自己从头就不这么做，他说自己的店每天都要关门几小时，而后用这段时间到港岛、九龙等地去找货源，他承认这是件辛苦活，而后他讲了个有趣的现象："人类发明轮子已经有了几千年，但是把轮子安在行李箱上却是近几十年的事。我年轻时候到处收书，就没有这样便利的行李箱，只能自己把书背回来。"

对于他的这种经营方式，黄晓南在《香港旧书店地图》中也同样有着类似的描述："难得的是，正因经营有方，苏先生坦言新亚近年生意额并无下降，反而'按部就班'平稳向上。但他也认为，货源是在经营上的最大挑战，'这是经营旧书店永远要面对的问题，虽然我们有不少旧客户，但他们走了（过身）之后，就再没有下一次，所以我们要不断开拓新的货源，给你一亿元做本金也没有用'。"

其实苏先生在书店经营方面不仅是勤于找货源，他还有开拓精神，勇于到处开店。苏先生告诉我，他曾在加拿大开书店达十五年之久，那家书店的名称叫"怀乡书店"，如今已经结束。1977年时，他在台北的中山路还开有一家店，那家书店专门卖字帖。我问他是哪种字帖，经过他的描述，原来是碑帖的原拓本。那家书店名叫"明心书店"，但因为难以请到合适的人，后来也停业了。苏先生还说，他曾经跟一家美国的基督教背景的基金会进行过合作，把图书大量转给内地的西北图书中心和西南图书中心，这两个图书中心分别设在陕西师大和云南大学。

苏先生还曾经跟香港的三联书店在深圳办过书展，那是八十年代初期的事情，不过他说那场展览并不成功。当时国内有不少大学图书馆都派人来参加这届书展，但因为所展之书主要是台版书，那时台版书的价格让内地大学无法承受，所以卖出的书很少。这个情况事先未曾料到，原本香港三联书店答应展销会上没有卖出的书由他们全部买下，结果也变得无法兑现，苏先生只好将这些书存在内地，而后由他陆续售出。

他对于自己的这些经历颇为骄傲："很少有人跨地区去开旧书店，而我的这些所为有可能是独一无二的。"

我跟苏先生又聊到了他的母亲，因为我看到老太太在那里给书标价，苏先生笑着说，这也是没办法的事情。他说自己跟母亲的经营思路不同，自己喜欢有好书要留得住。他的这句话让我想到了刚才他向我展示的几种珍本，当时我就意识到，这很可能是他的经营思路。而苏先生说，母亲不认同他的这种经营方式，每当收到一批书只要苏先生不在店内，母亲就会立即标价上架将其卖掉。他说有一回自己在加拿大，听说店内收到了一批书，他感到这批书中会有不错者，于是跟母亲讲先留一留，他三天后就会来港。可即使只有三天，母亲也等不及，马上把那批书标了价格。而苏先生在电话中听说母亲把一本沈从文的签名本标为了一千块，他坚决让母亲改为了三千块，没想到转天就让一位深圳人买走了。听说这位买书人将此书标价十五万挂到了网上。

我在新亚书店看到了一幅沈从文的书法，上款正是苏先生，沈从文的书法作品近年均能拍得高价，苏先生竟然与之有交往，我当然很想听这里面有着怎样的故事。可惜聊天时，忘记问到这件事，恰好黄晓南的书中也提到，我将其摘引如下：

> 经营旧书店近五十年，苏先生也跟不少文化人结下缘分，其中一位是沈从文，"'文革'结束之后，沈先生想重印著作，但不少作品连他自己也没有，在'文革'中一早已烧了。所以他经朋友介绍，来到我们店里，我帮他找到不少旧作。自此我们成为朋友，他不时写信、寄签名本给我，又写书法送给我，例如店中挂着这张，历年来很多人出很高价钱，求我卖给他们，但我坚决不卖，因为这代表一份情义，是无价宝"。

对于这段话，苏先生告诉我，可能是黄晓南出错了，因为沈从文并未来过店中。这也看出苏先生言谈中的严谨。

关于收书过程中的故事，苏先生在其送给我的著作《百劫苍茫阅世心》一书中有"明义士要苦笑"一文。我对明义士颇感兴趣，因为他收藏河南安阳出土的殷墟甲骨最为有名。我也藏有明义士的一册文字学研究稿本，故而当我读到苏先生的这篇文章时，以为他谈的是这方面内容，然而没想到的是，他讲述的却是自己收书的一段奇特经历：

> 日前，香港的新亚书店发生一件开业四十多年首见怪事：有位藏书家去世，遗嘱将藏书馈赠予他常去的新亚书店。他的遗孀亦饱读诗书，谨遵先夫所托，吩咐书店派人取书。这批藏书十分贵重，主要是关于甲骨文的著作。单是全套《甲骨文合集》连补编及来源表，时值就以港币万元为单位计，其它如《英国所藏甲骨集》《甲骨刻辞类纂》等，也都是很昂贵的大部头珍本。可是书搬到旧书店，一打开来，每本都给撕掉数十页。这等于是报废了。

收到一大批残书，这当然是遗憾的一件事情，苏先生给赠书人的遗孀打电话，没想到对方承认是她撕的。但是这位遗孀并未解释撕书的原因，而苏先生又很绅士地未曾细问。不过他还是有着很强的好奇心，最终打听到了结果：

> 幸好得到答案，藏书家夫妇是虔诚基督徒，丈夫去世，

> 一批教友热心地上门安慰祷告，发现这批将要送给书店的书籍，大家都认为甲骨文是崇鬼的殷人占卜之辞，是迷信，不应再流播，但又不想违背藏书家赠书遗愿，于是出此"两全其美"的撕书妙策。

这真是匪夷所思的想法，但事实不容改变，一个人的观念会左右其行为。而对于旧书业，遇到此况也只能是苦笑面对。我从中也体味到了收书的不容易。

对于新亚搞拍卖之事，我当然很有好奇心。苏先生说他已经搞了七八年，而在这些年中他也了解到了一些经营手法上的拙劣，比如有的旧书店经营者在拍卖会上或者网上通过自卖自买来抬高书价，而后私下里再以稍低于拍卖价售出此书。这些人本以为得计，但苏先生却觉得如此做法看似聪明，其实很笨，因为很多人在卖书时都会先在网上查价格，一旦查到高价，那么旧书店收书就会很难谈价，所以有些人的这种做法等于是断绝了自己收书之路。

我仍然好奇于他当年拍出的张爱玲手札，苏先生则给我讲述了这样一个有趣的故事：某人收到了一百封文人手札，他想一块出让，每一封信要价四百元。有一人挑选一番，决定只买下其中的九十九封，此人挑选的理由是：这九十九封是用毛笔所写，仅有一封是用钢笔所写，而他坚决不收钢笔信札。没办法那个卖信人只好留下这封，而被拒买的那封信就是张爱玲所写。

后来这位卖信人把剩的那一封张爱玲手札拿给新亚上拍，起拍价为一千二百元，没想到的是，这封信竞争激烈，竟然以四万多元成交。更有意思的是，当初买九十九封信的这个人也在拍卖现场，他眼看着自己四百元不要的信变成了四万多元，其后悔程度难以形容。

这件事对苏先生也有心理影响，他马上意识到，张爱玲的墨迹有着这样强大的号召力，于是他就想到了香港著名导演王晶的爸爸王天林，因为苏先生知道张爱玲当年写的不少剧本都在王天林手中，于是他立即去电王天林，说自己想买这些剧本，而王天林却告诉他这些剧本早被他扔掉了。

苏先生也说拍卖使他对市场有了新的认识，他说自己虽然从事旧书业这么多年，但他积累的经验在当今而言，变得没什么用处了。所以他更多地把心思用在思索书界变化方面。他也承认，搞拍卖乃是效仿内地，在效仿中有他的创新，同时也让他能够确定更恰当的收购价格。比如他曾拍出一页金庸的手稿，价格竟然高达十八万元，这是他事先想不到的情况。但苏先生也说，书价并非总是高涨，比如说上世纪八十年代出版了一些名家画册，前几年特别受市场追捧，价格高达几千块一本，但几年过去了，现在跌到了高价时的十分之一。苏先生同时还告诉我，线装书的价格始终没有降下来，但在香港只是很难收到而已。

经过三个多小时的访谈，我从苏先生那里了解到了太多的细节，由此而让我明了任何一个行业都有其特殊性，而苏先生则是香港旧书业中理性之人。不仅如此，他还不时有着学术创作。他赠送了我三本自己的作品，回来后翻阅，让我了解到他对很多问题都有着自己冷静的思考。比如他聊起朱自清的《背影》，那篇文章讲述的是父爱的伟大，他却有着别样的解读。而他对郁达夫的研究更是深入而彻底，恰好我的公微号在那一天发出的正是我对郁达夫故居的寻访之文，这样的巧合不知怎样解释。苏先生赠我之书中都钤盖着一方闲章，这方章的内容是《金刚经》结尾的那段偈语："一切有为法，如梦幻泡影，如露亦如电，应作如是观。"只不过省掉了最后一句。我问苏先生为什么会是这样，他说："前三句是观念，而最后一句则是指导。"这样的解释方式，令我耳目一新，这也正说明了即使对历史上最为人熟悉之句，苏先生都会有自己的深度思考。

偶入书行　持续屯货
陶相伯群芳阁

　　到达沧州后，我问梁振刚先生，沧州有没有古旧书店。他说公家的没有，私人办的倒有两家。我请他推荐一家在经营方面既有特色又有名气者，他想都不想地说出了群芳阁。这个名字我怎么听都不像是旧书店，而梁先生是当地有名的爱书人，想来他的推荐不会错。

　　群芳阁不在老城区，而是在一片典型的新区建筑内，感觉上这里距沧州高铁站不远，而在这样的区域内建造一座面积不小的古玩城，看来当地对于经济的发展前景很有信心。从外观看，古玩城更像是某个政府部门，尤其门口排列的一长排匾额，更有着某机关团体联合办公的味道。

　　古玩城看起来刚刚开张不久，走进大堂内，里面的装修风格倒是有些艺术气息，然而却看不到一位顾客。登上二楼，在右手第一家就看到了群芳阁的匾额，这几个字竟是出自大书法家刘炳森之手。店主似乎跟梁先生很熟悉，他刚听到声音，就迎在了门口。这位店主看上去也就三十多岁的年纪，长得身宽体胖，留着乱蓬蓬的一头长发，如此前卫的旧书店主，在业界还真不多见。我夸赞他颇

群芳阁正门

具艺术气质，他冲我哈哈一笑，说自己这个模样到偏僻乡村收货时不容易被欺负。长发跟受欺负之间的关联，这需要脑筋急转弯，至少我未能想出所以然来。

递过名片，原来群芳阁主名叫陶相伯，此名颇有古意。陶先生自嘲地一笑，告诉我这只是业名，他的本名叫陶立冬。我仍然好奇立冬作何解，他又是一笑地说，自己是十月份生人，当然就是立冬所生了。陶先生的直率让我感到很舒服，甫一见面的客气也就消失殆尽。于是我忍不住地问他，书店的名称为何叫群芳阁，怎么听起来感觉像是洗脚房按摩院。陶先生对我的所言不以为忤，他说此店名乃是朋友所起，这位朋友对《易经》研究很深，"群芳"二字乃是好书荟萃之意。这个词有这样的解释，倒令我肃然起敬，他的这位朋友真可谓解得善本之精粹。而我的芷兰斋不也同样是这个意思吗？一念及此，我突然感觉到与陶相伯之间有了"我们来自五湖四海，为了一个共同的目标，走到一起来"的奇妙感。

走入群芳阁，环顾整个店面，感觉面积大约在五十平方米上下，其格局近似于正方形。进门正中的位置迎面摆着一尊毛主席半

1
—
2

1. 橱窗前的摆设　2. 古今交融

身胸像，像的后面乃是两排玻璃柜。冲着电梯的一面是两扇大的橱窗，而橱窗的下方左右两侧各摆着三个玻璃柜，每个玻璃柜里放的都是古书。在这样一个崭新的古玩城内看到如此多的古书，且不论版本如何，至少让我顿生亲切。橱窗以外的三面墙壁上全部挂着字画，看来这里也有字画类的经营。而在墙角的位置有两个小的博古架，上面的陈列物也是线装书。线装书的上端则有新旧两个镜框，镜框内装的还是毛主席画像。细看玻璃柜内的书，有几部明清宝卷颇为稀见，另有一函清代钞本也很是难得，由此可见，群芳阁的确名副其实。

梁振刚先生在介绍我二人相识之前，也来这里看过几部书。这一次，因为事先梁先生来过电话，故店主拿出了几部不错的书让我欣赏，其中有两部梁先生未曾见过，于是略显诧异地问陶先生，为什么之前没让他看过这几部。陶相伯依然是略略一乐，说自己忘了给拿出来。我侧脸观看，原来是纪晓岚的《庚辰集》，于是瞬

纪晓岚的作品

裱本碑帖

间理解梁先生何以在意这部书。因为纪晓岚属河间人，而河间正是沧州地区，纪晓岚对《四库全书》有那么大的贡献，沧州地区的爱书人当然以这位乡贤为傲，故而跟纪晓岚有关的古书，在当地最为抢手。仅凭这一点，就足以说明陶相伯很具经营头脑，看来他收到这一类的书，并不急着出售，他有信心找到最好的买主。

正在此时，梁先生接听了一个电话，然后他说临时有事，过一会儿再来接我，让我跟陶相伯单独采访。而我在送梁先生出门时，无意间看到群芳阁侧墙上挂着一幅书法作品，上面仅有"清高"二字，落款却是"其章"。我立即用手机将其拍下，而后发给谢其章兄。其章兄马上回微信调侃说："我写得这么差吗？"虽然说，谢老师的字确实不差，但他能如此清高，却不太可能。

群芳阁里的另一类收藏是碑帖，我在这里看到了不少老的装裱册页，还有一部《金石图说》，虽然这是一部刻本，但其讲述的内容却是碑帖。在陈列中我还看到了《海山仙馆藏真帖》，我曾在广州看到此帖的原石，虽说该帖并不稀见，然相隔千里看到这样的拓本，还是有时空错乱之感。群芳阁的线装书确实数量也不小，可贵的是陶相伯更为重视钞本。他告诉我说，相比较而言，钞本不如刻本好卖，但他还是觉得钞本更有价值，因为钞本是一个字一个字写出来的，而刻本刻好版后，能够印许多部。我赞赏他的理解很正确。

陶相伯注意到我一直在浏览店堂里的字画，可能以为我对此更感兴趣，于是从皮柜内拿出一个粗大的手卷，展开视之，这个手卷虽然是新裱，画芯却是版绫地儿，徐徐展开，长度估计在五米以上，落款则为"雍正十一年秋七月朔书于静远斋"。静远斋乃是果亲王允礼的堂号，于今而言，这位果亲王已经是"天下谁人不识君"，这倒并不是因为他的书法享誉天下，而是由于那出红

高头大卷

得发紫的《甄嬛传》。允礼跟甄嬛之间的爱情故事管它是真是假，但果亲王之名却得以直入人心。我笑着跟陶相伯说，这幅字卖晚了，如果在《甄嬛传》最火的时候拿出来，一定能够卖出上好的价格。

　　浏览完群芳阁的大致情况，然后坐下来，请陶相伯给我讲述他的从业经历。陶相伯说起话来从容而诚恳，他说走入此行跟上学时的经历有一定关系。陶相伯毕业于技校，在上学期间，他同宿舍的一位校友很喜欢看书，不知是谁的提议，他跟这位同学在学校路边摆摊卖书，第一天白天卖出了70元，而后又在夜市中卖出了80元，而那一天的成本却不到20元，因为这些书是他们从废品收购站以每斤1.5元的价钱买来的。旧书价格如此便宜，我马上问他，这是哪一年？陶相伯告诉我这是1996年。我又问他何以知道要到废品收购站去收书，他说这跟自己的学业也有一定的关联，因为他学的是钳工，故而会帮着别人攒自行车，某天他到废品收购站去找旧自行车上的零件，在那里看到有很多的旧书。

　　这次卖书的经历在陶相伯的心里影响很大，他意识到旧书利润竟然如此之大，远比攒自行车要好得多，于是决定从事旧书买卖。陶相伯同时向我强调，其实他从小就喜欢书，只要看见书就感觉亲切，所以后来以书谋生，也算是了了少年时的心愿。

　　在旧书经营的过程中，陶相伯接触到了连环画，他发现喜欢藏连环画的人是一个很大的群体，但是得连环画的渠道却是一般人所不了解的。一次偶然的机会，他得知天津沈阳道的鬼市有很多连环画，于是他就赶到那里去进货。鬼市上的书十分便宜，几十块钱就能买一大袋子连环画，但是他发现买回来的这些小人书，有一些并不好卖，一是因为品相差，二是因为名气小，而后他渐渐明白了其中的门道，原来只有名家的绘画作品才更受人追捧，尤其是获奖的连环画作品，更受藏家所喜爱。他开始学习这方面的知识，从此知道了刘继卣、王叔晖、任率英、钱笑呆等等是连环画的大名家，并且也会查出哪本连环画获过一等奖。

2000年，河南藏连环画的名家强者在郑州举办了连环画交流会，陶相伯带了七部清末民国的连环画，特意去参加此会，但是他所带的连环画可能太过高端，竟然没能成交。然而他在此会上也有个大收获，陶相伯经过观察，感觉到"文革"连环画有着很大的潜力，从此转向经营这类连环画，果真取得了很好的收益。由他的这番讲述，我明白了群芳阁内为什么有这么多的"文革"物品，看来，现在"文革"类的物品有着很多专门的藏家，至于这些人是以怎样的心理来收藏此类物品，那是另外一个话题。有需求就有市场，陶相伯能够迅速地发现商机，也足见其有着敏锐的经营头脑。

虽然连环画和"文革"出版物都很火，但陶相伯说他始终没有放弃线装书，他说无论哪些书，火与不火，就价值来说，还是线装书最大。这句话让我听来颇感惬意，我问他从什么时候开始收购线装书。他说自己在经营之初就对线装书高看一眼，在1996年就收到过一批古籍，从那时起，便深深地喜欢上了这类书。他感慨于那时线装书价钱之便宜。那时市面上见到最多的线装书乃是四书五经，这类书平均四本到六本一套，一套的价格根据品相不同，在50元到80元之间。他说那个时期鼓词也很多，而鼓词的价格更便宜，平均下来才 25 元一套。因为喜好线装书，所以他一次就买进好几百套。

他能以这么便宜的价格买到线装书，想来也真是难得。我很想看看他以这种便宜价钱所收到的货色，陶相伯笑着说，这些书大多都卖出去了，因为他全家的吃穿用度都是靠这些书赚来的钱，所以他感慨地说，自己留不下好书。他向我强调，越是花大价钱买来的书，就越是放不住，因为资金太大，砸在手里感觉不踏实。某次，他花 20000 块钱进了一部线装书，两个星期没卖出去，就让他坐不住了，于是很快就以 18000 元处理掉了，虽然赔了 2000 元，但陶说，还是觉得能够收回来钱更踏实，然而也正是这种心理，使得他剩在手中的书都是普通本。

但我觉得，从群芳阁陈列的情况来看，陶相伯还是留下来不少的好书，这说明他并不是像自己所说的那么沉不住气。果真，陶相伯笑着说："我向你讲述的是以前的心理，现在我对古书内行多了，反而感到，越是好书，越不怕放。"

关于国内的进货渠道，陶相伯说，他主要是从北方的几个城市进书，主渠道则是天津，虽然说天津的旧书市场几经变幻，从二宫到三宫，而后是文化街、鼓楼，一路变下来，但那里的旧书业始终未曾消歇，而北京的报国寺也是主要进货渠道，到如今他每个月还要去一趟潘家园，另外北京的大柳树也是主要的货源地。他强调说，为了进货，有时候几天都睡不了觉，比如大柳树市场，凌晨两点就开始，等到天亮市场就都散了，陶相伯认为这样的市场比较有生存能力，因为不影响交通，也就不会被取缔。

但陶相伯感慨说，现在收书的价格越来越高，以前50元、80元一套的四书五经，到如今已经涨到了1500元到2000元。而市场涨得太快，跟有人专收有一定的关系，比如前一个时期有位山西人专收这类古籍，此人不论书名，不论版本，只要带盒的书。我问陶相伯，什么叫带盒？他解释了一下，原来就是函套。看来这位收书者只需要原函原装的外观，对内容没有兴趣。而陶的一位朋友专给此人供货，有时候攒够一卡车，一并送过去，所以这类书的价格迅速地涨了上去。但不知什么原因，山西的那位大客户又突然不买书了，因此这些书的价格也就迅速地降了下来。即便如此，这样的一部线装书，价格也在1000元以上。我问陶相伯，他觉得这类书值不值这么多钱？陶认为不值："明版书也卖这个价钱，凭什么清末本能跟它同价？"仅凭这句话，就足见陶相伯确实是懂得版本的门道。

　　谈到今日的市场，陶认为眼前的低谷只是暂时现象，古旧行业终究还会前途光明，所以他敢于大量的囤货。陶问我是否认识天津的胡顺利，我说当然，我不止认识小胡，还认识他父亲老胡，老胡曾在50年前收了一些书，后来被我买到了手。陶说他不认识老胡，但从小胡那里收到了一大批的书。当时胡顺利在天津三宫开店，不知从什么渠道买到了一大批河北大学天津分校的俄文版书籍，这类书在市场上很难卖出，但陶相伯认为这样的书可能有其价值在，于是就将这批书全部买下，而后雇了一辆大卡车拉了回来。因为数量太大，他请了五个人竟然干了一整天。陶说这批书是在2000年买下的，当时花了不到一万块，这么多年过去了，这些书还放在他的仓库里，他说自己有八大间库房，现在已经堆满了各类书。

我好奇于陶相伯为什么敢于买下这么多俄文书。他坦称自己不认识俄文，但他却认识书皮上的头像，因为他认出其中一个头像是高尔基，他觉得高尔基是个伟大的文学家，他的原版书不应当这么便宜，所以他还是认为这些书很有价值。除此之外，陶还包下过多家图书馆的清库书，有时一买就是几万本，而其买进的价格是一块钱一本，他认为有些书的价值要比这高得多，比如其中成套的《鲁迅全集》《二十四史》。他说自己买下这些书后并不出售，而是放在库里，因为心里感到踏实，一旦别人问到他有没有这些书的时候，能够说出一个"有"字来，他为此觉得很自豪。以陶的话来说："否则没法跟人说话。"

谈及现在的情况，陶说，他也不再乱买了，重点买一些精品，但他坦陈买精品很不容易："以前东西多，但兜里没钱，而今有钱了，好书却不见了。"他告诉我说，除了本店之外，他在东站还有一家书店，那里也堆满了书，数量虽然不少，但精品却不多，他始终觉得这是个遗憾。

对于旧书业的经营，陶相伯认为孔夫子网的出现是一个转折点。我问其何以知道了孔网，陶说某年他来北京参加地坛书市，在市场上看到孔夫子网设摊位招商，于是他就加盟了此网，从此之后，他拓展了自己的进货渠道。通过孔网，他联系上了沈阳的一位书友，从那里一次性地买了一批书，这批书他卖出了好价钱，赚了6万多块，他一高兴，就用赚得之钱买下了自己的第一辆车。

谈到字画市场，陶相伯坦言，新字画跌价很厉害，老字画相对好一些，但最稳当的还是古书，最保值的也是古书。以他的话来说："文化到什么时候都不会断档。"他的这番信心让人感到振奋，也因为这种心态，他说市场不好的时候，依然敢到各地去收线装书，只可惜难以收到像样的好书。陶相伯告诉我说，现在北方最大的古玩交易市场不是潘家园，而在山西的张兰镇，张兰镇有五个大的交易市场，虽然以古玩为主，但是书也不少，可惜好书太少。另外德州也有交流会，但书很少。而第三大古玩交易市场则是在锦州，那里也有交流会，但陶在那里没有捡到过便宜。他买书最多之地，是在张兰镇。以往陶相伯带5万块钱到张兰镇，走不到一半，钱就花光了，如今在那里转两圈也花不完2万块。他感叹于市场上能够见到的线装书越来越少，因为这些书大多到了藏家手中。我不知道他的这句话是否在暗指我，但我未向他印证这样的说法。

陶相伯说在收书的过程中，也能遇到很好的人，某次有位老大爷带来了一批书，说这批书在家中保管不善，现在都受了潮，他很担心这些书碎在自己手中，因为这是一种罪过，所以他跟陶相伯说，如果感到品相不好，他愿意把这些书送给陶。老人的这番话令陶很是感动，他翻看了一下那些书，确实品相差，也没有什么好的版本，按照一般情形，最多500元就可以买进，然而陶却给了这位老人800元。他说这些书放到现在也没空整修，他认为卖书虽然是为养家糊口，但同时人生也要做一些有意义的事。

陶告诉我，收书的确很不容易，但如果能够坚持，也会得到意外的收获。某年，他认识了一位在庙里画壁画的人，此人告诉他，家中有八套民国连环画，这个数量让陶很动心，于是就在寒冬腊月骑着一辆摩托车赶到了此人的家乡，因为天气太过寒冷，他到达此人家中时，身体几乎被冻僵，进门之后，他用此家的被子将自己包裹起来，过了好半天才能说话。如果不是这样的热忱与执着，他也许就买不到这些好书。陶向我感慨说，只要吃得了苦，还是能够收到好书，但好书收到后，还要敢于长期地压货不出，只有这样才能赚到高的利润。比如某次，他花 1300 元买到了 24 本的《聊斋》，这个价钱在当时已经不便宜，两年之后，他以 4900 元卖了出去，他说现在这套连环画在 5 万元以上。正是由于这样的心理，使得他敢于在库房内大量地压书，但他也说，自己资金有限，所压的线装书大多是残本，这些书他不做整理，只是整箱地堆在那里，他想等自己老了以后，再动这些书。而前几天，他为了找出某部书，从一个箱子内翻出来一套明版，他印象中这部书是花几百块买来的，摆到店里，仅两天的时间就以 13000 元卖了出去。

即便如此，陶相伯也不想整理自己的库存，拿出来销售，以他的话来说，越懂行，越不好卖，越看得明白，越是坏事，因为自己买书卖书都变得慎重起来了，这样不利于经营。他同时也说，近些年名人手札很火，但造假也厉害，因此他不敢再收进这类货。但对于线装书和旧书，就可以大胆地收进，只有大量地存货，今后才有生存空间，而无论多好的书和多坏的书，都会有人买。他跟我举例说，前几天在整理自己家的阳台，无意间看到墙角有一张民国老照片，这张照片已经被家人踩得折了角，他随手拿起拍张照片挂在了孔网，没想到 8000 元拍了出去，当时他很兴奋，也觉得奇怪，后来经过打听，原来与之同样的照片在几个月前的一家拍场会上，以20000元拍了出去。虽然他将踩在地上的照片卖出，但照片上到底是什么人，他至今也说不清。陶也坦称他对照片完全外行，对书却比较在行，他说自己一眼就能看出明版书。

虽然明版书价值较大，但他也谈到市场贵近贱远的陋习："乾隆的卖不过民国，民国的卖不过'文革'，而'文革'色彩浓的最好卖。"这倒是我完全不懂的商业规律，我向陶进一步请教，他就以毛选为例，告诉我说："纸皮的比不过塑料皮的，塑料皮的比不过烫金字的，烫金字的比不过布面的，而布面的比不过羊皮面的。比羊皮面更高一级的则是羊皮面烫金字，但即便如此，这样的版本也卖不过线装本的，因为线装本是专门给领导看的。"我想，他所说的领导看的线装书应当指的是"文革"大字本。除此之外，他说外文版的毛选也很好卖，比如朝鲜版的市场价值在两到三千元间，而越南文的三册装价格则上万。

看来每个行业都有其内在的商业规律，他的所言让我被普及了知识。谈话的过程中，我无意间看到其柜台里侧摆放着十几只旧皮箱，陶相伯立即走上前打开让我观看，里面放满了线装书。我好奇于他为什么用这些老皮箱来盛放线装书。陶说开始并非是有意为之，因为他每次到北京等地收书时，一旦收的数量大，身边携带的装具就不够用，所以他就会顺手在市场上买下几个旧皮箱，而每个箱子的价钱仅几十元，他觉得这也是老物件，今后说不定会有价值，因此他每次收书都会买几个回来，而今已经积攒到了几百个。

听陶相伯聊天，让我感到特别过瘾，这不仅仅是因为他说话的坦诚与直率，更多的是他让我了解到自己不熟悉的一个市场，在这个市场上有着更多的爱书人，而正是有着像陶相伯这样的经营者，才使得失落于地摊上的线装书被收拢起来，经过他们的手，又到了爱书人的书架上。从这个角度而言，我真心祝愿陶相伯的群芳阁能够长久地开办下去。我们谈着话竟然连日头偏西也未曾感觉到，当我离开之时，诺大的古玩城内仅剩我们两人，前门已经封闭，绕来绕去，他从后门把我送了出来，看来收书也是这样，要学会变通，前门走不通，依然可以走后门，这也正应了那句古语，天无绝人之路吧。

专注精品　深耕东瀛

王德双德堂

　　双德堂是王德先生的堂号。我猜想这双德中，其中的一德应当是他的名字，而另一德的出处，我却没有向他求证过，也许指的是以道德良心来经营旧书。但经营旧书能否成功是否跟道德良心有着必然联系，我没有做过这方面的统计。二十多年来，新一代经营古旧书者中最成功的典范，以业内人的看法，南北各有一位，北方是陈东先生，南方则是王德兄。

　　我曾给王德兄搞过一个专访，让他叙述他自己的经营历程，但他为人太过谦虚，很少提及自己的英雄往事。不过他的经历我却从他的谈话中大略勾勒了出来，知道了他毕业于名牌大学，是理科出身，因为研究数学与物理中的高深难题，而让自己的思想钻入了牛角尖，以至于有了弃世的心态，好在他意识到了这样走下去的危险，又遇到高人指点，告诉他多读些古代的文史书，就能让自己的思想开阔起来。于是，他来到了上海福州路的古旧书店，这一来，使得中国古旧书行业诞生了一位成功的经营者。

　　我曾到王德兄的府上观看他所珍藏的善本，虽然只看了很少的一部分，但却有了一个基本的认定，那就是他的藏书路数走的是精

双德堂内景

品路线，但他又不跟众大款们在拍场上逐鹿，而是另辟蹊径，靠自己的努力，较早打开了日本市场。我说他是较早的，其实是为自己说话留有余地，因为我从日本成批地买古书确实比他早几年，但我这个人做事属于死脑筋，不会那么多的变通，从境外购书有很多技术上的障碍，买书多年我都没能解决好。而王德兄却单枪匹马杀入日本古旧书市场，靠自己的眼力买到了那么多的好书。翻看他这些珍宝时，我有着真真切切的羡慕嫉妒恨，我觉得就藏书质量而言，他所藏的善本绝对属当今国内的一流藏书水准。他说自己的收藏跟自己的经营是两回事，自己的藏品不会再拿回市场中。我问了他那个庸俗不堪的问题，就是自己藏书的归宿，他明确地告诉我，希望自己的藏书能够让女儿传承下去。他这种子子孙孙永保之的观念，完全不像个理科生的思维方式。

这些年，在古旧经营方面，王德兄可谓是两条腿走路：一边搞拍卖，一边搞店面经营。从拍卖上说，他在上海国际拍卖公司经营的那个时期可谓最为成功。我每次到上海，都要到他的办公室里调出那些古书细细翻看。其实倒并不是说，他征集来的古书就比别家的拍卖行质量高多少，吸引我的更多的是他在图录编排上的用心。随着了解的深入，我也渐渐明白了古籍拍卖行业的甘苦，征集的过程到处奔忙，为了能够让某场拍卖多有些亮点，征集人员会在这方面下很大的功夫。而每一场拍卖预展的时间只有两三天，想让看拍品的人在两三天之内翻看几百部书，还能翻到意外的惊喜，那显然是不现实的事情，因此，图录的介绍文字写得好坏，会直接影响到买家的购买欲望。但有意思的是，越是重要的拍品，往往越要到图录快结稿的时候才能拿到手，给编排图录留下的时间十分有限，从而可能使某部好书的内在价值得不到充分挖掘，无法写进图录中。

因为征集上的困境，很少有拍卖行能够把这些都写清楚。依我个人的偏见，在图录的编写上，最下功夫者同样是北方陈东的德宝公司和南方王德经营的上海国拍。我很佩服王德兄查资料的功夫，他能把很多不相干的资讯归拢到一起，提纲挈领地萃取出精华所在。而我到王德兄的公司去看书，就是想用图录中的资料来印证他的说法，令我佩服的是他的说法果真基本上都能找到可供印证的文献，我仍然把这点归结为他的理科生思维，我觉得理科出身的人搞文献就是比文科出身者要谨严许多。

从两年前开始，王德兄突然不搞古籍拍卖了，他说从事这个行业太累。几个月前在北京见面时，我问他不搞古籍拍卖，是否是另有更好的生意，他说确实没有，只是想让自己休闲下来，他说刚开始停下来时也担心自己无事可做，而真正停下了拍卖公司，却发觉自己依然很忙，完全没有空闲来搞自己的经营。我本以为他会去全心经营他的双德堂旧书店，他却说那个店他自己很少上心，因为是让自己的姐姐在打理。

双德堂旧书店就处在博古斋四楼的店面内，原来这里有十几家私营旧书店，而今仅剩三家，并且都是以上海旧书店的名义对外经营，不再悬挂独立的堂号。双德堂我来过很多次，也许是我的错觉，我总感到架上的书所标价格都远远贵过拍卖会，这种情况有时是事实，有时也是自己的心理价格错位。比如我若在某个旧书店看到一部书标价二万元，我的心里会觉得这么一部破书怎么能标这么一个价钱，但如果同样一部书在拍卖场上出现，拍出了五万元，我却觉得很便宜。拍卖会最害人的地方之一就是会让人产生价格错乱，我不知道这是不是拍卖行有意造成的。总之，在拍卖场上你会本能觉得一万块钱比一块钱还要轻飘，后来因为偶然的一件小事，我才知道这似乎是古玩界里不成文的行规。

十几年前，我在长沙的古玩市场看到某人摆摊卖线装书，竟然有二十多部。在古玩市场上很少能遇到这么多的线装书同时出现，这当然让我很兴奋，我问价格，他说三毛钱一本，这个价格便宜到让我不敢相信耳朵，于是跟他说这些书都要了，算完账，我递上钱时，才知道自己是真的很傻很天真，原来古玩行里说一块钱是一百块的意思，那么三毛钱其实是三十块，古玩行的卖主通过买

入口处的陈列

主付钱时的数量，就能区别出你是行内人还是个生瓜蛋。

我历练了很多年，不知道算不算已经历练成了熟瓜蛋，只是因为以往的经历，我很不愿意再到古玩市场或者是私人书摊去买书，但我却在双德堂买过不少的书。不过，买书的过程中也发生过意外的事，有一年我到布里斯班学习，走的时候忘了通知王德兄，他仍然寄来了几箱书，过了好久，因为没人取货，书又退了回去。好在书没有丢，但也引起了王德兄的误会，我回国时候见到他，他只是轻描淡写地提到了这件事，完全没有抱怨的意思，可见他涵养之佳。

这天我在博古斋的店堂拍完照之后，就来到双德堂，可能是因为时间太早，入口处还放着一把椅子，但我并没能清静地等候，因为有位读者一直在追问我，为什么有些有价值的书仅卖几十块，而线装书却要卖几万块。我不知道如何向他解释清楚，文献价值和文物价值之间的区别。其实这位读者的疑问代表了很大一批人，很多人把收藏古书看作是藏古董，认为越是新出的书越有读的价值，因为里面增加了很多新的资讯。对于这种说法，我以前还喜欢跟人去掰扯，后来连辩论的心态都没了，你愿意怎么说就去说吧，阳关大道和独木桥各走一条就行了，用不着分出来怎样走更加正确，喜欢就是一切。所以再有人跟我辩论这个问题时，我都会说，不用辩论，你肯定是对的，但我有坚持自己错误的权利。

好在王德的姐姐很快就来了，把我从被逼着回答问题的窘态中解救出来。姐姐说我今天来此她有些意外，因为上个星期王德就说我要来店里拍照，为了不让我失望，王德还特意从家里拿来了两大箱善本书，看我没来，于是就又搬了回去。我跟姐姐讲没关系，反而这样拍照更加自然，我的这种拍照与介绍，只是想用一种横断面的扫描方式，来说清楚今天跟书相关的一切，客观当然是最重要的。

双德堂的面积约有二十多平米，三面是书架，正前面是半截的柜台，里面陈列的书很满。以我的眼光看，最顶头的一面陈列的应该是店里最有价值的书。黄永年先生曾说，他不用看书签，也不用把书拿下来，仅从书根就大致能够判断哪些是善本。我买书这么多年，对他的这种说法深为信服，其实这种本领就是经验的总结。我也有意识地培养自己的这方面的眼力，渐渐地也能通过书根和外装来断定一部书的普善。虽然自己的学问不能达到黄先生的万一。

双德堂里的书橱都上着锁，姐姐很有耐心地一一打开让我拍照，于是我也想练练自己的眼力，不看侧签，仅凭感觉，从书橱抽出一些书来拍照，我感觉自己的准确率有八成，这让我多少有些小得意。

双德堂里标价最贵的一部书是殿版的《渊鉴类涵》，此书一百四十册原装，标价三十万元。买书长久之后，都会有一个思维定式，我总觉得这三十万不便宜，但细想想，此书是康熙时内府所刻，能够原装保存到今天，还能保证一本不缺，其实这不是容易的事。一位古玩界的老前辈告诉我，通常收藏家在刚入行的时候买东西出价最猛，大概过十年左右，就逐渐形成了价格上的固化，超过他所认定的价格之后，无论他还有多少钱，都难以接受高出自己心理价位的物品，因为他认定这个东西就是那个价钱。我听到这个故

线装书专柜

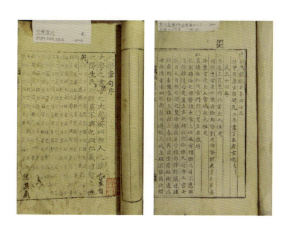

1│2

1. 高丽铜活字本《大学章句》　2. 高丽铜活字本《资治通鉴纲目》

事之后，就一直告诫自己，不要形成价格固化，现在除了收废品的价格不涨，几乎没有东西不涨价，为什么单单古书涨价，自己就不能接受呢。

双德堂内除经营古书之外，也经营一些旧平装和期刊，但我对此外行，难以比较出价格的高低。而我感兴趣的，是这里还有几部高丽刻本，其中一部《大学章句》是高丽的铜活字本，两函十册，标价二万元。还有一部铜活字本的《资治通鉴纲目》，可惜仅存一卷，标价八千元。其实高丽铜活字本之书，在传统藏书家眼中，一律列为善本。黄永年先生在世时，就指导我买过一些高丽本的中国古书，但直到今天这些书的价钱也远没有中国相同古书的价格高，其中的原因我至今也没能弄明白。近年来，韩国一直在跟中国争活字本的发明权问题，据说他们的铜活字本已经申请了世界遗产，不知道这些印本的价格是不是因这件事又高涨起来。

白手起家　独辟书径
王汉龙青简社

近一段应毛静先生之约，准备单写一本跟江西有关的藏书史，写法依然是我所坚持的实地探访，恰巧复旦大学要在浙江开化县举办杨玉良院士工作站开站仪式，我收到邀请前往参加这个盛典。从地图上看，开化县处在浙江、江西和安徽的三省交界地，由此前往江西仅不足百公里的路程，于是决定参加完这个仪式后，从开化直接踏入江西境内。

在这个过程中，我跟江西上饶的潘旭辉先生多次联系，因为我打算到他的书房一探究竟。潘先生建议我去之前，可先到衢州的王汉龙书店去一看。潘旭辉说，王汉龙是他的好朋友，不但其店中有书，更重要者，王为人很好。潘先生是我信任的朋友，他推荐的朋友当然没问题，恰好开化县既不通飞机，也不通高铁，只能到达衢州后转车前往，王汉龙的旧书店就在衢州市内，于是我从无锡直接乘高铁到达了衢州。

之前的几天，我跟王汉龙取得了联系，他问我到达衢州的时间以便去接站，但这一段正赶上江南的梅雨季节，我的习惯还是尽量不给朋友添太多麻烦，告诉他自己将打车前往。到达衢州时，雨仍

雨中的青简社

下个不停，打车的人排起了长长的队伍，我挤在这些队伍中等了将近半个小时才坐上车，而到达预定酒店办理入住时才发觉：随身包内的现金一张都不见了。

仔细回想这一天的行动，我在无锡退酒店时，钱还在包中，而在高铁上一直人很多，只是到了金华站，车上的乘客几乎全部下车，接下来的行程整个车厢内仅有一对老夫妇加上我三个人。那对老夫妇人慈面善，不可能是梁上君子，故丢钱惟一的可能就是在衢州排队等车的过程，这让我后悔没让王汉龙前来接站。好在行李包内还有一叠钞票，想到这一层，又放下心来。放下行李之后，从酒店内借了一把大伞，打出租车前往王汉龙的旧书店。

衢州市不大，王汉龙的店又处在老城市的中心位置，起步价就到达了目的地，下车之时，我方看到其店与南孔庙仅一墙之隔，应该说他的店就是孔庙邻街的门面房。站在雨中探看期间，店内走出了一个年轻人，也打着一把伞，他见到我就问：是否就是韦力先生？我告诉他：正是本人。由此也让我得知，面前的这位小伙子正是我要找的王汉龙。

　　王汉龙给我初步的印象就为人诚实而略显木讷，我感觉到我的到来他很高兴，但他并不会用语言来表达自己的心情，只是不言语地接过了我手中的伞，而后把自己的伞也收了起来。我首先问王汉龙隔壁的孔庙几点关门，他说大约是四点多，而我到达此处之时已经是下午一点半，我担心采访过后孔庙关了门，因为这个孔庙也是我的探访目标。王汉龙闻我所言，说可以带我先进内去参观。于是，我端着相机，他打着伞，一起来到了孔庙门口。

　　看得出，王汉龙跟孔庙里面的工作人员都很熟悉，因为他只是挥了挥手，我二人未曾买票就走入了院内，王汉龙还请了一位售票员来给我做讲解，我婉拒了他的好意，因为我只想拍里面的藏书楼。

　　雨中的南孔庙果真有着别样的风景，尤其那一排擎天的大树，树身上遍布着青苔，再加上雨水的滋润，眼前景色平添了几分忧愁，这让我本能地释放出了自己无处发散的强说愁。而王汉龙担心湿滑的地面会使我滑倒，每次过门槛时他都要搀扶我，这让我体会到其内心隐而不显的善良。

　　参观完孔庙就来到了王汉龙的旧书店，就眼前所见，当然是架

进店第一眼

上的线装书最能吸引我的眼球，沿墙一面还摆放着多个旧书箱。对于旧书箱，我也有着特殊的偏好，这不仅仅是爱屋及乌，还因为我觉得古代的旧书箱原本就是书装的一部分。

中国古代的线装书特别像国民的性格，喜欢一种低调的奢华，故而线装书的表面大多为蓝色封面加蓝色布套，玩不出太多的花样，但古人那压抑的情怀就如同我无处发散的忧愁一样，总能找到相应的突破口，各式各样的书箱正是它们挥洒自己审美情趣的落脚点。可惜留存至今的旧书箱并不多，荀子说"强自取柱，柔自取束"，坚硬的东西容易折断，跟柔软的纸张比起来，木制的书箱当然显得坚硬，但其在搬运的过程中也往往更容易损坏。

我曾在几家古籍书店的书库内都看到了破碎的旧木箱，像垃圾一样被丢弃在角落，而这也正是我珍视书箱的原因之一。这些年

典雅的书箱

　　来，能够见到完整的旧书箱已经是一件稀罕事，而王汉龙这里却堆放着几十只，当我问到他时，他平静地跟我说：这些旧书箱是他刻意收来的，已经收到了二百多个。这个数量远超我所藏的数倍。而对于我探究他收藏书箱的这种好奇心，王汉龙说他会给我慢慢讲来。

　　旧书店内，有一半的面积被辟成了茶座的模样，王汉龙本让我坐在八仙桌前的正座，可我还是觉得坐在茶桌前拍照更方便，于是我二人对坐在长长的茶桌两头，他给我讲述自己的故事。

　　巧合的是，我在茶桌前刚一坐定，就看到了桌上摆放的一份前一天的《浙江老年报》，王汉龙笑着说，这份报纸上有对他的一个专访，这个专访的题目是"旧书琅嬛，一任风雨自散馥"。看来，这位记者是位行家，否则很难写出如此内行且有雅意的题目。而正题之上还有一行副题——"80 后的旧书店老板和一群老顾客"，原来王汉龙的事迹在我到来的前一天，已然传播到了省内老年人的群体之中，那我的所写就从中年人感兴趣的角度来下手吧。

因为不了解，所以才有好奇心，我对王汉龙的好奇之处乃是：一名80后为何喜欢跟古旧书打交道？在我的心目中，80后是一批特殊的人群，他们的世界我完全不懂，但有一点我却很明白，那就是这群人的最大特色是喜新厌旧，更遑论古了，他们对新生事物接受得极快，不喜欢回头看。是什么契机让我眼前的这位80后走上了经营古旧书之路呢？虽然年纪不大，但王汉龙却为人颇为淡定，他给我讲起自己的故事，称得上是娓娓道来、从容不迫。

他说自己出生于1980年，可能是出于天性，他从小就不喜欢读书，1995年当他15岁的时候，跟着大伯来到了衢州打工。王汉龙人生的第一份工作是给一家私人百货站蹬三轮送货，当时的送货方式是老板写好送货单，他根据单上的品名装货，之后送到指定的客户那里。因为不爱学习，再加上单子上的字写得潦草，使得他常常不能认全单子上所写的地址名称，为此时常送错货，最严重的一次是他把一车的货都送给了完全不相干的人，回来之后才发现了这个错误，于是老板很生气，让他赔偿，但他在此工作半年的全部薪水加起来都不够赔货款。

这件事对他的打击很大，好在老板消气后并没让他赔偿。这件事让王汉龙感到：如果不识字，哪怕干一份简单的工作都难做得好。为此，他开始从一些地摊上买书来读。

在那个时段，王汉龙的收入很低，他说1995年蹬三轮送货的月薪是 120 元，这点儿钱扣除吃、住，几乎所剩无几，他决定找一份能够收入多一点的工作，于是在 1999 年辞掉了原本的工作。这几年中，他常到地摊上去买书，也陆陆续续买到了一些一两块一本的书，于是他就用这些书来摆书摊，想以此来探求出一条能够生活下去的道路。

王汉龙说，九十年代中期的衢州还能看到不少的古书和旧书，但那时他对版本完全不在行，其实不止是他，其他的人也很少有懂版本者，更为有意思的是，那时的收书是论斤算，而非论本。这种收书方式让我很好奇，我问他多少钱一斤，他说当时的普遍价格是每斤一块五。我不清楚平均几本书是一斤，但总觉得这个价格足够便宜。

也正因如此，当某天王汉龙遇到有人要两块钱一斤卖给他书的时候，他坚决不接受。那个卖书人仔细地向王汉龙讲解自己的书何等的有价值，但王说自己完全不懂。不过对方的软磨硬泡最终还是让王将这批书全部买了下来，总共 19 斤，应该付 38 元，可是对方没零钱找，于是就以 40 元成交。

王汉龙在那个时段确实不懂书，他完全不知道自己花 40 元收到的这批书有着怎样的价值。而他成交了这笔买卖后，不到半小时就有人来问价，王汉龙说这些书他还没弄懂，等弄明白后再卖。没想到那个人跟王说："你再看也弄不懂。"并且随便翻开一本书，指着其中的几个字让王汉龙认，此人指了多处，果真，王一个字都没认出来，这很打击他的信心。此人又用激将法对王说："你都不认字，弄回去有什么用？！全卖给我算了，你可随便开价。"

这几句话让王受了刺激,他赌气说出了自己心目中的天价:"少了5000不卖!"那人闻言后,二话没说,掏出5000块就递给了王,这让他当场就傻了眼,因为他起早贪黑地打工这么多年,也没挣到这么大一笔钱,没想到半小时就实现了一个"小目标"。

王汉龙说,在此之前,他生了一场重病,为此欠了3000多块钱的债,那一段时间他一直为欠债的事情心存压力,而今仅用半小时就可以把债还清了。因此他认识到,搞古书能够挣大钱,这很有可能是自己的未来之路。从此之后,他就开始努力地学习古籍知识。

我好奇于:王汉龙半小时之内卖给那人的那批书究竟是何物?谈到这一点,王也直言,他当时根本记不住那是什么书,但有一点可以确认,以今天的眼光看那位买主所掏的5000块,不足那批书价值的几十分之一。

王汉龙说,虽然他有了求知的欲望,但是没有人教给他如何看懂古籍版本,一个偶然的机会,他看到了《藏书报》,这份报纸让他终于懂得了古书的门径,也正是这份报纸让他知道了韦力。他说自己未曾想到有一天韦力会来到他的店里,坐在他的面前,因为这些年来,韦力是古书圈内经常被人议论的话题。两年前,励双杰先生到他的店中来收购家谱,当时励先生还跟王汉龙开玩笑说:"你好好干,如果真能收到一批好的善本,我肯定把韦力请来,到你的店中来看书。"

看来,韦力在业界的臭名远扬也跟各种报道有很大关系,但是从《藏书报》上学版本知识，这倒是我未曾想到过的门径。每个人的起点不同，修行的门径也不同，条条大路通罗马，管他是走的哪条路呢！更何况，古人一再强调"英雄不问出处"，而王汉龙的经历正是对这句俗语作出了完美的诠释。

王汉龙从 2004 年开始在衢州的水亭街办起了旧书店，这对他而言乃是其古书生涯中的关键一步，开店之后他有机会接触到了一些懂古旧书的老人家，这些人的讲解使得他原本的一知半解终于得以贯通。

开起了店，货源成了大问题，于是他开始到古玩市场去收书。在经营的过程中，王汉龙更加觉得旧书利润太薄，只有古书才能真正赚到养家糊口的钱，于是从 2006 年开始，他不再专做普通旧书，但遇到成批出售时，他也会将旧书买下来。

在收书的过程中，他也购买到了一些老杂志。王汉龙说，虽然杂志不好卖，但遇到特殊的人，也能卖出好的价钱。有一天，某人到其店中，看到了仅值 10 块钱的老杂志，此人自称愿意花 100 块钱买下来，因为这本杂志内有他人生发表的第一篇文章。这件事让王汉龙意识到，旧书不是不能做，而是必须要有针对性地差异化经营，这让他渐渐探索出了如何经营旧书和旧期刊。

当我走进王汉龙的旧书店时，第一眼就看到了此店的店名为"青简社"，以我的感觉，这不像一般旧书店的名称。王汉龙向我解释道，一开始有位朋友告诉他，有一本古代文章的精选集叫做《古文观止》，他的朋友认为，衢州一地能够看到许多古书的地方就是他这家古旧书店，从这个角度而言，这里也可称为"古书观止"，

于是他的店中就有了这个招牌。后来，王汉龙迷上了收购古书箱，他说自己对书箱上刻的字最感兴趣，因为上面的每个字都包含了原书主的精神寄托。某天，他收到的一个旧书箱上刻着"青简"二字，这两个字让他心生欢喜，于是就想以此起为堂号，然而一般的堂号都是在名称之后加上斋、堂、店等字样，他觉得这种加法显然没什么新意，一位朋友因为喜欢篆刻而想到了"西泠印社"，另外，民国有一个著名的文学团体叫"南社"，这让他觉得"社"字很别样，故而将"青简"二字后面配上"社"字，就成了今天这个堂号。

　　眼前的青简社总计里外两间，中间以一排书架作为分隔。王汉龙告诉我，他原本在此租的店仅是隔壁的一间，虽然经营旧书赚不到什么钱，但当地的许多爱书人总喜欢到此来寻找一些有文献价值的资料，他觉得能给这些文化人提供服务也是自己应尽的义务，所以当眼前的这两间门面腾出来之后，他又立即租了下来，以解决经营场地有限的问题，如今隔壁的那间里还堆着一些旧书。

王汉龙说，衢州当地的爱书人有不少，他们组织了一个"虫洞读书会"，该会的雅聚之地就是他的店铺，所以他特意将店铺的一半辟成了茶座的模样。我问他们的读书会有多少成员，王说有一百多位。这个数量吓我一跳，我原本以为衢州较为偏僻，更多的人应当是努力地向钱看，没想到却有这么多爱书之人。

通过聊天，我能感受到王汉龙特有的情怀。看来，有的人事情做到了一定的程度，也就渐渐有了责任感，而王汉龙正是这种人。他说自己的店铺已经成为了当地爱书人的联络站，有些老人家不喜欢打电话，他们会写纸条放在店内，由王代转。王称这些老人们经济能力有限，他们不可能买得起古籍，但他们却在精神上给予了他极大的支持，每当他遇到经营上的困难，这些人都会来鼓励，正是这些人的鼓励，才让他做到了今天。

为了能够为朋友提供雅聚之地，王汉龙竟然将自己的店铺拿出一半空间来做了免费的场所。我问他，这样做公益，会不会给自己带来经济上的压力。他坦陈，确实如此，因为每个月要交5000多元的房租，而这一切必须靠他独力承担，但即便这样，他也会坚持做下去，他觉得自己收来的书如果能够对别人有用，他会更加高兴。

衢州当地的史志办和档案馆等单位也常到他的店里来购买相应的文献，这使得王汉龙意识到：收书虽然是为了赚钱，但同时也是为社会作贡献。他庆幸自己这么多年的经营能够把所有的顾客变成朋友。他认为，这么多年来，已经了解到了生意之道，如果他去做古董生意，远远比做书要赚得多，但他说自己的人生正是靠古旧书滋养而来的，所以他不想改行。

虽然有情怀在，但是生计问题必须要解决好，就目前的情况看，王汉龙在这方面做得不错，我当然好奇他是靠什么手段生财有道的，同时我也直言，涉及到商业秘密的问题他完全可以不回答，但王汉龙还是直率地告诉了我一些他的经营方式。

　　做书生意，当然首先是买进，而后才能卖出，故而最重要者是能够收到好书。王汉龙说，他现在每周都会抽出两天到安徽等地去收书，虽然到各地收书的人很多，但他却有自己独特的办法。他的诚信以及不胡乱压价，使他结识了不少各地经营旧书的同行，这些人收到旧书后都会第一时间通知王，有些书他们也会帮王留下来，所以他每次到外地收书，大多都能有所收获。王说，有些书并非他想要的，但是既然朋友帮着收了下来，他也会整批地买回，书取回来之后，需要的自己留下，不需要的再转让给其他的经营者，因为他认识的人多，所以将所收之书分类之后，大多都能够再出售。

　　谈到具体的收购问题，王汉龙说，近些年徽州的契约文书在市场上很火，很多人都到当地去收购，其实这些文书一批有一批的关联性，可是往往一些卖主都会把粘贴在一起的文书撕开，然后论张出售，因为这样可以多卖钱，但这种做法使得研究价值大为降低。现在有不少的高校都在收购此类物品，而浙江某高校也有这方面专藏，当时学校得到了许多这样的单张文书，后来他们来到了青简社，终于看到这些文书原来是成批在一起的，乃是一个有机的整体，于是他们就将青简社定为了固定的收购点。

　　说话间，王汉龙给我拿出了一个旧木箱，里面全是一卷卷的契约文书，他说这样的文书乃是从一家收来的，而他不会将其拆散，

整箱收购契约文书

因为如果将这些文书卖给一个收藏单位，相关的研究者就能够搞清楚它们之间的关系。虽然这种卖法比撕开卖少赚一些钱，但王汉龙还是坚持这样做。如今收购契约文书的业务，青简社越做越大，现在成了主要的业务之一。

当然我更关心这里是否能够收到一些古籍善本，王汉龙直言，这些年的经营中，他很少能收到真正意义上的善本。而后他从箱中拿出了一些书向我出示，我看到了一些明刻本的残本。王汉龙说，这已经是他在收购中的难得之物了。他说，我是收藏家，他是经营者，这两者的心态有很大的区别，收藏家是喜欢什么买什么，而开店卖书则只能是看到什么收什么，不能抱着只收善本的幻想，否则无法经营下去。他说自己也有收好书的梦想，但是当他到乡下收书，跑了一个星期，一本书都收不到的时候，就渐渐放弃了梦想。

所以他说，如果按照收藏家的眼光去收书，那将无法生存下去。

虽然这么说，但王汉龙还是给我看了不少他的珍藏，比如一部《尔雅正义》，这虽然是清刻本，但王却说他对此书有着特殊的感情，因为这是在他女儿出生的第五天买下的，当时他带着夫人及女儿出院，在回家的路上经过了一个市场，他一眼就看到了这样一部古书，于是花三千多块钱买了下来。这部书他不想出售，他说等到自己女儿出嫁时，会把这部书送给她。

就目前的情况来看，现在能够收到的线装书大多是家谱。王汉龙说，浙江谱比较贵，平均收购价钱是300到500块钱一册，里面带彩色插图的就更贵一些；而徽州谱最贵，每一册的价钱都上千，因为其制作精美，同时部头比较小，很少有多本大套的情况。对于收得之书的出售渠道，王称主要是靠网店来卖，我问他为什么不送到拍卖会，他说自己收来的书能够让拍卖行看上眼的很少，而这些

准备送给女儿的陪嫁

书放在店内出售其实也很困难，他也谈到了实体店的经营困境。

我依然惦记着他为何收购旧书箱的问题。王汉龙说，也没有特别多的原因，他对跟书有关的物件总有一种本能的亲切感，很多人家把书出售后，都会将旧书箱用作他途，为此他有意将其收购回来。这种事他已进行了五年多。在收购的过程中，他渐渐意识到书箱也有地域性，使用书箱最多的地区乃是浙西和浙南，而衢州本地的书箱以单开门为主，徽州地区则主要是双开门，并且徽州箱大多不刻字。当地有位朋友看到了这些书箱后，认为很有价值，他鼓动王汉龙将这些书箱上的文字用拓碑的方式拓下来，而后由其做考证来写作一本书。这真是一个好的想法。在此之前，对书箱有研究者乃是国图的陈红彦老师，她专门写过一部《中国古籍装具》。王汉龙说他没有听说过这本书，将会买来作参考。

王汉龙说，收购书箱并不容易，为此他开着车一个村一个村地去收，而最大的那一个，他花了3000多元，因为尺寸过大，他的车都放不下，运回来很不容易。而后他指着店内的一个书橱说，这就是他收来的那个书箱。我进店时已经看到了这个箱子，其实严格来说，这是一个书橱，因为它既有门又有抽屉，像一个组合柜。这么大的书橱我也是第一次见到，而今这个橱里面也放着王汉龙所收之书，这种穿越式的古为今用，倒是以实际行动表达了历史的延续。

王汉龙有自己的车，他指着门外的那辆桑塔那说，这就是自己的座驾。他说能够收购书箱正是因为自己有了车，而买车钱也是他经营旧书赚来的。

说到了自己的境况，王汉龙骄傲地告诉我，他15岁时离开家乡来到衢州打工，当时父亲给了他 100 块钱，奶奶给了他 10 块钱，他就凭着这点钱打拼了这么多年，如今在衢州市买下了自己的住房，有了自己的店铺，同时有了自己的座驾，更为重要者，是在这个过程中遇到了自己的所爱之人，而今他已经有了两个女儿，这一切都让他感到了很大的满足。

聊天期间，进来了两位朋友，王汉龙介绍给我认识，其中一位原来是他们读书会的会长。此人向我夸赞王汉龙很有情怀，由此让我得知：王汉龙还是衢州抗战史研究会的副会长，因为他藏有一批相关的史料，还办过展览。王汉龙告诉我，3 月 25 日浙江丽水将召开抗日细菌战纪念会，而他藏有与之相关的一张布告，他将这个布告捐给了此会，用他的话来说：这样的历史文献放在自己手中，仅是能卖一些钱，如果捐给当地，将更有特殊意义。

这样的一位年轻人，我从他的身上看到了 80 后一代的另一面。而晚上在吃饭时，从朋友的聊天中我得到了更多的故事，比如有一位书友从王汉龙的店中顺走了一本书，王汉龙在监控镜头中看到了全过程，他纠结于是否点破这一层，而后当那个人再来店里时，他跟此人讲："你上次借我的那本书看完了吧，应该还我了。"

那个人最终还是还回了书，而王汉龙却说，他看到监控镜头的画面时，心里十分难受，这个难受不是因为书丢了，而是因为这位令他尊敬的朋友在他心中的位置打了折扣。这一点，我特别能够理解。一个心地善良的人，面对丑陋也会用善良去替对方掩盖，仅凭这一点，我就能预感到，王汉龙的青简社一定能够越办越好，成为这个时代诚信经营的标志之一。

群贤毕至　雅臻流觞
文白尚书吧

中国印刷学院曾经举办了一场学术研讨会，深圳的邹毅先生在会上作了报告，他所讲述的内容是关于活字本的鉴定。据其所言，有些活字印本从字面上看过去，也有笔划上的交叉。然而从他展示的图片上，我却感到有一些书其实是木刻版，现场问答环节时，对此表示异意者不止我一位，艾俊川先生从几个角度阐述了自己的观点，这种争论对于学术探讨其实最为有益。

研讨会结束后，我仍然与邹毅探讨着活字本，他的观点有多个方面与传统的认定不同，这也正是其论文令人耳目一新之处，但有些问题，我依然固持己见，并直接跟邹先生提出，大胆设想的同时，需要有小心求证，故我希望看到能够佐证他新观点的证据，邹毅先生爽快地告诉我，他搜集有一批木活字字钉，其中有些字钉就是他立论的基础，并邀请我有空时前往其府上一看。

2010年4月初，我因事来到了深圳，此前的几天已经跟邹毅确定好了见面时间，他告诉我说，深圳有几位书友常在一起聚会，自发地形成了读书会，而他们固定聚会的地点之一，乃是当地的一家书吧，故此次也约我到这里见面。正是由于这次的约见，使

尚书吧正门

　　我走入了这家名为"尚书"的书吧。我在此前已读过扫红所写的《尚书吧故事》，由此而得知这家书吧内发生过太多有趣的故事。

　　尚书吧见面后的第二天，书友刘晓群先生到酒店接上我，前往邹毅先生家看书，我在邹府上看到了四架线装书。虽然深圳来过多次，但这是我在这座年轻的城市第一次看到个人能够藏有这么多的线装书，最为难得的是，我在这里还看到了一册宋刻蝴蝶装的《资治通鉴纲目》，此为该书的第三十七卷。从流传角度来说，本书并非宋版书中的罕见之物，然而能够保持原装却颇为难得。我问邹先生从哪里买到如此难得之书，他告诉我说，这是他2004年在本地无意间买到的："当时我才玩书七个月，到深圳古玩城一卖旧书的小店看见的，店主告诉我是宋版书，开价4500元，我自称没带那么多钱，还价到 2600 元买下，当时很怀疑是否买得不对，我太太也说是天上掉馅饼，后来我让赵前看过，他说没问题，于是就成了我的镇库之宝。你看现在能值多少钱？"

这真可谓天上掉馅饼的故事，他的这本书改变了我对南方地区几乎买不到宋版书的固陋认识，而他的反问也让我做了道数学题，我告诉他，这本书大概值 50 万元，应该是他进价的二百倍。我的这个答案令邹毅大感高兴，于是他又拿出多部珍藏之本让我一一欣赏，但这本宋版书的光芒，让其他的书黯然失色。然而能在深圳看到这么多的古书，还是让我有些兴奋。我还惦记着他所说的木活字交叉等证据，于是邹先生端出来几盘木活字字钉。但一一浏览后，却未曾找到他曾经的发现。邹先生告诉我，他的所藏有的放到了别处，一时找不出曾经提到的证物。看东西当然要靠运气，看来我这天的运气止步于这部宋版书。

其实，前一天晚上在尚书吧的聊天，已然令我很是兴奋。我到达深圳后，邹毅先生与另一位中年男士在酒店大堂等我，此人即是前面提到的刘晓群先生，邹毅介绍说刘先生乃是专做鞋的出口，他对线装书颇感兴趣。刘先生告诉我，他的女儿在美国上学，他曾在那里陪读半年，经朋友介绍认识了哈佛燕京的沈津先生，于是常到那里去看书。能有这样的专家指导，想来刘先生目录版本的眼界不低。

而后，我们乘刘先生的车来到了尚书吧。尚书吧处在深圳书城的一个侧面，书城面积巨大，反而衬托出尚书吧的精巧。其位置处在一层的某个角落，多了一份僻静，从外观看过去，这里的装饰经过精心的设计，看似简单，但饱含着设计者别样的用心。走入尚书吧中，感觉到里面的面积要比门面显现的大许多，然而这么大的面积，仅有一部分摆放着书架，看上去酒吧或咖啡吧反而成了这里的主营。邓丽君在歌中唱到"美酒加咖啡"，这两样反而是尚书吧的主题。如果将这首歌改为"咖啡加善本书"，不知道会不会遭到邓丽君歌迷们的抗议。

在尚书吧又见到了多位书友，邹毅一一给我作了介绍，其中有易福平先生，他在做啤酒和葡萄酒的进口生意，个人喜好篆刻及书法，所以他的藏书专题乃是印谱和碑帖。易先生看上去三十出头，谈吐间能够感受到他的修养。他告诉我说，他的篆刻老师乃是海内外藏印谱最多的人："他在香港，藏有几千部印谱，比西泠印社还多。近几年拍场上出现的好印谱都归他了。刘禹跟他也熟，帮他从日本买回印谱。"

竟然有这等重要的藏书家。我突然想起台湾的胡星来先生曾经跟我讲到过，香港有一位藏印谱的大家，名叫林章松，于是我反问易先生，他的老师是否就是林章松，易先生兴奋地说，正是此人。他的回答又令我感慨一番世界之小。

在尚书吧见到的另一位书友是周长才先生，他递过的名片上印着"深圳证金企业管理咨询有限公司总经理，经济学博士"，这样的人藏书，显然比一般文史爱好者多了很多理性。以我的偏见，搞经济的专家能把任何事物都做到具体的量化，以我的揣度，周先生的藏书定然本本都有很好的市场价值。还有一位书友则是深圳出入境检验局的佟常飞主任。除此之外还有两位，我一时想不起姓名，

1. 尚书吧大堂
2. 环壁皆书
3. 重点推荐

八年过后，当我写此文时，向易福平打听这两位书友的大名，他说自己同样也想不起来了。

可能经过事先的联系，邹毅将我与众书友带进了尚书吧的内室，从外观看，内室之门做过特意的装饰，眼前所见仅是一面书架，然推开书架，里面却别有洞天，这种设计方式更像是富豪的藏宝窟。这间密室我感觉有四五十平方米，两面的墙上大多是一些精装本，侧面看过去也有一些线装书，从书根上能判断是新印古籍。此刻进来一位女士，邹毅介绍说，这就是扫红。扫红一身中式装束，脸上有着职业的微笑，她不失礼貌地打过招呼，而后请工作人员端茶倒水，之后就不见了踪迹。我等一行人因为主人的不在场，反而聊得更为开心，话题不外是书书书。

大概聊了一个多小时后，又进来一位气度不凡的男士，邹毅介绍说，这是当地有名的藏书家刘申宁先生，而刘先生的专藏同样是古籍善本。在深圳一地，竟然有这么多专藏古籍的大家，由此而让我感慨自己的孤陋寡闻。寒暄过后，刘先生直截了当地跟我说："我的线装书都给了保利，下一场上拍，有十几部明版，其中有嘉靖司礼监本的《文献通考》，白棉纸的一百余册。还有一千多张地契，一个号上拍。我专门研究李鸿章，已搞了十七年，录入了二千八百多万字，快赶上《二十四史》了。"

刘先生的这番话又让我感慨起来，因为此前的一段，我刚到保利公司翻看了拍品，保利的工作人员告诉我，其中有一批书，是整批从深圳征集而来，当时我纳闷这些书出自谁的手，因为这些书中有一部明嘉靖本，为不见著录者，我正憋着劲想要拿下，未承想还未开拍，就在深圳见到了书主。那一刻我差一点脱口而出，好在我的修养还不错，未能点破这一层，这才使得我在此后保利开拍之时，以底价如愿以偿得到了这部书。我很感佩刘先生的精进，他为了研究李鸿章，竟然下了这么多年的功夫，而其治学方法，也是传统的乾嘉学派方式：先做长编，再萃取精华，而后完成著述。这样的人，当然物欲没那么强，难怪他卖掉自己的藏书时，言语中却如此之洒脱。

聊天过后，众朋友把我带到江苏大厦为我接风，那顿饭吃得很是开心，在会者除了邹毅，其实都是初次见面，然而却没有一丝的生疏，直到酒店打烊，谈兴依然很浓，于是众人又回到尚书吧，在这里开喝红酒。我推脱自己不胜酒力，此刻走进一位高高大大的中年男士，众人见他走进来，纷纷站起身打招呼。邹毅介绍说这是胡洪侠先生，又不失幽默地说了一句："人送绰号胡大侠。"这个名字我很熟悉，因为在多年前我曾看到过姜威先生写的一本书，书中提到最多的名字就是胡洪侠，可见两人乃是莫逆之交，而我从那些文字中也了解到，胡洪侠的书房高度可谓"南天第一"。

大侠的到来，如果用几十年前的时令话来说，这里又掀起了新高潮。古语说，沧海横流，方显英雄本色，大侠来此，却不跟我谈书论道，只一个劲地催促我喝红酒，而我属于没酒量有酒胆的人，既然他如此豪爽，我当然要舍命陪君子，于是跟他一杯杯地喝下去。在觥筹交错之中，我时时听到他洪钟般的笑声，此刻我从他身上看到了萧峰的影子。从聊天中我得知，大侠乃是衡水人，然而他具体的乡村却实归山东，这让他纠结于如何自称籍贯，但无论怎样，太平天国战争之后，琉璃厂已然是衡水人的天下，我只是不清楚大侠是否以此为傲。他对于自己的藏书状况，只是一味的谦虚，然而对我的行踪却知之颇详，这让我在他面前不敢胡吹乱谈，以防备我的所言跟他得到的情报不相符。

那天晚上喝酒喝得很尽兴，但尽兴的结果却是令我胃痛了好几天，由此而留下了后遗症：此后只要因喝酒而胃疼，我必会想起胡大侠。李玉刚在《新贵妃醉酒》中唱道"爱恨就在一瞬间"，显然大侠不是我的知己红颜，称为蓝颜好像也不恰当，总之一句话，就是那场喝酒之后，我们成了沆瀣一气的好朋友。

然而第一次的尚书吧之行，还是跟我的想象有着较大差距，因为我先入为主的印象，全是得自于扫红在《尚书吧故事》中的描写，这些故事中讲到了马刀、麦克，还有水月和D4等等，每一个人都写得很鲜活，虽然没见过本人，但他们的形象却留在了我的印象中。然而我这次到尚书吧，书中所谈论的人物，却一位也没有见到，难道扫红文中的这些人都是她编造出来的？可惜与之第一次见面，我没好意思直接问出此话。

后来，我再次来到深圳时，又见到了胡洪侠，我这次带来了刚刚出版的《书目答问汇补》两部，一部送给胡洪侠，另一部是要送给姜威。大侠告诉我，姜威因病不能前来，故我请其转赠该书。当晚胡洪侠赏饭，在座者有他的妻子姚峥华，以及另外一位书友，大侠介绍说，这位书友的网名叫文白，近两年，尚书吧原来的股东有人退出，而文白将这些人的股份买了下来，故渐渐成为了尚书吧的实际掌控人。而我在扫红的书中看到，大多数人把马刀视为老板，把扫红称为老板娘，这些鲜活人物纷纷退出，恐怕活色生香的尚书吧故事就此而会渐渐褪色。文白先生在吃饭时间少有言语，感觉他是谨言慎行之人，这样的人天生具备搞经营的素养，但我始终把书吧等同于茶馆，而对于茶馆的经营我特别欣赏阿庆嫂的那段唱词："来的都是客，全凭嘴一张。相逢开口笑，过后不思量。"虽然说，不一定人一走茶就凉，但是八面玲珑的应酬总不能是学者式的谨言慎行。然而此后的交往中，我渐渐感到当年的初次印象是一种误判，因为文白同样具备高超的交际能力，他在陌生人面前的木讷仅是一种表象。

在以后的交往中，我跟大侠的夫人姚峥华也熟识了起来，见识到了她文笔之细腻，尤其是在写人方面。郭沫若给蒲松龄纪念馆写过这样一幅对联："画人画鬼高人一等，刺贪刺虐入骨三分。"我觉得此联的上联可以转来评价姚峥华写人的精准。几年过后，姚峥华在海豚出版社出版了一本《书人小记》，此记中专有一篇谈论尚书吧，我由此了解到许多不曾知道的背后故事。比如她谈到文白时，首先称：

> 文白当然是一个人，文白兄也是一个人。如果你尊称文白为文白兄，那么你叫的并不是文白，而是另一个人。究竟文白是文白兄的儿子，还是文白兄是文白的儿子，我们基本是凌乱的。所以，不管辈分问题，这里就把文白当文白，可是，你能说文白兄是他儿子么？

关于文白的本名，我早已听闻，反而是他网名我却搞不清楚精准的称呼方式，故有时称他文白，有时称他文兄，好像也有人叫他文白兄。既然与之熟识的姚峥华都在文中说得稀里糊涂，那我也用不着去跟他认真地确认，更何况无论我用哪种称呼叫他，他似乎都没有异样的反应，看来他也不在乎称呼上是否准确。而姚峥华对于文白外表的描写，则更让我佩服其文笔之妙：

> 印象中的文白，整天梦游似的，迷迷糊糊，瘦得像电线杆，脸色总呈灯光下的惨白，貌似营养极端不良。他低调谦逊，时不时咧嘴一笑，人群中决不显山露水，隐身人似的，飘忽来飘忽去，但一旦找他，冷不丁就冒在眼前。他更合适罩上民国长衫，背手走路，目不斜视，一副事不关己，高高挂起的作态。但你真的以为他是书呆子、老夫子、酒仙子、瘾君子，却大错特错了，什么杂树生花，群莺乱飞，他都尽收眼底了然于胸，尚书吧里的声色风景，怎么会没有。

当然我的节选仅是这些描写中的一小段，姚峥华的这篇文章仅谈文白就有多页，可见尚书吧到了文白时代是从一个胜利走向更高的胜利，这让我对文白的经营本领刮目相看。

2014 年 12 月 20 日，北京大学新闻与传播学院举办了一场传统雕版研讨会，蒙该系肖东发教授之请，我也前往参加了此会。肖老师是目录版本学界著名人物，故而他主持的讲座总是高朋满座。此次邀请讲演之人有国家图书馆副馆长张志清先生、中华书局总编辑顾青先生、故宫图书馆馆长朱赛虹女史以及北大图书馆善本部副主任刘大军先生等等，众人一一走上台前阐述各自的观点和看法。而当我登台讲演之时，竟然发现文白和易福平两位先生坐在台下听讲，而我在此前并不知道他两人也在京，面对众人我只好对他们轻轻挥手示意。

讲座完毕后，肖老师安排讲座之人晚宴，我想到文白与易兄是远道而来的客人，于是征求肖老师的意见，想请他们一起吃饭，当然吃饭不是主题，更多是在一起聊书话旧。我原本以为文白是来京办事，听闻到有这样的会，故抽空赶来凑热闹，然而他却告诉我说，他跟易先生是专程前来参加此会。跑这么远的路来听这样的讲座，也足见文白对古书有着特别的爱。

这些年来，虽然交往不多，但我却知道易福平一直在买印谱，有一度他还跑到北京特地找我借《西清古鉴》。易兄借此书去扫描乃是因为他喜欢该书的边框以及其中的插图，他想以此图来制作印谱。易兄告诉我，这件事乃是他的老师鞠稚儒先生张罗，而鞠先生我曾在上海与之见过面，他的豪爽，尤其他的豪饮给我留下了深刻印象。鞠先生的事我当然要帮忙，故将两大函书请易先生带走。他扫描完之后，又还给了我。此后不久，鞠先生特地刻了一枚印章为谢。而后，我也时常看到易兄在拍场上买印谱。所以易兄来京参加此会我一丝都不感到意外，这正是其挚爱所在。然而文白，我却知道他对古书兴趣不大。

近二十年前，国家组织大的力量共同编纂中华再造善本，这项大工程乃是国家级的项目，为此相关部门进行了仔细的论证，而在正式定稿之前，有关部门请国内几位著名的书装设计家制作了一些样品，据我所了解，其中有不少样品都出自吕敬人先生之手。当年的这些样品每种仅制作一百部，专门发放给评审专家，故市面上难以见到，而我却巧合地得到了其中十几个品种。之前我了解到文白对新近出版的特装本有着深厚的兴趣，于是将这些样品赠送几部给他，其收到后果真大为高兴。也许是这个缘故，当我想到古籍时，始终无法跟文白联系到一起，但如今他能来参加这样的会，正说明他在藏书方面虽然有自己的领域在，但并无门户之见。

大约两年后，肖东发先生意外地在海南去世了，深圳的邹毅先生也迁居到了云南，易福平告诉我，邹毅所藏的古籍可能寄存到了深圳市图书馆。虽然说，人世有代谢，往来成古今，但书圈的这些变化依然让人心感失落，好在尚书吧仍然经营了下来，因此每次前往深圳，尚书吧成为了我必到之地。其实前来此处，也并不是为了喝酒侃天，更多者是一种心理依托，但依托为何物，却难以用语言表达得清楚。

2015 年 12 月 1 日，我在广州中山图书馆举办了一场讲座，讲座完毕后，乘高铁前往深圳。此前的一天，我打电话给胡洪侠，他说已安排好朋友接站，而在出站时，我见到的是文白先生。到达酒店后，我们一同去见胡大侠，而后他二人带我前往深圳图书馆参观那里的古籍。当然这样的参观有我的私心在，因为我想去了解一下邹毅的书是否真的寄存在那里，若果然如此，我则想以此了解寄存的细节，以便为藏书的未来探索出一条可行之路。

从体量角度来说，深圳图书馆面积足够巨大，而在设计上，也极具特色，在那里见到了该馆的馆长兼书记张岩女史，在张馆的带领下，我们参观了该馆的古籍特藏部。就藏书质量而言，我原本对该馆没有很高的期待，毕竟深圳是中国最年轻的大城市，而图书馆的古籍收藏主要是靠历史的传承以及特殊的机缘，想来深圳难有这样的机会在。不过在该馆我还是看到了一些难得之本，原来该馆在若干年前得到了成都某中医世家的捐赠之物，也许这样的捐赠对深圳十分重要，故该馆对这批书很是重视。张馆长特意调出其中的最重要之本让我欣赏，然而我却对此有着另外的看法。

参观后不久，我写了一篇文章谈到了自己的看法，此文发出后，听说张馆长颇为不满，这个传闻令我有些不安，毕竟文白和大侠带我去参观，原本是美意，而张馆长也是他们的朋友，我给朋友带来了麻烦，当然也感到不自在，于是特意给其二人去电解释。文白则劝我不用着急，他认为没有什么大不了的事。与他交往这些年来，我时常看到他对事情表现出这样的态度，也许，这正是能够办成事的先决条件吧。

2016 年我出版了《鲁迅藏书志（古籍之部）》，而后中华书局安排我到深圳罗湖书城举办一场讲座。前往深圳之前，我已经跟文白作了沟通，因为我想访几个深圳附近的藏书楼，而后在他的安排下，我们与易福平共同前往东莞，寻找到三处古代藏书楼，同时还参观了莞城图书馆，受到了该馆馆长王柏全先生的热情接待。从这一天的寻访，让我了解到，文白跟很多爱书人以及图书馆人士都有着密切的交往，其人脉之广也跟他的性格形成了反差。后来他还邀请我在尚书吧举办过一场讲座。再后来，我跟随海豚出版社社长俞晓群先生等朋友又一次来到了尚书吧，在那里看到了尚书吧给俞社长的大作《一个人的出版史》制作了特别的函套，才得知尚书吧不仅是卖酒卖书，他们还在制作一些特装本，以此给收藏界提供新的品种。

通过聊天，我了解到，尚书吧只是文白的经营场所，而其个人也有着藏书之好。我从一篇报道上得知，他的藏书量超过了十万册，这个数字吓我一跳，毕竟以我几十年的藏书经验，还是知道十万册是何等庞大的体积，可惜至今我也未曾目睹他的书斋。不过文白曾善解人意地带来几箱书让我观看，主要是一些馆藏书目，大多为上世纪八十年代以前所出版，并且还是油印本。大馆的书目我见到过不少，而他带来的一些小馆的古籍目录，我却未曾听闻过。他告诉我说，自己在这方面的收藏超过了千种，看来他虽然收藏不以古籍为主，但对于国内公馆收藏古籍的概貌却了如指掌。这也正体现了他的性格所在。

近几年来，尚书吧跟深圳藏书协会共同举办了几次私人藏书联展，可惜的是我都未曾赶上，然而我却从一些报道中了解到这些展览所产生的影响。2018年4月20日，文白兄在微信中告诉我，他将来北京参加授奖仪式，因为尚书吧获得了中华书局主持的"伯鸿书香奖"，他想在颁奖仪式的空余时间来参观芷兰斋，而不巧的是，我将于次日在绍兴图书馆举办讲座，故未曾在京接待他的到来。

我在此前就看到过关于尚书吧获奖的不少报道，而此次又获得了这个奖项，足见其在经营方面确实做出了影响力。为了撰写这篇小文，我向文白兄索要一些相应的报道资料，然其发给我的资料除了姚峥华的一篇，其他的都未署名，我问文白自己在征引这些资料时，应该如何注明出版，他告诉我说，这些材料均为陈桂所写。关于陈桂，我不记得是否见过面。文白发给我的资料中，有一篇题目是《不要人夸颜色好，只留书香满乾坤》，此文有万字之长，在文末我终于看到了落款"尚书吧总经理陈桂"。看来这位陈桂是当今尚书吧的主持者。

陈桂的这篇文章，既谈到了尚书吧的现况，也提到了经营上的困难，该文中称：

> 这是最好的时代，也是最坏的时代，我们享受了互联网海量信息的便利，享受了阅读方式的多元化，然而手机、Kindle 这些新媒体的冲击彻底改变了大多数人的阅读习惯，卖书难，卖旧书难，开尚书吧这样的实体书店卖旧书更是难上加难。

这样的写法，颇具时代特色，其所言也是实况。文中又提到：

> 在网络、新媒体的冲击下，传统书店的图书销售困难，尤其尚书吧是以售卖古旧书为主，图书的营业数字更是单薄，但因浓厚的文化氛围及安静优雅的环境，成为理想的阅读和雅聚空间。

实体书店的经营艰难已经是近几年常出现的话题，各地关张的私人书店比比皆是，然而沉舟侧畔千帆过，病树前头万木春，在书店大批倒闭的同时，新出现的书店从数量上而言，却完全能够填补上已然消失的数字。但新出现的书店大多走上了新的经营模式，而尚书吧能够在这样的困难时期依然创造出如此好的业绩，当然跟其正确的经营思路有很大的关系。对于尚书吧近些年所作出的贡献，陈桂在文中给出了这样的数字：

> 书吧自创立以来，已经承办和组织的各类文化活动有 400 多场，各种专题的图书展览近百场，销售古旧书 20 多万册。创立初期四五年间还共举办了 50 余场主要由市民参与的古旧书文化交流。2013 年承办深圳古籍文化交流会，2015 年参与筹备深圳古旧书收藏专业委员会。在过去的三年连续成功承办大规模的深圳私人藏书联展活动，据不完全统计，参观近十万人次。

尚书吧所创造出的这些成绩，当然也受到了相关部门的肯定，比如该书吧获得过"2012 中国独立书店创新奖"，到了 2015 年，获得了"深圳十佳创新小书店奖"，2016 年又获得了"深圳小书店常青藤奖"等等。到如今尚书吧的奖项又突破了深圳的范畴，获得了中华书局所颁之奖，这一切令我怎么不佩服文白的经营有道。

我隐约记得李嘉诚说过这样一句话："不要和自己的事业谈恋爱。"也就是说，事业不能与个人爱好完全相同，否则的话，经营者会以情感替代理性，难以将企业做大做强。而文白经营的尚书

用心的点缀

吧，却打破了这样的魔咒，他自己对于藏书是那样的挚爱，而尚书吧同样经营书籍，却依然能够得到社会广泛的认可，这样的结果可谓市场人士共同追求的双赢局面。他如何在感性与理性之间做出清晰的决断，这正是我好奇之处，下次再与其见面时，定当向他讨教一番。

偏嗜鲁闻　转爱立体
文自秀何妨一上楼书店

2017 年 1 月 25 日，有位女士给我打电话，她自称叫文自秀，是台北资深爱书家傅月庵先生介绍来的，她跟傅先生将在台北举办一场图书义卖会，她想约我见面，以便将图录送给我。

这么多年来，我接到拍卖公司的图录无数，基本上都是相关单位快递而来，少有人会登门送图录，更何况相隔这么远。但既然这么正式，我想这位文小姐恐怕另有事情与我详谈，于是与她约定第二天见面，地点定在了一个地铁站旁的咖啡厅，而后我告诉她出地铁站后如何找到咖啡厅。

当时距离春节还有三天，越到节前越忙，转天的上午，我仍然在忙着写稿，无意间看到已经十一点半了，于是打电话给文自秀，告诉她我可能会晚到十分钟，她却告诉我她已经到达了我所说的咖啡厅，可是此店的玻璃上贴出了春节放假的告示，在两天前就停业了。这个情形我未料到，只好向她表示歉意，并请她找左右的店铺去避寒，她告诉我说，附近所有的店铺已经放假了，无奈我只好请她返回地铁站内等候。

正是放假的原因，这天的道路通畅无比，不到十分钟我就赶到了地铁站附近，而后去电文自秀告诉她我的停车位置。可是无论如何她都找不到，也说不清自己所处的方位，这样折腾了半个小时，我总算在寒风中看到一位着装单薄的女士，她已经冻得脸色发白嘴唇青紫。但她的脸上却并无不快之色，这份涵养让我顿生敬佩，于是赶快请她上车，开车沿途寻找，总算找到了一家开门的咖啡厅。

几杯热水之后，文自秀的神态渐渐缓了过来。她言谈举止大方得体，并无初次见面的陌生感。她递给我一本正方形的拍卖图录，图录的形式乃是线装书和洋装书的结合，在编排方式和印刷质量方面也颇为精良。图录中的书主要是现当代文学家的珍稀版本，古籍善本仅寥寥数部，虽然书不是我感兴趣的门类，但图录的制作方式却引起了我较大的兴趣。

我的所言并未影响到文自秀的兴致，她向我讲述着这场义卖会的性质，让我得知，图录中的拍品约有一半左右是她个人所捐，另一半则是由台湾茉莉二手书店捐赠，这场义卖会拍得的款项将全部捐给"儿童及家庭扶助基金会"，而后文自秀向我介绍了该会的情况以及性质。

能够捐出这么多心爱之物，一者说明文自秀所藏颇丰，二来说明她能对自己的所爱毅然割舍，这两点都令我钦佩。无论国内还是国外，我认识的藏书家人数众多，其中女性却如凤毛麟角。我好奇于她何以喜爱藏书之事，她说自己的这种爱好本自幼年，因为是独女，家里人都很惯着她，无论多贵的书，只要她喜欢，家人都会给她买回来，再加上祖父就是位著名的收藏家，家里原本就有大量的书画与书，而她自己则对读书有着超过年龄的兴趣。她说自己十岁之前就看完了几百册的世界文学名著，十岁的时候已读完《徐志摩大全集》，而她读书不仅仅是浏览，对于徐志摩的作品，喜欢的部分她就背诵，还有的句子更会抄下来，有时看着看着会因为会感动而哭泣，哭着哭着就睡着了，等到醒来之后再接着读下去。正是对于书的酷爱，使得她比同龄人早一年上学，而她读大学也比别人早了一年，她说自己在知识方面的早熟跟读书有很大的关系。

我忍不住问了她一个愚蠢的问题：你为什么这么喜欢书？我之所以说这句问话愚蠢，乃是因为这么多年来，有不少的记者也这么问过我，而我并无标准答案，每次的回答都有差异，其实这并不是有意地遮掩什么，以我的话来说，说不清楚才是一种真实。然而文自秀却告诉我，她从小大量买书的原因是为了一次次地享受得书的过程。这是句很好的解释，清代孙从添在《藏书纪要》中曾说过，得书的过程才最令藏书家愉快。而文自秀说，她将自己所得的珍本围在自己的大床四周，用这些书垒成一座四四方方的小城，她躺在城中就能体味到莫大的幸福。

我好奇于她的藏书门类，文自秀简约地告诉我，她少年之时喜欢平装和精装书，后来偏爱古籍线装书，近些年则致力于立体书的收藏。何为立体书，我却不明就里，于是向她讨教。通过她的讲述，让我理解到那是一种玩具与图册的结合物。我的这句总结令文自秀大感不满，可能是初次见面的原因，她抑制住自己的心情，而后给我普及立体书的知识。以她的话来说：早在七百多年前就有立体书了，而第一本立体书是给君王制作的，怎么能说是儿童读物呢。

好吧，我承认自己的孤陋寡闻，为此向她表示歉意，称自己回去后会认真地了解立体书的历史。而文自秀则称，有我这种偏见的人不在少数，她在"脸书"上给不少人普及过这方面的知识，她说会发一篇短文让我对此有概念性的了解。此后的不久，我果真收到了她发的一篇文章，此文的前三段为：

> 很多人把立体书都视为童书，其实一开始立体书的出现，并不是为了孩子。那么，是为了谁呢？为了君王。是的，就是为了当时至高无上的国家领导人。
>
> 最早的立体书诞生于西元 1236 年，是一本名为 *Chronica Majora* 的书籍，书名念起来很拗口对吗！把它翻译成中文书名《英国编年史》，是不是听起来更闷了！
>
> *Chronica Majora*（《英国编年史》）是由当时英国天主教本笃会修士同时也是历史学家的 Matthew Paris（马修·派瑞斯）所撰写的。光听书名就知道，这必定是一本包罗万象、内容恢弘的百科书籍，而且还是君王与王公贵族在书柜上不可或缺的宝典。

果真立体书也是君王之好，这让我体味到，文自秀的所藏也属于有着历史渊源的版本门类。而我更感兴趣于她何以喜好收藏线装书，以我的理解，藏书家中女士极少，这其中的缘由之一乃是女士大多认为线装书不干净。而文自秀为什么会有这样的嗜好呢？她告诉我说，上世纪九十年代末期，她偶然在琉璃厂买到了罗继祖旧藏的《天工开物》，这部书让她对线装书有了偏爱，从此就开始大量地购买。而对于平装书和精装书，文自秀又告诉我，日本书也是她的藏书专题之一。她在大学的专业是英语，但她的祖母是日本籍，她本身有部分日本血统，正因为如此，她的日语也很好，为此她常到日本去买书。

文自秀说无论她到哪里去游览，最喜欢转的地方是书店，她并不介意转新书店还是旧书店，只要进入书店之内，她就会兴奋起来。日本东京的神保町是书店最集中之处，她经常会在这附近租一间酒店，而后每天到这条街上的书店一家一家转，有时一转就是七天，所以，她跟这些书店的很多人都成了朋友。对于日文书，她重点买几位著名作家的不同版本，比如三岛由纪夫，她几乎藏有这位作家的所有版本。

文自秀告诉我，她在日本买书阶段，并没有对线装书感兴趣，她对这个门类的喜爱来自于琉璃厂。我问她为什么有了这样的转变，她说这仍然源于少年时代的读书偏好。在上中学的时候，文自秀读到了《未央歌》，这本书中谈到的西南联大，使她对五四那一代文人有了很大的兴趣。然而那个时代鲁迅、老舍、郭沫若、巴金等人的著作均为禁书，她就想方设法找来偷着读。以她的话来说，偷着读的东西其实引发的兴趣更大，她说自己十二岁时就读过了《骆驼祥子》，而她读的第二本禁书则是《阿Q正传》，由此她对这一代人有了特殊的偏好。

1997年文自秀来到了大陆，因为读那些禁书的缘故，她在大陆到处寻找这些名人的故居。近二十年来，我对名人故居的寻访兴趣与日俱增，没想到却遇到了一位女同好。于是我问她，对哪些名人故居最有兴趣。她给我举出了鲁迅的例子，而后告诉我鲁迅在中国大陆所居之处她都跑遍了。

正是因为对鲁迅的偏爱，使得她想尽办法买全鲁迅著作的各个版本。而恰在此时，她到北京来开办公司，于是一有空她就转书店。为了买全鲁迅的所有版本，她最常去的地方就是中国书店，而她通过对鲁迅著作的阅读，了解到鲁迅买了哪些古书，可能是爱屋及乌的原因，她想把鲁迅的书帐作为自己购买古书的书单。文自秀的这段话令我来了兴趣，因为前些年，我专门写过鲁迅藏书的提要，而今正在奉鲁迅博物馆副馆长黄乔生先生之命赶着编写《鲁迅藏书志（古籍之部)》，没想到这位文自秀也有此好，我们的话题瞬间丰富了许多。

文自秀告诉我，正是因为鲁迅的书帐，使得她对古籍有了初步认识，再加上那些年常跑中国书店，在店中看到了大量的古书，这也增加了她的好奇心，于是她开始陆续购买，几年的时间，她在大陆买到的线装书和平装书堆了一屋子，然后她把自己的一些买书心得写成文字发在"脸书"上，这引来了许多台湾书友的关注，这些人纷纷请文自秀帮他们在大陆买书，而她在帮朋友挑书的时候又会看到更多自己喜爱的书。以她的话来说，帮朋友买一本书，她本人至少又多买了十本。

文自秀在北京工作到 2002 年，因为个人原因，家人劝她返回台湾，于是她把自己买到的书分批寄回。她每天带上四五箱书到邮政总局去邮寄，以至于那里的工作人员都不想给她办理，文自秀谎称自己在北大工作，所以买到了大量的参考书，现在要返回台湾，只能把这些资料寄回去。她总计寄了两百多箱，同时强调所寄之书都是普通本，真正的善本和珍稀本她担心丢失或损坏，故只能随身携带，她跟朋友分十五次将这些难得之书带回了台湾。

随身携带这么大量的书，而后一次次地将其搬回，这真令我感佩。我自己的藏书也经历过几次搬家，每次的辛苦绝非不藏书人能够体味得到。文自秀是一位瘦小女子，她能有这样的耐性，真的令我诧异。她告诉我，至今她的搬家次数已超过了四十次，每次的主要工作量都是在搬书上，她说自己搬书从来不惜力气，所以被人戏称为搬书女。我感慨于自己的搬家次数也就是她的十分之一，即便如此，这仍然是我心中之痛，然而文自秀谈起搬家来却是一脸的轻松和幸福。这样的享受搬家之累，恐怕少有人能够做到。但文自秀对我的夸赞不以为然，她说自己有一位崇拜的日本作家，一生搬家了二百多次，自己与之比起来还差得很远。连搬家的次数都要向偶像看齐，这份爱真的令人叹服。

正是因为有着共同的爱好，此后我与文自秀的交往渐渐多了起来，我对她的情况也多了一些认识。比如她的藏书量之大超过了我的想象，她的住宅中无论是卧室还是客厅，甚至厨房和洗手间内也堆满了书，以至于她担心家中失火而长期不在厨房内开火。为了解决日常的吃饭问题，她只用微波炉。对书籍的挚爱，她已经到了疯狂的程度。即便如此，她买的书在家中也堆不下，为了妥善地安置自己的所爱，她已经租了四个仓库来堆放个人藏书。这样的疯狂，"书女"二字已经不能概括。

其实，与文自秀第一次见面之前，我就隐隐觉得这个名字有些熟悉，但想不起来在哪里看到过。因为她谈到跟傅月庵共同举办图书义卖会，这句话给我以提醒，让我想起来是在傅月庵所著的《蠹鱼头的旧书店地图》中看到过她的名字。傅月庵的这部专著有一半是介绍台湾的特色书店，回来后翻看，果真在《何妨一上楼书店》一文中找到了文自秀的大名，原来她还开过这样一家名称奇特的书店。对于文自秀的藏书之好，该文中有如下一个段落：

> 书店主人文自秀爱读书，从小如此。原因是身体不好，哪儿也不准去，只能躲在家中乱看闲书。日本籍的祖母带她出去逛街，至今记忆最深刻的是满屋皆童书的东方出版社，跟一坐就是一下午的明星咖啡馆。大学英文系毕业，先到伦敦修完艺术行政，再飞到纽约读行销管理。返台后，一头栽进企管顾问的世界里，即使到了自组公司，为人做 CI 识别形象，她依然爱看闲书，却从来没想到开书店，顶多"案子少时，我就说，就算关门大吉，我还可以去书店当店员"。一头长发，面貌清秀的她边说边笑着。

按照傅月庵的说法，文自秀从小爱好读书跟她身体不好有一定的关系，但我对这种说法略感怀疑，这不仅仅是因为她在冬天能够着装单薄，更重要者几十次的搬家，如果没有强壮的身体，早就累趴下了。当然，傅月庵跟文自秀的接触要比我多得太多，他的所言应当有所依据。说不定文自秀现在身体好，就是因为她一次次的搬家呢。既然如此，我也就用不着探究这些细枝末节了。而对于文自秀的藏古书之好，傅月庵又在此文中写道：

> 大约从九〇年代中期，文自秀开始游走京沪古书店，到处看，买线装书，"学费"缴了不少，兴趣也越来越浓厚。"因为旧书学问大，又方便携带，还可以读，只要没读过，虽旧如新"。透过参与中国书店、嘉德、文博这些著名古书拍卖会，她不但认识了诸多大陆藏书家，交换搜购到不少善本书，最后还跟中国书店老师傅发展出亦师亦友的亲切关系。"传统古书界，女孩子很少，老先生对有心的小女生难免多关照些，我是占了一点点便宜啦"。

关于买古书的过程，文自秀跟我聊过不少。虽然我知道她对立体书有着特别的偏爱，但我依然遗憾于她从线装书上的这个转向。文自秀则坦陈：以前线装书便宜，后来有了古籍善本拍卖会，想捡便宜的日子就一去不复返了。为此她还给我举出了一个实例。

有一次，文自秀在中国书店某个门市部内看中了一套线装书，此书标价人民币 8000 元。她觉得这个价钱有些贵，就跟店员慢慢地讨价还价。某天她又来到此店商谈这部书的价格，正赶上书店的三楼举办拍卖会，她就到现场去观看，竟然发现拍场中有一部同样版本的书正在上拍，经过几轮的争抢，此书以 5 万元的高价落槌。看到这种情况文自秀坐不下去了，不等拍卖结束就立即下楼，跟店员说要买那部书，她不再讨价还价了。没想到店员回答她说，只要楼上举办拍卖会，楼下的线装书就暂不销售。无奈，文自秀只好第二天再来商谈此书，但当她再看到这部书的价签时，竟然发现该书的价格在 8000 元后又添了个零，变成了 8 万元。这让文自秀情何以堪，于是她就跟店员交涉这件事，虽然对方同意有一些折让，但无论如何也不能恢复到 8000 元了。这件事让文自秀得到了新的结论：只要遇到自己喜欢的书，哪怕是没有钱，也要借钱先买下。

但线装书的暴涨，使得文自秀无法再从书店内随意购买。在买书的过程中，她认识了隆福寺中国书店的一位老师傅，通过这位老师傅的介绍，她也偶尔能买到一些价格合适的书。然而这位老师傅后来生了重病，某次他劝文自秀时说："你已经不在北京常住，买书的机会更少了，而书价也越来越贵，不如将眼光放宽，去买些价格合适的书，因为你英文和日文好，不如买一些这类文字的善本。"

老师傅的这句话给文自秀以启迪，更何况她此前就喜欢西洋版本中的漂亮书，这其中也包括了立体书。关于她所得的第一本立体书，则与她当年的学业有关。1993 年，文自秀在英国攻读硕士学位，专业是艺术行政。她说，她原本的志向并不在此，由于喜好古书，她想修读古物修复专业，更何况爷爷是位收藏家，家中的所藏使她对古物有着特别的情感。然而不知什么原因，教授此专业的英国教授却不接受文自秀，她去听课时总被赶出来，那位教授认定她是日本女子，总说女子不应搞修复而应当去学拍卖。然而文自秀对拍卖没有兴趣，于是在别人的劝导下，转修了艺术行政。

文自秀说，修这个专业对她来说有难度，因为在大学时她学的是英文，对西方艺术史并不了解。她读得头昏脑胀，为此还哭过多回，有一次因为精神恍惚竟然在楼梯上摔断了右臂。可能是为了宽慰她的心情，朋友们知道她有买书的癖好，就不断地带她去转英国的书店。某次她还参加了伦敦举办的一场小型拍卖会，在那个拍卖会上看到了一本跟黛安娜有关的立体书，此书在构造上的奇思妙想吸引了文自秀的眼光，她将此书买了下来。从此之后，凡是看到喜爱的立体书，她都会想尽办法买到手。

2004 年到 2014 年间，因为工作的原因，文自秀不停地前往国外，只要有空她就继续买书。以她的话来说，不买书太痛苦。后来，她在整理自己的藏书时，发现多年积攒下的立体书已颇具规模。立体书制作难度很高，所以存世量有限，但她的努力购求，使得她这方面的所藏成为了中国人中规模最大者。

我好奇于国外有没有相应的立体书收藏家，文自秀说，国外也有这样的专题藏家，但国内却很少。这正是因为很多人不懂立体书的概念，总把这种书视为玩具。她说这句话的时候，我知道其中所说的不懂行者也包括我在内。文自秀强调立体书是百分之百的手工制作，虽然版本价值较少，然而其美学和工艺学的学问要比其他的书多许多。

正是文自秀在立体书方面的不断努力，使得她的这份专藏引起了不少人的兴趣。2015 年底，有人从北京前往台北去找她，想让她在北京办一家立体书博物馆。而在此前，文自秀并没有这样的打算，经过此人的多次说服，她终于同意拿出自己的书来北京办一家这样的博物馆。

对于这件事，2016 年 6 月 20 日《北京晚报》上有记者叶晓彦所写《暑假如何玩得高大上，去北京首家立体书博物馆》一文，该文先对立体书作了如下定义："立体书也称作可动书，指的是通过翻、拉、旋转等方式，用立体形式展现在平面纸页上的书。立体书已经有 700 多年历史了，如今，童书逐渐成为立体书出版主流。"而后谈到了这些书的来由："为了让孩子们能看到更多更棒的立体书，一位台湾籍女老师带着她十几年的藏品来到北京，落户大兴古老月季园，建起了北京第一座立体书博物馆。"

关于这些立体书是如何从世界各地收集而来，记者在文中引用了文自秀的所言："说是扛，一点儿都不夸张，因为每本立体书都很重，两三斤很正常。截至目前，文自秀一共收藏了 1000 多本，来自世界各地。立体书的工艺复杂，邮寄可能会造成书本的破坏，因此她都是'人肉背回'。'为了这些书，我坐飞机专挑商务舱，因为可以带更多的行李。'每次她买书回国，都要背着十几公斤，手上再提十几公斤去赶飞机。"

这是何等的不容易，尤其当我知道文自秀的右臂曾经骨折之事，她为了自己心爱的书不受损伤，竟然靠个人一次次地从国外背回来，而当这座博物馆建成之后，她又能做到"功成而弗居"。但她在立体书方面所作出的贡献是有目共睹的，这正如老子接下来的诠释：夫唯弗居，是以不去。

文自秀在立体书方面的贡献并未止步于此，几个月前，我们再次见面时，她告诉我说，自己在朋友的支持下，注册了一家出版社，专出立体书。如此的执着，令我吃惊，我问她为什么要专办这样的出版社。她告诉我说，自己不断地收到别人的提问：为什么立体书基本都是西方人制造的，而中文书却如此稀见。她对此感到了不平，于是想创建这样一家公司，专门制作以中国传统文化为主题的立体书。她说可以通过这样的制作，让外国人对中国文化有更加立体的认识，并且她不仅亲自参与立体书的设计，也会请相应的设计人员作艺术上的改良。而后，她向我讲述到立体书的几个设计方案，我听到最奇特者，是她想把立体书做成线装本。由此而让我了解到，虽然她现在偏好立体书，但对于线装书的情感却丝毫未曾淡漠。

2017 年 9 月，文自秀找到我，她说 2018 年的台北书展期间，仍然会举办一场公益活动，书展的组委会委托她找我来商议，想请我跟王强先生和詹宏志先生搞一场对谈。我早闻这两位先生的大名，王强先生收藏西洋善本在华人界很有名气，詹宏志则是台湾出版界的著名人物，能与他们对谈，想来会让我学到不少的知识，于是就欣然答应下来。同时，我跟文自秀说，自己正在写一本关于古旧书店的书，而她原本也有藏古籍之好，故我想写一写她的何妨一上楼。文自秀说当然没问题。

文自秀创办的立体书出版社办公区位于台北市的一片老城区内，这一带如同北京的 798，颇具文化气息。我在她的办公室内第一次见到了藏书家王强先生，虽然此前我在照片中早已看到过他的英姿，但见到本人时依然惊艳于他身上透显出的艺术气质。我知道王强先生是某家天使投资基金的股东，然而他的身上却没有丝毫的商业气息，与他聊天可谓一见如故，而这也更加让我感念文自秀的美意。

趁别人不注意时，她狡黠地跟我说："藏西书和藏古书最有名的两位藏书家在我的撮合下进行了历史性的第一次握手，哈哈哈！"

这间立体书出版社布置得简约大方，因为此时已是下班时间，办公室内仅有文自秀一位，同时前来者还有茉莉二手书店的老板戴莉珍女史。几人坐在她的办公室谈天说地，话题当然离不开一个书字。我好奇于她所藏的立体书，文自秀说，这方面的藏品一部分在

1	3
2	4

1. 看似简单　2. 内容丰富
3. 这一本有些专业　4. 立体的图也同样专业

北京的博物馆内，还有一些在她的仓库里，出版社内仅摆放了少量的标本。我细看这些标本，果真感到了构思上的巧妙，但因固有的思维定式，使得我的眼光无法对这些尤物发出遇到古籍珍本时不由自主冒出的贼光。

出版社内有一个房间乃是文自秀的藏书室，里面陈列着一些日本名家著作的签名本。我对日文基本看不懂，但那些作者的大名却早已如雷贯耳。翻看着这些书，能够感受到作者在签名时给这些书所增添的温度。我在她办公室的墙上还看到了书展期间对谈的招贴画，上面印着王强和我的大名，詹宏志则换成了文自秀。文小姐向我解释说，对谈期间詹先生因为临时要务须赶往英国，故而，展会方让她来替代詹先生与我二人对谈。能有熟人来主持这样的对谈会，想来更为轻松愉快。

然而，我还惦记着文自秀开书店的经历。对于开书店的起因，傅月庵在其书中说过这样一段话：

> 文自秀开书店纯属偶然。双鱼座的她颇有"人来疯"特质，新世纪后倦鸟思返，朋友打趣怂恿她开书店，加上在"远流博识网"旧书区闯出名号，"损友"越交越多，误打误撞，说说竟成真，就在和平东路上开起书店来了。

这个书店开业后十分火爆，可是没过几个月，就关门大吉了。为此，傅月庵在该篇文章的附注中解释道："'何妨一上楼'开业即成名，声闻遐迩，找书买书者络绎不绝于途，文自秀本来体弱，偏又人情难

1. 文自秀部分藏书　2. 我只知道这部书叫《我是猫》

舍，勉力支撑，终于撑不住，2003 年秋天起，暂时歇业。'生意太好'所以做不下去了，这大约又是台湾旧书业的一项纪录。"

读到这段话，真让我觉得匪夷所思，因为书店生意太好，自己吃不消就关张了，这样的理由闻所未闻。而文自秀则告诉我，书店的关张跟傅月庵有一定的关系。

文自秀说，因为她喜爱西南联大，所以对闻一多特别崇拜。当年闻一多在西南联大时，整天在阁楼里研究学问，轻易不下楼，所以同事们就戏称他为"何妨一下楼主人"。文自秀很喜欢这样的称呼，她觉得当今的人们太过奔忙，应当在有空时放下忙碌之心，前来她的书店看书聊天，而此书店开在了七楼，所以她就将闻一多的雅称反过来用之，起了"何妨一上楼"这样一个奇特的店名。当时有很多人不了解店名的来由，为此文自秀曾搞过一场猜店名游戏：凡是猜中来由者，她会赠给对方一本沈从文的线装书，结果真有人猜出了店名的出处。

傅月庵听到她开店的消息，特地来给她搞了一场采访，这篇长长的采访刊载在台湾的《中国时报》上，并配上了文自秀大大的头像。美女开书店，这让很多台湾人好奇心大增，于是文自秀的书店只要一开门就会涌进来大量的人，然而来的这些人有一部分并不是为了买书而是要求拍照合影，当时又正处在 SARS 肆虐的阶段，面对这么多的陌生人，文自秀只能戴着口罩，但合影的人却不断地向她提出能不能摘下口罩来看一看是不是报纸上的同一人，还有人说是否能摘下口罩来拍一张合影。这种情形搞得文自秀不胜其烦，后来还有人跟她商议，能否将她的故事拍成电影。文自秀说，她原本就不喜欢拍照，这样的要求更令她难以接受。

因此，开店一周后，文自秀就受不了了，于是她就以买书为名躲到了日本。回来后，她只能勉强地支撑开店，但来店买书人的一些习惯又让她不能忍受。比如有的人在把书放回去时声音很大，文自秀则善意地提醒对方：能否轻拿轻放，您的这种放书方式书会感到疼。有的人就此收敛，但也有的人完全不听这套，于是文自秀就会正色地告诉对方：请您以后不要再来我的店。

其实在开店之前，文自秀很有想法，她曾跟傅月庵说："一、先要卖自己喜欢的书，我爱鲁迅，我爱旧书，所以跟鲁迅、跟版本有关的书，没人买也要进；二、书店也当书库，万一没人买，就自己看，开在七楼，租金低，地方大，可以多放一些；三、卖书赚钱不算最重要，最重要的是找书的乐趣，所以乐于帮顾客找书，每一本书都要自己去找回来才行。"

然而开店后的实情远超她的想象，当她见到傅月庵时，她把这种郁闷的心情全部倒了出来，她说自己准备关掉此店。傅月庵听闻后，却平静地跟她说：那就关吧。于是文自秀就真的将书店关张了。她的这种做法很像行为艺术，因为生意太好而关店，这已然成为了台湾书业的传奇。

虽然这家书店开的时间很短，但在聊天时能够感受到文自秀对她的何妨一上楼充满了感情。她说去年的义卖会上，自己拿出了一些书，有个孩子让父亲一定多拍下一些，父亲问孩子为什么，这个孩子说，因为他去过何妨一上楼书店，他知道这位送书的文小姐是一位善良人，因为相信这个人，所以他要多买这些书。

文自秀说，在她开店的时候有不少的学生会来参观线装书，这些学生们没钱买不起，但文自秀同意让学生们抄书。她还说，多年之后，有一个人找到了她，递给她一些钱，此人称，当年自己在何妨一上楼买了一本书，但身上带的钱不够，文自秀还是让他把书拿走了，说以后有钱再还。可是当这个年轻人回来还钱时，书店已经关张了，他一直记着这笔帐，后来终于跟文自秀取得了联系，故特意来还钱。当年的这位学生，如今已成了台湾知名的医生。文自秀感慨说，当年的无意之举却能给人以这么大的影响，她觉得这正是开店的意义。同时她也说，自己现在研究立体书的出版，也同样是本着传播文化的心态。

几个月后，我在北京再一次见到了文自秀，此次她给我带来了两本新做的立体书，这两本书的内容都是关于中国的二十四节气。当她一页页地翻开，向我展示这些奇思妙想时，那种成就感溢于言表。这让我十分感慨，如此的一位女子竟然有这么大的能量，她将自己的所爱融合到立体书的方方面面，以此来传播中国文化中优秀的成分。这样的心态，怎能不令人赞颂呢！

旧日芳华　香居书卷

吴雅慧旧香居

　　十几年前，嘉德拍场中上拍了一部《太平御览》，版本是明万历二年周堂铜活字本，一百四十册完整一套，这当然是难得的书，我跟他人一通狂争，总算把它拿了下来。拍卖后不久，某次跟吴兴文先生吃饭时，我向他炫耀自己的战果，他吃惊地说：原来是你买的，你知道这部书是哪里来的吗？我当然不知道。他告诉我这部书来自台北的一家旧书店，店名叫旧香居。吴兄说，旧香居的老板跟他同姓，自己与之很熟，前一段吴兄到旧香居时，吴老板还高兴地告诉他没想到自己送拍的那部《太平御览》能拍得如此高价，远远超过了自己的期望值。拣便宜的心理我当然不缺乏，但而今的古籍拍场，狼多肉少，怎么可能那便宜都让自己轻易拣走了，我能以自己承受得了的价格买到心仪之书，就值得高兴，本来古籍就没有一个恒定的价格标尺，便宜与贵不过是一个心理尺度的自我衡量，总之，能拍到手我就觉得高兴。

　　十余年前，我费了很大力气做了一件事，那就是发宏愿，要制造出中国自己出版的手工印刷用纸纸谱。其实这不是我的发明，我是看到日本人做过一些类似的古纸纸谱，但中国人所做的一部也没

旧香居匾额

有，不管怎么说，四大发明里也有造纸这一项，史在他邦的现实激起了我狭隘的民族自尊心。于是，我立即操作，开始积攒资料，找老前辈论证与鉴定，以及联系出版社，发征订单，俨然出书箭在弦上。其实我知道，自己所搜集的纸样并不完全，我原打算将该书以实物形式出版120部，在每部书每种纸需要一张书页的情况下，就至少要找到120页同类的纸张，找到这120页不太难，因为每种纸只需要三本残书就能凑出来，唯独有一种纸凑之最难，那就是万年红。

万年红虽然不属于印刷用纸，但它却是古书专用的一种特殊纸，它是用特殊的防虫药浸泡后形成的一种专用防虫纸，这种纸的使用方法只是在每本书的前后扉页上各放一页，也就是说找到一本残书，最多能找到两页万年红，但实际上翻一百本残书也不一定能找到一册带有万年红的，原因是使用万年红的线装书基本只局限于广东一地，其他地方很少有使用者。如果从我的藏书中凑这120页带万年红的纸，倒是绰绰有余，但我不忍心将自己的藏品拆掉，只能寄希望于找到更多的带有万年红的残书，可事实比我想象的要残酷得多，我用了三年时间，仅找到了所需量的三分之一。

某次还是跟吴兴文兄在一起聚餐，我无意中聊到自己寻找万年红的艰难，他也说凑出这等数量的万年红应当不是容易事，但他答应帮我想想办法。我觉得这只是朋友间的一种安慰话，向他说声谢谢之后，出门就忘了。然而大约过了几个月，吴兴文兄给我来电话，说给我带来了足够数量的万年红纸，这话让我大吃一惊，不是惊奇凑齐了用纸，而是吃惊于他从哪里能够找到这么多的万年红。我忍不到跟他约定的晚上见面时间，放下电话就直奔他的住所，在路上我一直胡思乱想，一是担心他拿这事逗我找乐，二是也有可能他找到的不是万年红，而是一种类似的纸。当我看到他给我拿出一整卷桔红色的纸时，我才知道路上的顾虑全是多余。

在此之前我所见过的万年红，都是衬在书页内的，这种整张的我却是第一次见到，并且我所看到的使用万年红的线装书，大多是清末以前的，后来这种防虫方式早已不再被使用，他是从哪里找到这种未裁开的整卷纸呢？吴兄听到了我的疑问，故意卖关子，笑着说，这个纸就是给你留着的，因为古语说但行好事莫问前程。我急于知道答案，嚷嚷着不听他的调侃，他才敛容告诉我，这卷万年红纸就是旧香居的吴老板赠送给我的。吴兄说他前一度回台北时又去了旧香居，跟吴老板提到了我搞纸样的事，没想到吴老板马上从仓库中找出了这么一卷纸，告诉兴文兄说自己这卷纸珍藏了几十年，还真不知道作什么用，既然有朋友用得着，那就将这卷纸赠送给他。

拣到了这等便宜，我心里窃喜不已，当然礼貌的事还是要做，跟兴文兄说不能这样白要人家的东西，更何况自己跟旧香居没有任何交情。吴兄说当然有交情了，你忘了以前你花高价拍下那部《太平御览》，就是他们家的东西呀。兴文兄这句话让我听了很是舒坦，连假意推辞都省却了，于是作笑纳状，并且再三声明，待我这部纸谱出版的时候，一定要在书内郑重鸣谢旧香居。

　　然而并不是所有的如意算盘都能够实现，因为某老前辈的一句话，吓得我赶紧停掉了曾经用力甚勤的纸谱制作工作。这倒并不是我胆子小，而是那位老前辈用真实的例证告诉我，当年他做过近似的事，结果背负上了破坏文物的罪名。我那细脖子可顶不起这么重的大帽子，只好偃旗息鼓，尽管后续有不少的朋友催问，出版社也跟我急，说发出去的征订单，已经回馈了二十余份，如果不出版，跟对方无法交待，但无论怎样说，我都铁下心来不为所动。然而，这个结果却让我在心里觉得欠了旧香居的一份情：书没出来，白得了人家东西，对方连声谢谢都没听到。

　　2012 年，沈津先生在中山大学召开国际目录学研讨会，我也在邀请之列，在那次会上沈先生介绍我认识了一位美女名叫吴雅慧，我对美女当然感兴趣，但总还知道发乎情止乎礼。当她讲到旧香居的老板就是自己的父亲时，顿时让我谈兴大增，想起了她父亲赠送给我那一卷万年红的情谊，于是连连地向她道谢，请她回台北时一定转达我对他父亲的真诚谢意。十年前得人家东西，十年后才能说声谢谢，有一首歌叫《迟来的爱》，我倒可以把它套用在这里，只把最后一字改为"谢"，以此来表明我的真诚。

其实我见到吴雅慧时，第一眼的感觉乃是在哪里见过面，后来终于想起，此前不久，沈津先生在其博客中发了一篇名为《台北闹市里的琅嬛福地——旧香居》的文章，文中讲到沈津先生在台北待了八天，所住之处距旧香居仅十分钟的路程，因此他去了旧香居两次，拍了多张照片，其中就有吴雅慧的靓影。对于该店的历史，沈津只简略地提了两笔，而后讲到吴雅慧已经成为了接棒人，现是旧香居的第二代店主：

> 现在的主持人是吴雅慧，她的爷爷是经营纸类生意的，那时就注意旧书的搜集，父亲吴辉康自三十多年前正式经营古籍、旧平装书与字画买卖，从最初的环河南路摆摊设位，到在信义路国际学舍附近设立日圣书店，这之后又向永康街、金华街迁移，基本上完成了家族积累的创始阶段。到吴雅慧和弟弟吴梓杰这一代，也算是三代经营，家学渊源，他们奠定了今天"旧香居"的基础。

如果从吴雅慧的爷爷论起，到她这一代，已经是三代经营，然而李志铭所撰《半世纪旧书回味》一书中却称吴辉康为吴家班的第一代：

> 从早期环河南路摆摊、信义路国际学舍的"日圣书局"（1979 年）、建国南路的"旧香居艺术中心"（1992 年）、兴隆路的"旧书摊"（1992 年）、金华街（1993 年）、永康街（1999年）、罗斯福路（2001 年）以及目前开设在龙泉街的"旧香居

古书店"（2003 年），以第一代店主吴辉康先生为首的"吴家班"可说是台北地区适居率最高、也是最能依势转型的旧书家族。

李志铭的这本专著出版于 2005 年，文中就已经提及了吴雅慧从法国返回后，加入家族企业共同经营旧书之事：

> 即便"旧香居"前身由于种种因素而导致店面数度搬迁，甚至一度将经营主力转移到骨董画廊生意上，但收书工作却始终持续，不曾间断，数十年来累积了质量俱佳的庞大货底，奠定了日后经营古书店的坚实基础。特别是女儿吴雅慧近年自法国习画返台之后，"旧香居"不但开始进行世代交替，更发挥了高效率的家族分工。目前老爸主要安排中国大陆拍卖市场以及当地蒐书"布线"事宜；老妈坐守兴隆路老店，于群书当中悠哉度日；姊姊专司龙泉店统筹规划，负责对外交涉与发言；弟弟则担任跑外务收书工作，偶尔充当客户往来的弹性支援。到了年节假日期间，全家人还会不时"组团"到日本神保町，一面替自己蒐书挖宝、一面探知当地旧书市场的最新讯息。

对于旧香居的描述文章，以我有限的所见，以傅月庵在《蠹鱼头的旧书店地图》中的描写最为有趣。傅月庵的这篇文章认为旧书店最厉害的本领是能够对买主"给个说法"，他认为台北能够"给个说法"的店家寥寥可数，而旧香居却具备这个独门绝技，但是罗马城不是一天建成的：

为了要"给个说法"，吴家整整准备了两代。大老板吴辉康的父亲是开纸类回收场的，得此之便，很早的时候，老吴老板便在环河南路开起旧书店，兼营字画买卖，买着卖着，越卖越觉得没能"给个说法"，毕竟成不了气候，于是拜师学艺，一头栽进了字画世界。学成之后，来到今日大安森林公园信义路侧，紧邻昔日"国际学舍"所在，再度挂上招牌："日盛旧书店"。七〇年代的国际学舍，天天有书展，买完新书淘旧书，"日盛"果然日益鼎盛，一间、二间、三间，一气呵成的三间店面几乎成了该地地标。

以上的这段描绘乃是讲述吴雅慧祖辈和父辈的能力，到了她这一代，是否能具备这样的本领呢？一代有一代的世界观，吴雅慧执掌的旧香居当然有她的特色在，而书店的分类最能体现这方面的信息。傅月庵在文中又写道：

按照吴雅慧所述，店中书籍，大致分两类，一是经过捡选，年代较近的，或者她自己所喜欢的艺术书籍，或者她判断应该有人在寻觅的文史旧书。另一类则是该店引以自豪，六〇年代以前，如今已日渐希罕的绝版旧书了。这些书包括日治时期台湾文献图籍、手稿信札，以及二、三〇年代的大陆版文学书籍。整体排列方式也有趣，虽然跟传统旧书店原则相近，也就是越靠近柜台，年代越久越珍贵，但因书架贴墙成直线，两路沿行，恰似走过时光隧道，越往里去越遥远，当然，也越需要"给个说法"。

相比较而言，旧书界几乎是男人一统天下，对于这样的现象，前人多有论述，台湾的情况我以往只是通过李志铭的专著间接了解。他的《半世纪旧书回味》中主要谈的是牯岭街时代向光华商场时代的转变，从我了解的情况看，旧香居未曾在光华商场开过店，但其毕竟是台湾旧书店中很有名气的一家，这当然有其共性在，而李志铭总结出的共性则为：

> 从绝版旧书、资讯商品、八卦杂志到色情光碟，光华商场其实是个以男性为主流的消费空间。而"藏书家"（book collector）作为一阳性词汇，中国自古以来的女性藏书家可说是凤毛麟角、屈指可数。即便在史上留名，其本身亦绝少能够独力成就藏书事业，若非继承父志（如汉代蔡邕之女蔡琰），即是与夫婿共享藏书（如宋代女词人李清照与赵明诚）。针对男性猎书者（book hunter）而言，所谓"访书"一事相当程度地掺杂了占有女性的主体欲望，关乎着"性别意识"的身体实践。

自古女性藏书家就是凤毛麟角，而经营旧书的女性历史资料更是未见记载。那么吴雅慧在台湾地区是不是唯一的一位古旧书店的女店主呢？因为第一次见面，我没好意思直白地问出。几年之后，我又有幸结识了文自秀女史，她也是一位旧书店女店主，只是这家店开了不到一年就关张了，故此店不像旧香居那样有着两三代人的积累。

但茉莉二手书店却开了几十年，此店的店主戴莉珍同样是一位女士。如此说来，台湾地区还真有女性开旧书店的习俗，可惜我的闻见不广，可能台湾地区还有更多的女性旧书店店主，只是我在台湾采访的三家旧书店，竟然都是女店主，不知道算不算是小概率事件。

在中山大学的那场会上，我本想仔细跟雅慧小姐聊聊，但会议方安排得很满，始终没有得到单独谈话的机会。吴小姐赠送给了我三本旧香居所出的书，每本都设计得很别致，其中一本为《墨韵百年·台湾抒写》，内容乃是旧香居举办名人手札展的图录。这本图录制作得颇为用心，外观看上去像是档案馆中的卷宗夹，里面全彩印刷，许多手札乃是满页，并且在色彩上有做旧效果，同时还有一些附页夹在书中，制作得堪称匠心独运。另一本图录则是《五四光影·近代文学期刊展》，图录的前半部分有秦贤次所写《前言》，而后则是创刊号收藏家谢其章所写《"五四"文化运动战斗的一翼——新文化期刊》，接下来则是李志铭所写《三〇年代中国"漂亮的书"来自上海》，仅凭这三文，即可看出旧香居在编此图录时，下了怎样的功夫。

中大会议约两年后，我真的来到了台北。这次的台北之行，还是跟吴兴文兄有关，是在他的大力举荐下，台湾的"中央图书馆"请我在台北国际书展期间搞一场讲演，我觉得可以就便去旧香居转一转，于是醉翁之意不在酒地来到了台湾。

某天晚上，我按照地址找到了旧香居的师大店，在这里第二次见到了吴雅慧小姐，经由她的介绍又见到了店的主人吴辉康老先生。虽然是跟老先生第一次见面，但十几年来我听到了他不少消

夜景下的店堂

息，比如老先生还主持着在青岛建的分店，同时还常跟各家拍卖行打交道，在旧书店的经营上他确实是个经营有方者。

来到店里，我的重要事情当然是拍照，赶巧的是旧香居正在搞书籍装帧展。师大店处在某座楼下的底商，窄长形的店堂四周全部是顶天立地的书架，而地下一层也同样是店堂，这层的中央位置摆着十余个展柜，里面整齐地摆列着装帧精美的平装书。近来我对装帧很感兴趣，从近几年的情况来看，书籍装帧的好坏，直接影响到人们对书籍的直观感受，在电子化的冲击下，唯有将纸本书设计得更加精美，才能引起爱书人拥有的欲望。在拍照过程中，又进来了多位看展之人，其中还有一位日本装帧设计家，名字叫松田行正，雅慧小姐告诉我，他是日本著名的装帧设计家。说话间，松田行正的翻译递给我一本资料，我随手翻看了一下，里面有一张大照片，是松田行正站在一面墙的几个大书架前，这位翻译告诉我，照片后面的那一墙书全部都是松田先生所设计的，这真让我暗自吃惊，一个人居然有这么大的设计能量。翻译又说松田先生现在设计量小了下来，但每年至少也要设计一百多种书。

在看展的人中，吴雅慧介绍我认识了一位台湾当地的设计和出版家，这位儒者是辜振丰先生。辜先生跟我寒暄几句，说自己有事先要离去，跟我说声后天见。当时我没有明白，他为什么说这样一句道别话，然而两天之后，在国际会展的讲座上，果真又见到了辜先生，原来他也是当天的五位演讲者之一。辜先生上台的时候，讲到自己的出版社，也讲到了自己的书籍装帧，他在现场举起一本书来，说这是自己刚刚翻译的一部法文著作，是波特莱尔的《巴黎的忧郁》。辜先生说，近期他听到有朋自远方来，于是专门在春节期间让印刷厂用手工的方式赶制出了四本样书，而他手里拿着的就是其中一本，他说要将这本书送给这个远方的客人："这位客人就是韦力先生。"他的这句话引起了现场几百位听众的窃窃私语之声，我在众人的目光下走上台，慎重地接过了这本难得的书，并在心中感谢着旧香居，正是因为那晚在旧香居看书，才有了这意外之获。

在旧香居的地下展厅最深处，还有一间不对外开放的密室，那天吴老先生带我走进密室里，不大的房间内堆满了半人高的各种资料和旧书。之前我早听说过吴老板极其用心，从几十年前就一直搜集别人所不关注的各种史料，尤其是大量的台湾政要和著名学人的手札，他这天给我展示了一小角，数量之大让我惊叹。看来名人手札也确实是旧香居的主打产品之一。沈津在文中提到，旧香居藏有两千多通名人手札，其中有名气者，该文中写道：

> 雅慧告诉我，旧香居收集的近代名人手札及文献甚多，其中于右任的手札有400—500件、摄影家郎静山的原作照片200余幅。在九十年代中，他们收得某家的一批旧存手札，均为六十年代至七十年代重要政治人物、历史学家、文学家、艺术家等。

我跟老吴老板聊天，赞叹他在几十年前就敢于大批买进这类手札，然他却谦称自己并无先见之明，当年搞这些史料的时候，这些东西并没有市场也没有人认，于是他尽量搜集起来慢慢整理。看来任何东西都有一个长期积累的过程，能够做到人弃我取，至少在心理承受上不是一件容易的事，由此我也更加佩服吴老先生的韧性。

在旧香居楼上的里侧也有一间单独的房间，里面都是各种画册和旧版书，估计这应当是旧香居的珍本室。我在这里翻看到了上下两册的一部画册，名叫《烽火山河》，黑底红字，再加上这种带有色彩的书名，真怀疑是大陆出版物。雅慧小姐介绍说，这部书的编者宋绪康先生是她的好朋友，书里面所有的藏品都是宋先生的珍藏。我把此书拿下细细翻看，感觉这位宋先生收藏的品种很是博杂，有手札，有线装书，也有手稿及老照片，竟然还有印章，尤其让我眼亮的一方，是刘承幹嘉业堂的藏书印。在这里能够看到这方印章，让我陡然间有种他乡遇故知的感觉。我很佩服这位宋先生，他能将这些看似不相关的东西，用一种主题有机地联系在一起，以此来体现自己的态度。

在《烽火山河》的第二册中，我看到了杨光先这个名字，这本画册中收录了杨光先所撰的《辟邪纪实》，作者署名为"天下第一伤心人"。在这本书的后页有宋先生的一段注释，他说"天下第一伤心人"是杨光先的号，看来他知道这部书的真实价值，然而宋先生却又接着说，杨光先"生平不详……杨光先其名惜不传，此书未知是孤本否？"由此看来，宋绪康先生百密一疏，他这么庞大的体例，难免有不了解的情况。其实这并不奇怪，但让我抓住了向吴雅慧小姐炫耀自己博识的机会，我好为人师地给她讲起了杨光先，告诉她其实杨光先是明末清初时人，因为是回族人，信奉伊斯兰教，所以他反对基督教，他给皇帝上书说，汤若望的历书是西方人的搞

法，完全是一派胡言，又说汤若望胡言的理由中最重要的一点，就是地球是圆的，杨光先认为如果地球是圆的，那么中国人站在圆球的上面，圆球的下面住着的外国人不就都被大海淹死了吗，现在那些外国人没有死，由此证明这都是汤若望的一派胡言，所以汤若望搞的历书也肯定不对。

这场争论是康熙四年的事，那时的康熙皇帝还是十几岁的小孩，他在众大臣的怂恿下，觉得杨光先说得有道理，于是判汤若望凌迟处死，好在孝庄皇太后是位明白人，在她的干预下，汤若望没有被处死。但是杨光先却由此被任命为钦天监副监正，负责重新制定历法。这个杨光先当然知道自己对天文历法完全外行，坚辞不就，皇帝说那怎么能行，你说汤若望的不对，你得拿出一个对的来。但天文这东西说不了谎，你杨光先说哪天日食出来，如果那天没出来麻烦就大了，他当然要坚决推辞，但他没想到的是推辞的结果反而让他更上一层楼，由副职升成了正职，痛苦得这位杨光先就把自己称为"天下第一伤心人"，并且写出了一本书，名字叫《不得已》，这个书更稀见，刻本我一本也没见过，国内仅有南京图书馆藏有两部钞本。

我的这个炫耀果真起了效果，雅慧小姐听得很是入神，问我这位杨光先后来的结果。我告诉他，这种恶人肯定会得到恶报，后来因为鳌拜的事，杨光先被处死了。雅慧又问，那么宋先生藏的这部《辟邪纪实》是孤本吗？我告诉她不是，因为这部书刻得晚，国内不少馆都有藏，宋先生看来还是位谨严的人，他以不知为不知的态度在上面写到了"此书未知是孤本否"。雅慧说："你那么称赞他，过两天聚会时我一定请他来。"

　　我在这间珍本书的书室内还看到了一些有价值的书，可凡是我提到的书，雅慧小姐都一律说赠送给我，结果她的好意堵住了我的嘴，我再也不敢说哪部书有价值。后来无意中又翻到了一部七十年代台湾影印出版的《宋版六经图》，这部书制作得很是古雅，我拿下来细翻，看着如此眼熟，该书的前面有多位台湾著名学者所写序言，对此书推崇备至，翻看后面书影，突然让我想起来：这部书的原本就藏在我的书房里！原来，我得到的那部书竟然是四十多年前影印的底本，我差点惊叹起来，但无意间瞥到后面旧香居贴的价签，根据这个价钱来看，这部书在当今的台湾也是难得之本。我特

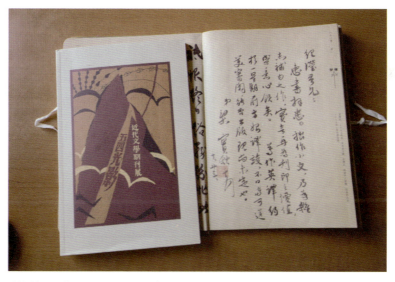

雅慧小姐的赠物

别想把这部书买下，但我觉得这个时候再说买书就像跟人家要书一样没有区别，近似于变相地索要，于是忍住话头，生生咽了回去。现在想起来，又有些后悔不已，如果能把那个影印本弄回来，我就可以看到那么多大学者对于这部《宋版六经图》的研究成果了，我真恨自己这种假惺惺的客气。

第二天晚上，我请旧香居的诸位一起吃饭，还邀请了吴兴文兄和傅月庵先生，傅先生与我已有十年未曾见过面，再次得见，感到分外亲切。那天晚上一同聚会者还有吴雅慧的母亲和弟弟，雅慧小姐介绍说，她的母亲从来不参加书友间的聚会，但老太太听说韦力来，今天特地要来看看韦力长什么样，我对她的光临表示了诚心的谢意。另外还有旧香居的几位同事，幸亏我从大陆带来的礼品量充足，其中赠送给吴老先生、吴兴文和傅月庵每人一部自己用木版刷印的书，众人得此皆大欢喜。吴雅慧还真的邀请来了宋绪康先生，见到了宋先生，我就想起了那天晚上谈到他书中的问题，这让我有些不好意思，但宋先生却不以为然地跟我聊着这些，我很佩服他为人的大度。我不知道吴雅慧是否跟他说了我的那一堆废话，但我觉得宋先生应该能够理解，这不过就是逗女孩子开心的一种小伎俩，按照时下的流行语来说，那叫做"你懂的"。那天晚上大家喝了不少酒，雅慧小姐一改文静的淑女像，显现出另一种泼辣的风采。我听说她曾经专门到英国去学习古书专业，而且是我所知道的从事旧书业者中唯一专修过的人，后来问雅慧这件事的详情，她反问我说是从哪里听来的。她跟我讲，自己其实是在法国留学，学习的专业是艺术管理。我不懂艺术管理具体是学什么课程，但我觉得她的专业知识再加上她的交际能力，必将成为旧书业中一个重要的明星，后来细想，其实人家已经是明星了，何必还要用这"必将"二字。

此后的几年，我对旧香居的情况多了一些留意，由此而看到，为了店里的经营，吴雅慧到处搞宣传活动，通过那些报道，我也渐渐了解到了一些以往不知道的细节，比如腾讯文化在 2013 年 10 月 30 日对吴雅慧进行了一场访谈，吴雅慧在回答记者提问时，谈到了父亲在经营旧书店时的一些想法：

> 书店的部分我们一直觉得很可惜，大陆台湾都是一样。如果你们去过日本或者欧洲，都有百年的书店。其实中国自古以来藏书楼和藏书家是非常盛行，可是因为战乱的关系，我们却没有（流传下来）。书店文化的部分，像台湾也是，牯岭街后来也慢慢没落。我跟爸爸就有一个想法，希望能够把古书做的更精致，更专业。不是一般人的想法，把书当二手书，或者用一个很廉价的方式，而是用一个很专业的方式去做旧书。

我在台北时，因为行色匆匆，未曾来得及对吴雅慧进行采访，故而也不了解旧香居在经营过程中，有过哪些带有传奇色彩的故事，而吴雅慧在回答腾讯记者的采访时，却讲述到她们曾从香港一个藏书家那里一次性地买到了几万本书：

> 我们买书也买得很疯狂，我们之前在一个香港的藏家，他是一整间屋子书一次转给我们，所以我才会说我们不纯做生

意。如果做生意你绝对不会买（那么多），光运书回来，还要报关，会把我们整死。台湾的报关，新书的部分当然每个都一样，所以就算打一个书单，一百本或者两百本就够了。可是我们买旧书，每本书都不一样。甚至每一本书你都要打单子，那是几万本的书。

买这批书，其实并不容易，因为书堆得太满，他们无法入内看个究竟，这间房子已经有二三十年没有进去过人，在这种情况下，只能靠大约的估值来计算。当旧香居买下这批书后，父亲带着儿子和女儿在此轮流整理，他们只选出有价值的版本，而将没用之书就地处理，即便这样，他们还是认为这批书买得很值。而今，资讯越发地发达，这样的机会太少了。但相比起来，吴老先生经营的时代书源更为丰富，而在那个可以随便挑书的时代，吴辉康就能以高于别家的价钱买进稀见之本，就像雅慧在回答记者提问时说：

有些是资源回收，这几年比较难了。早年的时候那些东西他们会在一个回收的地方。我父亲做得很早，那时候大部分做书很多都是称斤论两在买，我父亲从三十年前就算本的（按本算钱）。虽然我们的成本比较高，可是我们取得好书的机会也是比较高的。就像现在来说，我们敢说我们给的价钱也是最好的，但是我们也是很挑书。你在一般二手书店看到的书我们是不收，那些人也不会拿来卖，因为他们知道我们不会收。

正是因为有着这样的先见之明，才使得旧香居积累下这么多难得之本。吴老先生能够急流勇退，在其身体健康之时，就交棒于下一代，这样的胸襟也同样令人敬佩。吴雅慧却说，虽然她继承了父辈留下来的大量资源，但她并没有坐享其成，她有着自己的想法，她也说虽然自己跟父亲的理念并不相同，但她觉得，在新时代经营旧书店，必须跟得上这个时代的步伐。而我所看到的店面，竟然是她亲自粉刷而成，因为我后来看到她对记者说：

> 在我跟弟弟一起接手经营旧香居时，我们选中龙泉街81号1楼，迁往此处开店。2003年正好台湾爆发SARS，连油漆工人后来都叫不到，是我们一起慢慢油漆。我跟弟弟都希望开一间不一样的旧书店，我认为旧书店应该有各种可能性，所以"旧香居"后面不会接其他的词（如"旧书店"）。在旧书店开新书发表会，在旧书店举办展览、编纂展刊、策划讲座，我们是首开风气，连我们编纂的展刊，图文搭配选用书影、信札、手稿的概念，也带动台湾出版业重视这类选题，这应该算是我们对书业的一点贡献。

由此看来，吴雅慧在广州赠送给我的那两本图录正是她举办展览的成果，能把一家旧书店搞得如此风生水起，也许这正是新一代风气的体现吧。

旷达人生　追逐花开
原晋省心阁

　　跟原晋先生几年未碰面了，如今相见，看到他发福的程度超出了我的想象，我没能忍住自己的无礼，脱口问他："为什么变得这么胖？"他不以为忤，说很多朋友见了他都这么说，又告诉我这是戒烟的结果，并说这不是找借口，因为他在多年前曾经戒过一次，那次戒烟的结果几乎跟现在一样的胖，当时母亲看不下去了，跟他说："你还是抽吧。"他遵从母命，又抽上了烟，结果神奇地瘦了回来。我不知道小伙伴们是否惊呆了，至少原晋兄掌握了事物的发展规律。听到他的这个说法之后，我向他请益："既然如此，那就说明你认为戒烟比肥胖重要？"他说并非自己不在乎这个肥胖，而是因为医生告诉他："要想活命，就别再抽烟了。"

　　接着，他告诉了我一件让我吃惊的事儿。原晋说，两年前他突然心肌梗塞，幸亏身边有人，马上送到医院抢救，到了医院时，他觉得自己马上就要完蛋了。他说，那一刻的感受就是自己的身体一直往深渊下坠落，但不是电影和小说中的那种自由落体，虽然他觉得自己在向下坠落，但还是感到有个东西在托着自己，而他眼中的一切都变成了单色调，所有物体都变成了墨绿色，他觉得自己马上

静雅的设计，我竟然没有注意到这就是原晋兄的店铺

就不行了，于是拼命地叫喊，之后他眼睛里的物体渐渐又有了其他色彩，他知道自己又活过来了。原晋跟我描述这一切的时候，一直是笑哈哈地平静讲述，像是在说别人的故事。他说这个经历让自己明白了死去是什么样子。听他那口吻，看来活着才会有美好，因此他觉得虽然人生想干的事情很多，但体验人生的美好才是更重要的，于是他给自己在高速路上飞奔的人生快车踩下了刹车。他又顺便说到了我的现况，说知道我两年前的经历，但现在却看到我拼命地写作，每天的微信让他读都读不过来。我觉得原晋是一种真正的通达，因为他丝毫没有劝我"你不当如此"等等，这是一种看透人生的通达。

十余年前，原晋兄在太原某个古玩城内开了一家店铺，店名叫"省心阁"。我前往参观，当时看到他店铺的墙上挂满了古代字画，这跟以经营现当代字画的主流形成了反差。而让我更感兴趣的是，他的店里摆列着许多古籍和珂罗版画册。全国各地的古玩城我去过不少，但真正有古书，又够得上善本级别者，其实极难见到，能在他这里看到如此多的善本，当然让我十分高兴，可是总感到有些不真实。我问他从哪里弄到这么多好书，他指了指门口的牌子，我才看到上面写着"上海博古斋"的字样。原晋兄告诉我，他这个店是上海博古斋的太原分店，或者叫代销处。这个店与博古斋的内在关系我也没兴趣搞清楚，总之，我由此了解到原晋开的店有着强大的货源保证。

因为有那么多的好书，这里也就成为我在太原期间的必来之地。某次，他把自己的女儿带了来，说是要带女儿去学古琴。在我的印象中，弹古琴者都是长髯皓发，女人应该去弹古筝才对。原晋笑着说，因为他喜欢古琴而又学不会，所以就让女儿学，等学会了就可以弹给自己听。他说，凡是自己有兴趣而学不会的东西都想办法让女儿去学习，因为女儿学会了就间接地等于自己学会了。我觉得他这个理论极为奇妙，可是又说不出来他的这种想法错在哪里。他给女儿请的古琴老师就在古玩城下，于是我跟着他一同去上了一堂古琴课。以我的俗耳听来，那位古琴老师的水准也就那么回事儿，但原晋对老师极其尊重，我能看得出，他为了让老师好好教自己的女儿，啥事儿都能做出来。我本想问他：你为什么不把自己鉴定版本的秘诀教给女儿呢？转念一想，他已经说过：只想让女儿去学自己不会的东西。于是，我把自己的问话咽了回去。

原晋以前是太原古籍书店的经理，不知什么原因，后来不干了，转而开起了自己的店，之后又到了山西古籍出版社当社长，后来那个社改名为三晋出版社，他至今仍任此社社长。我跟他的交往中，能够体会到他对古书和古画有着一种天然的珍爱，我很好奇是什么原因能让他离开自己的所爱去到出版社工作，这么多年来，我一直忍着没问这个敏感的话题，而今他已是通达之人，应该不会再介意我的唐突。果真如我所料，他向我简述了这些年的经历。

原晋说，太原古籍书店确实藏有大量古书，这些货底子来源于五十年代的公私合营，其中主要是太原最大的藏书家所经营的当地最大的旧书店——渠家书业诚的旧藏。因为外界都知道太原古籍书店有好书，很多人都打这些书的主意。而原晋作为古籍书店经理，他说自己那个时候有很浓的正统思想，就像狗看骨头一样，阻挡着外界对库藏善本的觊觎。1992年，太原的一位领导想得到库中的书，被原晋挡了回去，于是这位领导另想他法，对外说古籍书店有丢书现象，为了防备这类事件再次发生，提出把店里的库存全部调到自己管辖的部门，原晋还是把这件事挡了回去。再后来，原晋提出将库中的善本影印出版，这样既可以保住自己店中的库存，还能给店里创造效益，但这个建议立即被这位领导否决了。为此事，原晋一生气就辞了职，出来开起了自己的店。但才过了两年，原晋又被出版社的上级请了去，因为他懂得出版怎样的书才会有好的社会效益。不过他说，还是因为自己的这个性格，经常会否定一些不好的选题，在出版社里也同样是得罪人，而实践证明，他所肯定的选题大多有好的效益，所以出版社的上级领导坚持让他留在这里管理这个社。

原晋说，其实社里的事务压力也很大，因为有硬指标的任务要完成，他每天都要去坐班，自从任职之后，自己的店就交给妻子来经营，他只在周六、日来到店中跟有同好的人聚会一下。原晋说，好在自己的妻子也喜欢收藏，所以把店交给她，她反而很高兴。那天来到此店，见到了原晋的夫人，我顺嘴问她喜欢什么门类的收藏，原夫人告诉我，她自己专门收藏"针箍子"。我刚开始没有听懂她说的是哪几个字，她告诉我之后，我仍然不知道这是什么物件，于是她耐心地向我解释"针箍子"究竟是什么东西。

经过她的简要讲解，我大概听明白了，针箍子大概相当于后来所说的针线包，但这个东西只有晋北三个地方有人使用。针箍子的形制很特别，制作工艺也很特殊，这个物件现在已经失传了。她某次在跟原晋转古玩市场时，一下子就喜欢上了这个特殊的东西，至此之后，只要见到它就购买。用她的话来说，她是从两元一个买起，一直买到现在几百元一个，因为几乎只有她一个人买这种东西，她便有了定价权，而古玩摊位的这些人也都认识了她，每次见到她都喊她叫"针箍子"，这成为了她的艺名。她告诉我，现在已经收到了两百多个品种，她还专门跑到晋北地区去找老太太们试做，可是已经做不出当年的风采了。

原晋笑着接话说，他带着老婆经常转古玩摊位，因为这些摊位就在他的楼下，这么多年来，他从摊位上买到了很多文物，比如山西特产的澄泥砚，他已经收到了几百方，为此还准备出一本书，书名就叫《砚鉴》，唯一遗憾的就是在摊位上从来没有买到过善本书，

古砚是原晋兄的一大收藏门类

意外的就是他老婆却收到了这么多针箍子。今天搞任何门类的收藏，想搞到全国第一，都难如登天，但是他提到夫人时却说："你看她搞这针箍子，一搞就是一个天下第一。"我从原晋的话中听到了感慨和自豪。

省心阁的屋子当中摆着一个巨大的条案，条案上除了茶具就是各种各样的小摆件。原晋说，这些摆件大多是他从市场上收来的，他今后准备开一间朋友聚会的茶吧，为此他也制作了一些独特的物件，比如桌上摆着的一个仿制定窑划花小罐，就是自己特制的，尤其是那个底款儿极有意思。我看了一眼，跟他大笑起来。他说，一百年后，人们会研究这个底款儿的意义。他说，这个小罐制作的数量很少，专用来送朋友，现在仅余了两个，于是让其妻拿出一个送给了我。我又看他桌子上摆着一个样式奇特的臂搁，原晋马上拿起，将其平整的一面在自己手心快速擦摩之后，冷不丁地贴到了我鼻子上，我立刻闻到了一种特殊的木香酸味。原晋说："闻出来了吧，这就是太行崖柏，我专门找人制作的，但做出来太受欢迎，做成的几个都被朋友夺去了，这个就送给你吧。"

省心阁搬到南宫后面的教学楼里以后，大概七八年前我曾来过一次，而今再看，又有了不少变化，尤其门口橱窗的设计颇具匠心。在这里跟原晋坐在一起聊天，有着偷得浮生半日闲的愉悦。说话之间，进来了三位客人，原晋与之寒暄之后，那三人说先转转其他店，再来相谈。原晋告诉我，来者之一是阎锡山的外孙，现住台湾，此次来太原是想跟他商量整理出版阎锡山的一些史料之事。我笑着跟原晋说："你这等于用自己的场地谈公家的业务。"他说自己

1. 下午茶　2. 原晋兄制作的仿定窑划花小罐

不介意这些，只要能做事，他并不在意这是不是跟自己利益有关系。

刚进省心阁时，我就注意到门口放着一个镜框，里面的佛像拓片看着极其眼熟，猛然想起来，几天前我在北京的百衲拍卖公司看预展，那场古籍大拍的封面就是这件佛像。原晋看我盯着这张佛像，笑着说："看着眼熟吧，这是我刚从百衲拍回来的。"前几天我刚写完对于百衲那场拍卖的述评，还在文中感慨这件拓本能够以6.8万元的高价落槌，没想到几天之后就在500公里之外的朋友店里再次看到它，我只能庸俗地再感慨一番：这个世界太小了。但我还是不能理解他为何要花如此高价买这张拓片。

原晋说，他也没有想到会拍到这等高价。因为近来他对佛感了兴趣，看到这张拓片很喜欢，觉得标价又不贵，且他在看预展的时候注意到上面的几方铃章篆刻得很有功力，肯定是出自大家之手，于是他决定一定要将其买下来，但没想到竞争那么激烈，举过6万元时，他也觉得有些贵，准备放弃，可是想到这张拓片上所铃之章，有一方是"拙错之妙"，就有了顿悟之感：既然笨拙和错误也同样有其妙处，那花别人认为不值得的钱也同样是一种奇妙。于是，他就咬牙将此拍了回来。

为此我们聊到了他的收藏。他告诉我，自己对喜爱的东西轻易不肯放弃，他买的第一件古画至今还在自己手中，说着，他把那张画挂起来让我欣赏。此画乃是清代高其佩有名的指画，图案极其简单，是一条甩尾的鱼。原晋说，此画买于1985年，当时他看到这张画的第一眼就极其喜欢，于是花了120元将其拿下，而那个时候这120元是他几个月的工资。

1. 第一眼看到就觉得这张拓片眼熟　2. 原晋兄买的第一件藏品

《雅趣藏书》，这个书名很符合原晋兄当下的心态

　　如此算来，这条鱼放在原晋手中已有三十年，他确实是能够存得住东西的人。我请他再拿一些自己喜欢的古书让我来拍照，他说，真正喜欢的藏品基本上不在店里，但还是给我翻出来了几部。我觉得那几部书的品味还不错，想来他家里的藏品更精彩，原晋承认这一点，他说，无论是古书还是古画，他都会在店里放一段时间，如果一段时间后觉得不喜欢了，他就将其卖掉，如果觉得仍然是百看不厌，他就拿回去收藏起来。很多人都特别相信原晋的眼力，他卖出之物即使出高价，那些人也愿意要，而他真正喜欢的好东西，即使朋友出价高于行市，他也不愿意出手，因此那些喜爱收藏的朋友在省心阁买东西，都跟求着他似的，私下抱怨说："来他这里买东西，一点儿花钱的尊严都没有。"

　　原晋告诉我，他近来有了不想再搞收藏的念头，经过那场生死之后，他带着家人沿河西走廊转了一圈，让他觉得特别舒心，今年准备继续前行，这次计划的路线是从天水走到喀什。他说自己更极端的想法是卖掉自己的收藏去到处流浪，而准备做的事情之一就是到昆明去看花儿，然后沿着花开的步伐一路地追寻着看下去，从昆明一直追到新疆。这等令人神往的游览方式让我脑子中想到了一段歌词：我能想到最浪漫的事，不是跟你一起慢慢变老，因为老到我哪儿都去不了，就不能跟着你到处看花了。

结义营书　独创群落
郑金才桃园书院

　　桃园书院虽名为书院，其实是一家书店，桃园书院古旧书店只是书院的一个分部。书院主人叫郑金才。不知在何时，也不知道是哪个场合，我有了郑金才的微信号。这位郑兄每天在微信中都会发出几本书，并且每一条微信只发一本书，每本书要拍九张书影。我好奇于他的认真，仔细看过这些书影，却未能看出这些书的高妙之处。除了签名本之外，他也会发几本旧书，他那些旧书没有一部属于善本级的。

　　正是因为这些书影，使我对郑金才有了偏见，我不明真相地认为他只是业余时间于网上售卖几本书。以我的理解，拍这么多书影，卖出几十块钱一本的书，显然不可能谋生，我估计他只是在工作之余经营个小小的第三产业。而绿茶先生的桃园之行，却彻底纠正了我的误判。

　　大概是 2017 年 9 月，绿茶在微信中发出了多组图片。茶兄虽然定居北京，然而却是地道的南方温州人，温州乃是改革开放之后著名的经商之地。绿茶经常感叹，他的家乡温州缺乏文化氛围。但前一度他生了一场病，在母亲的规劝下，绿茶回温州家乡休养了几

小区内的桃园书院

天。在这期间，当地的爱书人方韶毅先生为了让绿茶解闷，带着他看了几家书友的书房，同时也去了桃园书院。绿茶看到此书院时大为感慨，因为他说自己从未想到，在略显偏僻的乐清小城市竟然有这样一片书店群。

绿茶的这段话对我大有吸引力，从他的文字中了解到，桃园书院经营面积很大，总计分四个店，而其中一家店就有四层楼。虽然每一层的面积并不是很大，但一个人能够开办这么多的经营场所，这在我访过的旧书店中从未见到过。胡同先生的布衣书局，虽然也有几处经营场所，但以我的观察，除了本部之外，其他的几处都属仓库性质。当然我的这句话概括得不谨严，比如说布衣书局在潘家园有一个店面，但那个店面"门虽设而常关"。胡同本人也很少去那里，所以那个店应属布衣书局对外的窗口。胡同还在他的家乡开办有一元书店，此店我未曾去过，不清楚具体的情形，听胡同讲只是他的同学在那里帮助经营。这样说起来，桃园书院在直线距离不足一百米的范围内开办有四家，这是绝无仅有的经营方式，难怪绿茶称其为书店群。

正是书店群这几个字给我以强烈的吸引，我很想前去看一看桃花园中是不是真的可以耕田。以我的想象，"桃园"二字应当是本自陶渊明的《桃花源记》，尽管"园"和"源"两字不相同，因为陶渊明的这篇美文，在我的心中勾勒出了不可磨灭的美景，我宁肯相信在这世界上确实有一处"有良田美池桑竹之属。阡陌交通，鸡犬相闻。其中往来种作，男女衣着，悉如外人。黄发垂髫，并怡然自乐"的世外桃源。而郑金才把他的书店起成这样的名称，这对像我这样的逃世者而言，有着十分强大的吸引力。

俗语说"机会是创造出来的"，这句话用在我的桃园之行颇为恰当。应诸暨图书馆之邀，2017年10月29日我到该馆去办一场讲座，同时11月4日和5日还在温州有另外两场讲座，这两个地区都处在浙江境内，而乐清离温州不远，更何况这两个讲座之间有几天的空档，若返回再去，还不如到当地找几处寻访点。于是在方俞明先生的带领之下，我先到绍兴寻访了几处藏书楼遗迹，而后从绍兴乘高铁直奔乐清而去。两个半小时后，就到达了这座滨海小城。

成行的前几天，我已跟郑金才通过电话，他说高铁站距城区较远，他会带朋友前来接站。而我给温州的方韶毅先生也通报了行程，承其美意，方先生说也会赶到乐清与我碰面。虽然我也知道温州到乐清还有几十公里的路程，客套地推辞一番，但心里还是希望能够多有几位爱书人聚在一起。尤其我跟郑金才没有见过面，不清楚这位年轻人是否好打交道，而与方韶毅却在上海见过面，有熟识的朋友在场，总会觉得自在一些。

在乐清高铁站出口，我见到了郑金才，他的形象与我的想象有着一定的距离。我一直把他默认为是一位二十多岁的文艺青年，然而眼前的这位应该在四十开外，举手投足颇为成熟，他的身材有着北方汉子的魁梧。可能是初次见面的原因，郑金才言语不多，与他同来的那位朋友名叫詹恭学。郑金才并不介绍詹先生的情况，然而上车之后，詹先生边开车边给我讲解着乐清一地的天时地利，其口才之佳，讲述问题三观之正，让我立即判定詹先生是一位官员。果真郑金才后来向我介绍说，詹恭学原来在市水利局任防汛办主任。因为乐清近海，故时常有台风，詹先生的工作就是专门来对付这件事，可能是太过钻研业务，而今调到了市志办任主任。

依我的习惯，每到一地我的采访从接站便开始，这样边走边聊，不仅仅节省了时间，更多者是结合沿途所见更能找到鲜活的话题。但詹先生忙着向我普及乐清的人文历史，郑金才又坐在车内默默无语，使得我无法转移话题，也只能努力地应答着，一同驶入了乐清城区。停车之处正是桃园书院临街的店面，下车后我想走入店内拍照，而郑金才跟我说，回头再参观这里，因为后面的店内有几位朋友在等候见面。

跟着郑先生进入了一片老的住宅区，一排排的楼房从外观看去，是典型的八十年代建筑风格。在楼群的一个小十字路口上，我看见某栋楼的一单元悬挂着"桃园书院古旧书店"的大匾额。

走进一看，里面是老单元房的格局：进门左手位置是厨房，虽然厨房里的灶台宛在，但是上面却加上了一米多高的书架，仅有洗碗处保留了下来，剩余的墙壁则挂着一些字画。郑先生介绍说，这些画作既是装饰也是商品。穿过书房向内走去，我感觉其格局是当年典型的三室一厅。其中最大的一间房应当是当年的主卧，里面三面是书架，中厅还摆放着大的条案。这种满满当当的氛围，最能贴合我的偏好。

主卧室内陈列的基本上是新书，书架顶端按照书店的惯例，分别标示出下方所列之书的属性。这些属性中，我尤其对"签名专柜"最感兴趣。站在此柜前端详，看到了不少熟识朋友的大名，约略统计这几柜子签名本，数量有千册左右。而在此前，郑金才也颇为偏好在微信中发出签名本的介绍，那样一本一本地去卖，以我的理解，应当是数量较小才对，未曾想到，他的书店内竟然堆放着如此多的签名本。如果以他在微信上的推销方式来卖这些签名本，真不知道得卖到什么时候。显然我通过微信来判断桃园书院的销售情况，是犯了望图生义的毛病，这让我瞬间开始怀疑微信朋友圈中展露出的状态，跟生活中的真相完全不是一个概念。

然而我在签名本专区却未曾看到有自己的"大作"，想一想在此前我的确没有给他签过书。为了能跟这个专区内的朋友们"排排

$\dfrac{1}{2}$

1. 满墙皆书　2. 签名专柜

坐，吃果果"，我暗下决心，待会儿有时间，多给桃园书院签几本。

在这些分类中，我还看到了印谱专柜。印谱原本就是我藏书的专题之一，虽然此处的上架之物均为印刷品，但郑先生将其单独分类，我还是有着莫名的高兴。他看我站在此书架前拍照，而后跟我说，自己也藏有几部原钤印谱，等坐下来时让我欣赏。他瞬间就猜到了我的小心思，看来这个郑金才确实有两下子，就算是巧合，这也太巧了吧。他又向我解释说，乐清当地有不少爱好书法和篆刻的人，故而这方面的书卖得还不错。

与印谱相临者是书话专柜，对于书话类的书，以前我也有收集的偏好，因为总想从他人的所谈之中，汲取到自己所不了解的关键之事。但有那么一段时间，书话类的书迅速地泛滥了起来，有些书根本不研究版本，所谈不过是新书的书评，有些甚至是一些新书的序跋集，这种急功近利的出书方式很快让我倒了胃口，所以近些年很少再翻阅这类的书。但我站在这书话专柜之前，还是细细浏览一番，想看看近些年又出了哪些相应著作。然而粗略浏览一番之后略显失望，因为的确没有发现令人眼前一亮的书话之书。我的这个说法当然有些绝对，比如我在此架上看到了陈子善先生的《签名本丛考》，这本书就很不错，但陈先生已经将此书赠一册于我，熟识的地方没风景，我在这里更多的是想看到未曾体味过的惊艳，可惜这个小愿望未果。

我忽然在旁边的一张条案上看到了一些自己的书，因为整摞地放在那里，应当是请我签名之物。而我签名后，他会把这些书摆在哪里呢？显然放在签名本专柜更为合适。

跟着郑金才又进入了另一个房间，虽然从数量上来说这个房间里的书不如刚才的多，但能够感觉到这间应当是珍本书室。只见一个书架上摆放着一些线装书，旁边则有沙发和茶具，同时在这里又见到了几位郑先生的朋友。这些朋友中我仅认识方韶毅先生，方兄说他是打的赶到了这里，也是刚刚到达不久。对于其他的人，郑先生不习惯于介绍，他只说这都是当地的爱书人，而后我坐在那里与众人寒暄，众人喝着功夫茶，我品尝着桌子上的蜜桔。还没坐几分钟，郑金才提出请大家一起吃饭，于是众人跟随他穿过几条街区，来到了一处当地著名的海鲜馆。郑金才跟我说，乐清就是以海鲜出名，所以带我来此品尝。

　　落座之后，我还是想搞清楚这些朋友的尊姓大名，以示不忘朋友的友情陪伴。好在詹恭学明白我的心思，一一给我介绍在座的朋友。这其中唯一的女士乃是乐清市图书馆馆长林回清，林馆热情而不失礼节，她说馆里常年请一些著名学者来办讲座，希望我也能来此讲一场。我当然不能拂她的美意，于是说下次有机会一定来讲。黄崇森则是《乐清日报》文化周刊的编辑，工作之余喜欢写现代诗，并收藏不少民国新诗集版本，两年前由他发起众筹在温州苍南办了一个叫"半书房"的民间文化机构。我对写诗填词一向不擅长，可惜面对一桌子的海鲜，只能手嘴并用来不及向他请教作诗的技巧。谢加平先生是《乐清文献丛书》主编，詹先生介绍说，谢加平在研究整理文献方面下了很大的功夫。

　　王建秋先生则是一位画家，我不清楚桃园书院内是否有王先生的画作，但能够看得出来，郑金才与其很是相熟。晚到的一位则是陈明之，陈先生是一位书法家，对篆刻也很在行。吃完饭回到桃园书院时，陈先生拿一本拙作让我签名，这样的班门弄斧显然令我惭愧，但陈先生很会鼓励人，说我握笔很松，一定能写好书法。只是我随身带的一方印，陈先生不以为然，他说以我的签名方式，应当用更小巧的印章，方显得谦逊。从聊天中得知，转天陈先生将前往北京去看他的老师陈忠康。陈先生介绍说，老师特别喜欢收藏古纸，因为用古纸写出来的书法有着别样的韵味。他的这个话题我颇感兴趣，于是跟他探讨着古纸在使用方面所表现出的不同。

郑金才一再强调这天中午所点的菜都是当地的特色，其实我吃海鲜很是粗野，尤其做不到江南人那样的精尝细品。餐桌所上海鲜有不少是生食，几位朋友纷纷劝我，如果不习惯的话最好不要吃。但有一道海鲜让我颇感兴趣：一大盘子螃蟹，用刀一分为二，食用起来颇为便利。几位热情朋友纷纷告诉我这不是螃蟹，他们说出来了奇怪的两个字，这两个字让我听来有着本能的联想，而后终于想明白了，他们说的这两个字应当就是"蝤蛑"。当我描绘出这两个字的写法时，众人颇感吃惊，问我何以了解到只在当地用的这种读音，因为外地人很少这样称呼这种螃蟹。

朋友的问话给了我小炫耀一把的机会，因为这正是我读古书的所得：无锡在宋代时有一位著名的大藏书家，他的名字叫尤袤，因为这两个字的读音跟蝤蛑很相像，说不定在宋代时这两个字的读音完全相同，所以有些人就给尤袤起了个外号叫蝤蛑。这段掌故让我知道海洋生物中有蝤蛑这种动物，然而这种动物究竟长什么模样此前我并不知晓。如今见到了这盘螃蟹，方得知这不是螃蟹乃是真正的蝤蛑。正因为这个掌故，我努力多吃了几块蝤蛑。可能是因为我的味蕾太过迟钝，并没有品尝出蝤蛑和螃蟹在味道上有什么差别。而众人听闻我说的这个小掌故，纷纷遗憾地说，应当让我看到生的蝤蛑后再砍开来烹饪。

回到桃园书院后，跟随郑金才继续参观，二楼的某个房间里面全部是温州文献，将这么多地方文献汇集在一起，一定下了很大的功夫。而方韶毅说，他刚刚在书架上找到了两本很有用的史料，他的这句话也提醒了我，既然我来到了此店，总要买几本有用的书。可惜在众人的陪伴下，难以静下心来慢慢翻看，只好说采访完毕后，有空再细翻。

而在另一个房间内我看到了不少的民国版旧书，只有看到这些书，我才觉得桃园书院符合古旧书店这个崇高的称谓。虽然说，我并不收藏旧平装，但从这些书中找史料，则是我的偏好。方韶毅告诉我，温州地区在商业上的发达，其实是起始于乐清。而詹恭学也告诉我，因为乐清山多地少，很多人都到外地去打工，使得乐清有着很浓的经商传统。在商业氛围如此浓厚的地方竟然看到这么多的旧书，多少让我有着时空错乱的不真实感。

在民国版本的隔壁是线装书的展柜，总量大约为五六百册，绝大多数是清代和民国的诗文集和碑帖。虽然这些都不是善本，但在一个县级市的旧书店一下子能看到这么多的线装书，真让人感受到郑金才在组织货源上下了很大的功夫。众所周知，近些年来因为旧书大量上网销售，我国各地的旧书已被网上卖旧书者洗劫一空，清代、民国的线装书在各地的实体书店也已是

$$\frac{1}{2}$$

1. 民国版本这样摆放　2. 线装书

难得一见。

　　更让我感到吃惊的是，郑金才用两个房间来陈列连环画，数量之多也同样是我所见到的私人旧书店之最。郑金才说，连环画的销售情况远比普通的文史书要好。这样的话虽然令爱书人听来丧气，但事实却无从辩驳。虽然我也知道连环画中有不少名家绘制的精品，但我始终觉得那不过是印刷物，就像一本《世界名画集》，这样的书里面所收录的历代名画应该一定超过连环画吧，但即便如此，不也就是一本印刷品吗？我知道这样的看法只是自己的偏见，被连环画收藏家听来，肯定是大逆不道的言论。既然我不懂这一行，那我就闭嘴吧。

　　登上书院的四楼，这里是专门堆放新书之处，因为书的数量太

连环画上架方式

教辅书籍

大，楼梯的两侧也堆满了书。我边看边发愁：这么大量的书，如果一本本地卖，那要卖到哪一辈子。当然我也清楚隔行如隔山，郑金才能这样经营，肯定有他的道理在，只是这个道理我不明白罢了。但我总希望爱书人都能有一个好的生活，尤其某家书店书卖得很好之时，我就会产生莫名的欣慰。

桃园书院的街边店而今主要用来经营教辅，郑金才告诉我，虽然他开了四个店，但有一半的利润都是由此店产出。看来只有经营这样功利的书才能赚到钱。郑金才称，这是他开的第一个店面，如此说来，如果他只经营这些实用之书，恐怕已经赚到了更多的钱。而今他却把主要精力用在经营文史书方面。郑先生也向我直言，这样的经营转变更多是由于他个人的爱好。闻其所言，我差点脱口而出：爱好害死人啊。但转念一想，这句话说到我身上不也同样贴切吗？不过就是五十步笑百步。除了经营文史旧书，郑金才还是温州地方文献的收藏者和研究者，2014年出版了一册有关乐清乡邦著作的文史随笔《桃园书事》，他平时随意写下的每日贩书日记也成为好多人购书的向导。

这本《桃园书事》，在我离开乐清时，郑先生送了一册给我，我在前往温州的车上翻阅一过，由此了解到他的藏书专题。但我觉得，他这样明确写出，如何才能以合适的价格买到心仪之品呢？转念又觉得这个担忧太过多余：乐清是改革开放后最早的市场繁荣地，我相信每位乐清人都比我会做生意，这当然也包括郑金才。他的名字就已经表明他注定多才多金，我何必还替他担忧，他的做法必有其道理在，只是我不明白罢了。一念及此，心下大感舒坦，而后就安心阅读他的搜书之旅。

从临街店面的后门穿出，进入小区院内，与后门正对着的一个单元房也是郑金才租下的经营场地。这是我看到的桃园书院的第三个店面，这个店面内同样是满壁皆书，数量之大始终令我感叹不已。格局依然是宿舍楼的形式，走到后方可以看到厨房的痕迹。郑金才则称，他原本就住在此店的二楼。一楼最里面的区域专售新印线装书，其他的书也基本都是文史类。我不清楚郑金才的这种经营方式，是为了满足自己的个人偏好，还是一种经营策略。我也忘记问他，这些新印的线装书在当地有多大的销量。

此店二楼还有两个房间，这两个房间摆放着一些新印碑帖，四

所见桃园第三店

壁则挂满了字画。郑金才说，他也有收藏名家字画的偏好。我不知道他的这些偏好是否会影响到经营，但当他给我介绍这些名家是哪位时，我看到了他眼中瞬间放出的亮光。

而与此楼相距不足二十米处，则是桃园书院的第四个书店。这个书店与前三个书店不同之处，是带有一个几十平米大的院落，院落内摆放着近百盆的花花草草，有几盆是不错的兰花。在一个墙角，还堆放着一些陶泥做的花盆，郑金才解释说，这也是老东西，因为仅靠卖书赚不到多少钱，所以他也在拓展思路，想办法搞多种经营，而出售老花盆也是个不错的营生。

走进桃园第四个书店，这里面堆放的大多是旧平装。郑金才说这是最后租下的一处经营场地，因为实在地方不够用，所以他把这里暂作整书的场所。他的这句话同样令我感慨，根据我多年的藏书经验，书房无论多大都不够用。以我个人藏书的增长数量来说，从书箱变成了书架，由书架变成了书房，书房又升级为书楼，书楼又变成了书库。爱书人的贪欲真是难以满足，而郑金才却租下了四个店面，我不知道这种方式是否符合商业经营规律，同时我也分不清这些书究竟是他的藏品还是商品，我很怀疑他自己是否能在这两者之间做到泾渭分明。但是我清楚，如果他不遏止自己的欲望，恐怕辛苦挣来的钱都搭在了房租上。

郑金才告诉我，他也想将四个场地合为一个。他已经看了几处面积很大的经营场所，但因为各方面的原因都难以满意，所以他还是延续着摊大饼的开店方式。他说好在当地房租不贵，这让他还能够承受得起。我一直纠结于是否应该劝他在生意和爱好之间划出界限，否则的话挣多少钱都等于是给房东打工。然我转念细想，他能在这偏远小城搞出这么一片书店群，这本身就是个奇迹，既然如此，我为什么要劝这个奇迹消失掉呢？

参观完书店回到茶室，我当然要对郑金才做个正式的采访。然而在这个过程中，不断地有爱书人出出进进，我从那些人宾至如归的随意举措来看，他们都没有把自己当作桃园书院的外人。这些人走进店内随意地翻翻书，而后坐在那里聊几句天，喝几口茶，接着连招呼都不打转身离去，而郑金才基本可以做到视而不见。这一瞬间让我感到桃园书院存在于乐清的价值：当地的文化人已经把这家书店当成了当地的茶馆，这有如阿庆嫂所唱："垒起七星灶，铜壶煮三江。摆开八仙桌，招待十六方。来的都是客，全凭嘴一张。相逢开口笑，过后不思量。"

唯一的缺憾乃是郑金才不是女性，同时他也没有阿庆嫂的伶俐口齿。虽然有这样的缺憾在，却并不影响当地人把这里当成茶馆。只是，我想问的是，大家在得到这种便利的同时想没想过，店主郑金才是靠个人之力来支撑着当地的一缕书香。开店有成本，经营有压力，大家是不是能够从各个方面来对该店给予实质上而非道义上的支持呢？也许我的所想太过多余，说不定桃园书院早已受到了各种支持，只是我不知道罢了，但我希望自己的担忧是多余的吧。

在聊天时，我还惦记着桃园书院名称的来由，在我的感觉中，桃园书院处在商业氛围很浓的乐清，这的的确确是当地的一处精神世外桃源。虽然如此，我还是很担心郑金才告诉我他的店名不是此意。而后他向我讲述了书店的来由。

郑金才在上学时学的是国际贸易，他刚毕业时有一位朋友的老婆没事可做，于是提议开办一家书店，而后三位同学经过商议，决定合伙来办书店。因为是三个人，他们就想到了刘关张桃园三结义的故事，因此给此店起名为"桃园"。这样的起名方式当然很贴切，但他的所言却打击了我事先的想象。我不知道郑金才是否又读懂了我的心思，因为他又告诉我说，"桃园"二字本就是有两意：一是三结义，二就是桃花源的意思。我不管他这句话所言真实与否，我以此来确认自己猜对了一半。虽然仅一半，还是觉得大感安慰。

桃园书院开办于 1999 年，开办一年多后，经营情况一般，其他两位合伙人不愿再经营这种费心费力又赚不到多少钱的营生，于是提出散伙。然而此时的郑金才却爱上了这个行业，他经过一番思索，决定独立将书店办下去，于是他接下了另外两位股东的股份，从那时起一直经营到了今天。

桃园书院最初仅租了一间房来搞经营，经营地点就是现在的那家教辅书店，再后来他把这处房产买了下来，而后的一些年就越扩越大，一间间地发展下去，一直到了今天的这个规模。以我的理解，乐清属于县级市，在这样不大的县城内，开办这么大规模的书店是否与当地的读书人口不相匹配。郑金才也承认这一点，他说桃园书院刚开办时，仅此条街上就有五家书店，在其他街上还有两家。在不大的乐清县城内有七家书店，已经处于饱和状态。经过这么多年的变化，如今在乐清市内仅剩下两家书店。除了桃园书院，另外一家则以经营文具和玩具为主，纯粹经营书的书店仅余下桃园书院一家。郑金才说，当地原本还有一家读者书院，那家书院的经营时间已达二十多年，但前一段还是关门了。

对于目前的经营状况，郑金才也承认全靠店面经营难以维持，所以他在 2005 年就开始在孔夫子网上卖书。对于进书的品种，郑金才说他最初主要是做出版社的库存书，也就是所说的特价书。十余年前，这一类的书卖得很火，但近两年却大不如前了。所以他说，今后的主要经营目标是做更为高端的民国书和线装书。郑金才坦陈进哪些书有时候是个人的偏好，比如他对线装书中的诗集和联语就更为感兴趣。他觉得以自己的爱好作为经营方向，并没什么问题。而在座的几位朋友也称，郑金才的经营思路没错，因为读者也需要引领。

我还是好奇于他个人的收藏，郑金才给我拿出了几部印谱，另外还有几部线装书。我问及他买到的价钱，至少让我听来一点都不便宜。郑金才也承认，他对乐清乡贤著作最感兴趣，为了买这类书他跟很多人在网上争抢，有时买到的价格远超心理上限，但买到后他还是很高兴。这种做法算是对读书兴趣的引导吗？我很怀疑郑金才的这种不管不顾的买书方式，更多还是在满足个人的兴趣。他也明确地跟我说，买到的这些书不是为了经营，而是作为自己的收藏。其实我觉得这种买法也不是为了收藏，更多还是作为自己的一个情感依托。

我还惦记着他时常在微信中推出的几本书，我总觉得费那么大的劲儿卖几十块一本的书，还不够功夫钱。郑金才告诉我，其实他在网上推出的书不止是我看到的那几本，因为他给自己的朋友圈做了分群，如今有历史群、文献群、艺术群、签名本群等等。他的这番话让我明白了自己的疑惑没什么道理，我对他的判断就如同盲人摸象，可能我仅摸到了大象的尾巴，而郑金才的经营远不是像我摸到的那么小。

他明言虽然开了这么多实体店，但实体店对他而言，主要还是交流平台，如今网上交易成为了生意的主体。既然如此，那为什么还要再租房间来开店呢？郑金才称无论网上销售还是店面销售，都要把书摆开，否则的话难以查找，所以他只能租更多的地方，来对这些书进行梳理。而桃园书院所售之书，尤其是特殊的书大多都卖给了外地人，只有新书以本地销售为主。我问郑金才，桃园当地是否有专藏线装书的人，他告诉我没有。

但是桃园书院从哪里搜罗来这么多商品呢？郑金才告诉我，前些年他主要靠到上海、温州、杭州等地去进货。上海的文庙、福州路都是他常跑之地，另外他也到南京和安徽等地去进货。这两年货源越来越少，所以他正在做新的准备，他的新准备指的是什么呢？那就请看官们猜一猜吧。